“十四五”时期国家重点出版物出版专项规划项目
食品药品安全监管研究丛书
总主编　于杨曜

化妆品合规管理与实践

Cosmetic Industry Compliance Management and Practice

刘　恕　黄　琴　主编

華東理工大學出版社
EAST CHINA UNIVERSITY OF SCIENCE AND TECHNOLOGY PRESS
·上海·

图书在版编目(CIP)数据

化妆品合规管理与实践 / 刘恕,黄琴主编. —上海:华东理工大学出版社, 2023.9

ISBN 978-7-5628-7159-0

Ⅰ. ①化… Ⅱ. ①刘… ②黄… Ⅲ. ①化妆品—监督管理—条例—研究—中国 Ⅳ. ①D922.164

中国国家版本馆 CIP 数据核字(2023)第 146490 号

项目统筹 / 马夫娇 韩 婷
责任编辑 / 左金萍
责任校对 / 金美玉
装帧设计 / 靳天宇
出版发行 / 华东理工大学出版社有限公司
地址:上海市梅陇路 130 号,200237
电话:021-64250306
网址:www.ecustpress.cn
邮箱:zongbianban@ecustpress.cn
印 刷 / 上海中华商务联合印刷有限公司
开 本 / 710 mm×1000 mm 1/16
印 张 / 18.25
字 数 / 345 千字
版 次 / 2023 年 9 月第 1 版
印 次 / 2023 年 9 月第 1 次
定 价 / 158.00 元

化妆品合规管理与实践
编委会

主　编　刘　恕　黄　琴

编　委（按姓氏笔画排序）

马　捷　刘　庆　刘晓杰　孙佳彬　李　聪
杨　娇　杨　磊　吴　洁　吴　莹　张　杰
陈　淙　陈逸峰　周灯学　赵雪梅　赵璘艳
姜宜凡　翁悦梅　高宏旗　葛　飞　谢柳青
蔡梦黎

序

preface

习近平总书记指出，“人民对美好生活的向往，就是我们的奋斗目标”。近年来，化妆品行业迎来发展机遇期，市场规模进一步扩大，生产销售持续增长，新技术得到充分发展和应用，新产品大量涌现，生产经营逐步规范，消费需求日益旺盛，化妆品行业显现出稳步发展的态势。与此同时，上海牢牢把握化妆品产业发展的良好基础和机遇，以推动高质量发展为主题，以深化供给侧结构性改革为主线，着力提升化妆品产业供给能级，创造高品质产品，引领新消费需求。2017 年 9 月，上海市人民政府印发了《关于推进上海美丽健康产业发展的若干意见》，将化妆品产业作为本市巩固提升实体经济能级、培育增长新动能的重要组成部分。《上海市国民经济和社会发展第十四个五年规划和二〇三五年远景目标纲要》提出打造“3+6”产业体系，时尚消费品成为六大重点产业之一，化妆品产业是其中的核心领域。2021 年 7 月，上海市经济和信息化委员会、上海市药品监督管理局联合印发《上海市化妆品产业高质量发展行动计划（2021—2023 年）》，充分发挥上海科研力量、品牌质量等显著优势，努力促进化妆品产业跨越式发展。

2021 年是我国化妆品行业急剧变革的一年。《化妆品监督管理条例》及其配套规章陆续出台，化妆品监管法规体系基本形成；“放管服”改革在化妆品领域深入推进；标准体系、安全评价体系、检验检测体系、技术指南等建设加速推进；事中事后监管制度不断加强，风险防控体系持续完善。同时，化妆品安全社会共治理念不断深化，科普知识、政策宣贯等不断推向深入，为化妆品行业高质量发展和安全消费营造了良好的环境。

面向未来，化妆品行业要在新时代实现高质量发展，需要政府、行业、企业、社会共同努力。《化妆品合规管理与实践》既着眼当下，又面向未来，在现行法律法规框架下，全面梳理化妆品全产业链全过程管理要求，并立足化妆品的时尚属性，阐释化妆品的发展方向。希望本书能为化妆品行业、企业和监管者提供参考。

上海市药品监督管理局副局长　赵燕君

2022 年 9 月

前　言

foreword

“十四五”时期是全面建设社会主义现代化国家新征程的第一个五年，也是《化妆品监督管理条例》正式实施的第一个五年，这五年对推动我国化妆品产业高质量发展的重要性不言而喻。

回顾我国化妆品产业近40年的发展历程，消费者的美丽追求不断提升、产品不断推陈出新、技术持续进步、护肤理念更新迭代等都推动着产业持续快速发展。纵观全球化妆品市场，国际品牌发展稳健，并购加速，在亚洲和中国市场投资不断加大。在当前和今后一个时期，化妆品企业机遇与挑战并存。

《化妆品监督管理条例》的实施，开启了我国化妆品系统化治理的新篇章，凸显了风险管理、责任治理、全程治理及社会共治的化妆品治理理念，标志着中国化妆品监管向着科学监管方向迈上了新的台阶。基于化妆品产业发展的现状出台的一系列新规，是一次重大的管理制度的变革和全产业链未来发展目标与方向的指引。

本书以产业链为主轴，将欧盟、美国、日本、韩国等主要发达国家和地区的化妆品合规管理与我国化妆品合规管理要点落到产业链具体环节上作对比，对我国现行法律法规框架下化妆品产业链不同环节的监管要求进行解析，为化妆品从业者、拟从业者提供方法和思路参考。第1章介绍了化妆品与化妆品属性，全面阐述了化妆品的功效、心理、时尚属性及其对产品研发的方向性指引，编者希望与读者一起以化妆品既具有功效同时又是美丽和时尚载体的视角去认识化妆品；第2章详细介绍了化妆品监管制度与监管体制；第3章至第11章，从原料、注册备案、生产、经营、安全评估、风险监测、功效宣称到广告宣传，解析了化妆品产业全链条各环节的合规管理要求，给出了与现阶段化妆品产业发展相适应的合规实务指导；第 12 章，通过对中国化妆品产业及系统化治理的现状和发展方向的简析，希望对化妆品治理和发展有抛砖引玉作用。

本书主编曾全程参与了国家“进口非特殊用途化妆品备案”在上海的改革试点，参与了化妆品技术审查、现场核查，《化妆品监督管理条例》及配套法规的调研和撰写工作。本书立体展现化妆品产业与消费者需求的关联、化妆品产业与社会经济和文化的关联；通过对化妆品全产业链的合规解析，帮助读者更好地理解新法规的要求，为化妆品行业相关人员提供参考和借鉴，为化妆品产业高质量发展的理论研究和实际操作提供参考，这将是编者为行业做出的重要分享，也是众多帮助过此书撰写的未具名的领导和专家们为中国化妆品行业发展所做的宝贵和无私的奉献。

对化妆品的合规要求以及化妆品的相关技术、材料、方法等都是不断发展进步的，编者的认知、观点难免有局限性，敬请读者批评指正。

编者

2022 年 9 月

目 录

contents

第1章　化妆品与化妆品属性

1.1　化妆品的定义和分类

从广义上来讲，化妆品是以化妆为目的的各种产品的总称。化妆（Cosmetic）一词最早来源于希腊文字“Kosmos”，含义是“化妆师的技巧”或“装饰的技巧”，含有且不仅限于面部修饰等多种类、多用途物品的集合。狭义的化妆品定义，因各国的法规定义不同而略有差别。探究化妆品的定义和分类，可以更好地了解化妆品种类、功效和用途的历史沿革和应用范畴，是化妆品合规管理的首要内容和基本要求。

1.1.1　中国化妆品的定义和分类

1. 中国化妆品的定义

《化妆品监督管理条例》规定了化妆品的定义：化妆品“是指以涂擦、喷洒或者其他类似方法，施用于皮肤、毛发、指甲、口唇等人体表面，以清洁、保护、美化、修饰为目的的日用化学工业产品”。该定义从化妆品的使用方式、施用部位、使用目的和产品定性等4个方面，清晰、简洁地对化妆品的主要特征进行界定，使化妆品与其他类似产品得以区分。

（1）化妆品的使用方式是涂擦、喷洒或者其他类似方法，而以口服、注射等方式达到美容目的的产品不属于化妆品。

（2）化妆品的施用部位明确为皮肤、毛发、指甲、口唇等人体表面，而施用于人体黏膜的漱口水、皮肤深层的文身产品等不属于化妆品；用于瘢痕、烫伤、烧伤、破损等损伤部位的产品也不属于化妆品。从施用部位来看，牙膏不属于化妆品，但是为了保障牙膏的质量安全，《化妆品监督管理条例》明确牙膏参照有关普通化妆品的规定进行管理。

（3）化妆品的使用目的是清洁、保护、美化、修饰。抗（抑）菌和消炎的产品不属于化妆品；通过调节激素影响防止脱发以及促进生发作用的产品不属于化妆品；针对病理性多汗的产品也不属于化妆品。

（4）化妆品属于日用化学工业产品，不包含化妆用具，例如粉扑、化妆刷、睫毛夹、人造指甲或假睫毛等固体装饰物等产品，也不属于化妆品。

2. 中国化妆品的分类

从风险管理和行政监管的角度，我国将化妆品分为特殊化妆品和普通化妆品，对特殊化妆品实行注册管理，对普通化妆品实行备案管理。特殊化妆品是指用于染发、烫发、祛斑美白、防晒、防脱发的化妆品以及宣称新功效的化妆品。特殊化妆品以外的化妆品为普通化妆品。

《化妆品监督管理条例》施行前，中国将化妆品分为特殊用途化妆品和非特殊用途化妆品。特殊用途化妆品包括用于育发、染发、烫发、脱毛、美乳、健美、除臭、祛斑美白、防晒等9类化妆品。《化妆品监督管理条例》对于2021年1月1日前已经注册的用于育发、脱毛、美乳、健美、除臭的化妆品设置了5年过渡期，到2025年12月31日前，已注册的这5类化妆品可以继续生产、进口、销售，过渡期满后不得生产、进口、销售该化妆品。

国家药品监督管理局根据化妆品的功效宣称、作用部位、使用人群、产品剂型，同时考虑使用方法，制定了《化妆品分类规则和分类目录》，自2021年5月1日起施行。在中华人民共和国境内生产经营的化妆品都要按照这个规则和目录进行分类编码。《化妆品分类规则和分类目录》具体包括功效宣称分类目录、作用部位分类目录、使用人群分类目录、产品剂型分类目录和使用方法分类目录。在编码时，化妆品注册人、备案人要根据产品情况，依次选择这5个目录对应的序号，再将各组目录编码用“-”进行连接，形成完整的产品分类编码。

（1）功效宣称分类目录列出了化妆品“功效类别”，并给出每个“功效类别”对应的“释义说明和宣称指引”。按此目录，化妆品分成26类功效，具体包括染发、烫发、祛斑美白、防晒、防脱发、祛痘、滋养、修护、清洁、卸妆、保湿、美容修饰、芳香、除臭、抗皱、紧致、舒缓、控油、去角质、爽身、护发、防断发、去屑、发色护理、脱毛、辅助剃须剃毛。不符合这26类功效分类规则的化妆品，均视为宣称新功效化妆品。

（2）作用部位分类目录列出了化妆品“作用部位”，并对“作用部位”的具体位置给出了“说明”。按此目录，化妆品包括10类作用部位：头发，体毛，躯干部位，头部，面部，眼部，口唇，手、足，全身皮肤、指（趾）甲。作用部位不在以上 10 类的产品即列为宣称新功效化妆品。

（3）使用人群分类目录列出了化妆品“使用人群”，并给出了限定性“说明”。按此目录，化妆品的使用人群包括 3 类：婴幼儿（0~3 周岁，含 3 周岁）、儿童（3~12 周岁，含 12 周岁）和普通人群。为了保障儿童化妆品使用安全，规定婴幼儿化妆品的功效宣称仅限于清洁、保湿、护发、防晒、舒缓、爽身，儿童化妆品的功效宣称仅限于清洁、卸妆、保湿、美容修饰、芳香、护发、防晒、修护、舒缓、爽身。不符合这 3 类使用人群分类规则的化妆品，以及宣称孕妇和哺乳期妇女适用的化妆品，均视为宣称新功效化妆品。

（4）产品剂型分类目录列出了化妆品“产品剂型”，并对每种剂型的具体形态和特征给出了“说明”。按此目录，化妆品的产品剂型包括 11 类：膏霜乳，液体，凝胶，粉剂，块状，泥，蜡基，喷雾剂，气雾剂，贴、膜、含基材，冻干。

（5）使用方法分类目录列出了 2 类化妆品“使用方法”：淋洗和驻留。化妆品的使用方法，须根据国家标准和《化妆品安全技术规范》要求，选择编码。

《化妆品分类规则和分类目录》在化妆品定义的基础上，从不同维度对化妆品分类做了解读，不仅明确了功效宣称的类别，而且梳理了产品分类矩阵，为每个产品赋予了分类编码。该编码系统不仅是对于产品定义和分类的清晰解读，也是进入数字时代对于品种繁多的产品信息录入更具逻辑化和标准化的管理方法和策略，代表着中国化妆品注册备案管理进入一个更先进、更系统的时代。

1.1.2　国外化妆品的定义和分类简介

1. 欧盟化妆品的定义和分类

欧盟《化妆品法规 1223/2009》中规定了化妆品的定义：用于接触人体外部（表皮、毛发系统、指甲、嘴唇和外部生殖器）或者牙齿和口腔黏膜，专门或者主要使其清洁、具有香气、改变外观、起到保护作用、保持其处于良好状态或者调整身体气味的物质或混合物。

欧盟对化妆品的监管侧重于化妆品原料的安全性，因此，其对化妆品原料进行了分类及管理，并没有将产品进行分类。对于某些介于化妆品和药品之间的所谓“边缘产品”的分类，欧盟通过官方指南对个案进行具体指导。欧盟对于一些产品是否归类为化妆品，与中国的归类有所不同。根据欧盟文件，中国归类为“特殊化妆品”的祛斑美白化妆品，在欧盟依据其产品宣称可作为化妆品或药品管理；中国归类为“普通化妆品”的祛痘化妆品，在欧盟同样依据其产品宣称可作为化妆品或药品管理。

2. 美国化妆品的定义和分类

美国《联邦食品、药品和化妆品法案》对化妆品进行了定义：预计以涂抹、喷洒、喷雾或其他方法使用于人体，能起到清洁、美化、增进魅力或改变外观作用的物品（含有碱性脂肪酸盐且未宣称清洁之外的功能的香皂除外）。

美国食品药品监督管理局（Food and Drug Administration，FDA）官方网站的自愿登记系统中有化妆品产品分类编码，依据功效宣传用语和预期用途等将化妆品分为 13 个类别：婴儿产品、浴用产品、眼妆产品、芳香产品、非染色用头发产品、染发产品、非眼部化妆品、指甲产品、口腔清洁产品、个人清洁产品、剃须产品、皮肤护理产品（膏霜、乳液、粉、喷雾）、美黑产品。防晒产品、防龋产品、去屑产品等，在美国均作为非处方（OTC）药品进行管理，须符合相关 OTC 专论的要求。

另外，美国还存在既作为化妆品也作为药品进行监管的产品。FDA 在官网发布问答，对于该类产品的定义和法规要求等进行了详细说明，指出某些产品可能具有双重使用目的，同时符合化妆品和药品的定义，例如，去屑洗发香波，因可以清洁头发，被认为是化妆品，同时因其可以治疗头皮屑，又被认为是药品。同样的产品还有含氟牙膏、具有止汗功能的除臭剂，以及宣称具有防晒功能的保湿产品等。

3. 日本化妆品的定义和分类

日本《医药品、医疗器械等品质、功效性及安全性保证等有关法律》（以下简称《药机法》），对化妆品进行了定义：以清洁、美化人体，增加魅力，改变容貌，保持皮肤或者毛发健康为目的，通过涂擦、散布或者其他类似方法使用于人体，且在人体使用部位作用温和的产品。

日本还有一类产品，被归类为医药部外品。关于医药部外品的定义，日本《药机法》规定为“不属于医药品，但具有相当于或接近医药品功能的商品”，即处于医药品和化妆品之间的产品称为医药部外品。医药部外品含有功效成分，目的不在于积极进行治疗，而在于预防，其使用效果不会像医药品一样马上见效，但应具有可期待的效果。这种产品是具有规定使用目的，并且对人体作用温和的非器械、器具类物品，须符合相关规定。日本的所谓“药妆”，就是医药部外品中的一类产品。它们不属于药品，不具有治疗作用，但是它们因添加一般化妆品不得添加的成分，可以具有防止头皮屑、瘙痒、痤疮、粉刺等功效。另外，具有染发、烫发等功效的产品也在日本医药部外品范畴内，在中国则被列入特殊类化妆品管理。

4. 韩国化妆品的定义和分类

韩国《化妆品法》对化妆品进行了定义：起到清洁、美化人体的效果，以增加魅力、美化外表，或者可以保持或加强肌肤、毛发的健康，以涂抹、轻揉或喷洒等类似方法用于人体的并且对人体作用轻微的产品。

韩国《化妆品法》还对功能性化妆品给出了定义。功能性化妆品，是指符合以下任意一项、由《化妆品法施行规则》规定的化妆品：有助于美白肌肤的产品，有助于改善肌肤皱纹的产品，有助于美黑肌肤或者具有抗紫外线、保护肌肤功效的产品，有助于改变/除去毛发颜色或者提供营养的产品，有助于防止或改善由于皮肤或者毛发功能弱化而引起的干燥、分叉（裂开）、脱发、角质化等现象的产品。

《化妆品法施行规则》中对功能性化妆品的分类进一步进行了明确，包括：具有防止肌肤黑色素沉淀，抑制黄褐斑和雀斑的生成，有助于肌肤美白功能的化妆品；具有淡化沉淀到肌肤的黑色素，有助于肌肤美白功能的化妆品；具有提升肌肤弹力、舒缓肌肤皱纹或改善皱纹功能的化妆品；具有既可以抵御强烈阳光，又可以使肌肤均匀晒黑功能的化妆品；具有阻挡或散乱紫外线功能，保护肌肤免受紫外线侵害的化妆品；具有改变毛发颜色（包括脱染、脱色）功能的化妆品（暂时改变毛发颜色的产品除外）；具有除去体毛功能的化妆品（以物理方式除去体毛的产品除外）；有助于缓解脱毛症状的化妆品（以物理方式使毛发看起来粗的产品除外）；有助于缓解粉刺型肌肤的化妆品（仅限于清洗类产品）；有助于恢复皮肤屏障功能，改善瘙痒等的化妆品；有助于淡化红色膨胀纹的化妆品。

1.1.3　中外化妆品的定义和分类比较

1. 从风险管理的角度看化妆品的定义和分类

虽然不同国家对化妆品的定义有所不同，但总体上都是基于科学和风险管理的角度进行规定的。各国均从产品的使用方法、施用部位和使用目的三个维度来界定化妆品范围。当产品的使用方法为皮下注射时，将会被定义为风险级别更高的产品，如医疗器械；当产品宣称的使用目的含有预防、治疗疾病时，一般会被作为药品或者类药品管理。由此可以看出，各国监管机构对化妆品的定义体现了其对此类产品的风险认知。表 1-1 针对一些具有常见功效的化妆品，将中国与国外监管类别的划分进行了比较。

表 1-1　常见功效化妆品在不同国家和地区的分类比较

功　效	中　国	欧　盟	美　国	日　本	韩　国
染发	特殊化妆品	化妆品	化妆品	医药部外品	化妆品（暂时性染发产品）、功能性化妆品（永久性染发产品）
烫发	特殊化妆品	化妆品	化妆品	医药部外品	化妆品
祛斑美白	特殊化妆品	药品/化妆品（依据产品宣称）	化妆品、OTC 药品、NDA（新药申请）药品	医药部外品	功能性化妆品
防晒	特殊化妆品	化妆品	OTC 药品	化妆品	功能性化妆品
去屑	普通化妆品	化妆品	OTC 药品	医药部外品	化妆品
抗皱	普通化妆品	化妆品	化妆品	化妆品	功能性化妆品
祛痘	普通化妆品	药品/化妆品（依据产品宣称）	OTC 药品	医药部外品	功能性化妆品

2. 从安全监管的角度看化妆品的定义和分类

由于各个国家化妆品产业发展状况、监管机构的职能以及监管理念等存在差异，针对化妆品的监管政策也不尽相同，但整体来看，世界各国对化妆品的监管主要是根据原料风险、产品风险来制定相关监管措施，通常对化妆品采取审批或者备案管理。

与药品、医疗器械相比，化妆品的总体风险较低。因此，从监管要求角度而言，化妆品比药品、医疗器械的注册备案程序相对宽松。对于高风险类别化妆品，各国主要采取上市前许可制度；而对于较低风险类别化妆品，各国主要采取告知性备案方式。对不同风险类别的化妆品实施差异化管理，符合化妆品迭代更新快的特点，满足了化妆品的上市需求，同时，体现了对高风险产品的监管要求。

1.2　化妆品的功效属性

消费者购买化妆品，主要动因是所购化妆品具备其预期的功效。了解化妆品的功效属性和作用机理，不仅可以指导消费者理性选择适合个体需求的产品，也有助于化妆品企业加快产品研发创新。清洁、防晒、祛斑美白等化妆品功效基于人体皮肤、毛发的生理结构和功能而发挥作用，可以从物理机制、化学机制和生物学机制等不同角度解读。

1.2.1　化妆品功效的界定

《化妆品监督管理条例》明确了化妆品的使用目的是清洁、保护、美化、修饰，即化妆品应具有清洁、保护、美化、修饰的功效，具体细分为 26 类功效和新功效，不具备或者超出这些功效，均不属于化妆品范畴。通过涂擦、喷洒或者其他类似方法，施用于皮肤、毛发、指甲、口唇等人体表面时，化妆品的功效得以实现。根据《化妆品监督管理条例》，化妆品的功效宣称应当有充分的科学依据，功效的类别应当依照《化妆品分类规则与分类目录》划分。

1.2.2　化妆品功效作用机制解析

化妆品发挥功效作用的机制主要可以归纳为物理机制、化学机制和生物学机制等。

1. 物理机制相关功效

物理机制相关功效，是化妆品通过物理遮盖等方式发挥作用的功效。如美容修饰、芳香除臭爽身、物理防晒、物理去角质等。

2. 化学机制相关功效

化学机制相关功效，是化妆品通过化学相关作用方式发挥其功效。如烫发和染发、清洁和卸妆、化学去角质、化学防晒等。

3. 生物学机制相关功效

皮肤和毛发的生理结构和生物学功能是化妆品尤其是护肤产品功效开发的基础。化妆品的功效作用机制中，除了前述的物理机制和化学机制外，生物学机制在具有祛斑美白、祛痘、滋养、修护、保湿、抗皱、紧致、舒缓、控油等功效的化妆品中都发挥作用，为因不同皮肤生物学机能改变而引发的肌肤问题提供解决方案。

4. 利用生物学机制开发化妆品功效举例

下面以祛斑美白功效研究和产品开发为例，解析生物学机制在发挥化妆品功效中的作用。

要开发具有祛斑美白功效的化妆品，必须了解色斑的形成过程。黑色素生成是一种复杂的合成过程，包括黑色素细胞活化、黑色素的合成、黑色素小体向角质形成细胞的转移，以及黑色素小体在角质形成细胞内沉积。当皮肤暴露在紫外线（UV）辐射下，角质形成细胞或黑色素细胞会分泌各种重要的多肽、旁分泌细胞因子和自分泌细胞因子，调节黑色素的合成。针对黑色素形成、转运和沉积的机制，可以用不同的方法发挥祛斑美白的生物学机制。第一条路径是抑制黑色素合成酶活性；第二条路径是还原黑色素中间体；第三条路径是抑制黑色素转运；第四条路径是促进角质层的脱落。

综上所述，《化妆品监督管理条例》中的26类功效可以通过物理机制、化学机制和生物学机制发挥作用。关于化妆品的功效属性和作用机制的探讨，可以帮助我们从不同角度和方式理解化妆品的定义，了解化妆品的使用方式和使用目的，掌握化妆品功效开发的理论，是进行化妆品研发、保障化妆品安全极为重要的一环。

1.3 化妆品的心理属性

心理属性是化妆品区别于其他健康产品的重要特征。化妆品的心理属性包括广泛意义上的消费者购买化妆品的行为动机、使用化妆品的感官体验、使用化妆品后的自我愉悦、与人分享的心理满足。同时，化妆品的心理属性还包括独特的心理皮肤效应等。研究化妆品的心理属性，不仅对提高化妆品开发、生产、销售能力具有理论指导作用，而且对倡导现代生活理念、培养健康的社会心理、深入研究皮肤健康相关跨学科领域等都具有积极的现实意义。

1.3.1 化妆品消费心理

随着社会的发展，化妆品消费群体的心理特征也在不断变化。对消费群体进行细分、深入了解不同消费群体的购买动机和消费特征，可以帮助企业更加精准地进行产品开发和营销。

1. 追求美丽与时尚的消费心理

追求美丽与时尚的消费心理是化妆品消费行为中非常重要的动因。当今化妆品消费领域，前有“千禧一代”，后有“Z世代”，他们已成为化妆品的消费主力，更倾向于追求独立的人格魅力、彰显个性化装扮等，这成为他们购买化妆品的重要动因。

2. 追求情感满足的消费心理

化妆品消费不仅仅出于物质性、功能性的需要，精神情感方面的满足也已成为消费的重要内容。化妆品能满足消费者追求精致完美生活的愿望，获得心理上的满足。

1.3.2　化妆品消费的心理效应

消费者使用化妆品，会带来多种心理效应，有的心理效应只在使用化妆品时产生作用，有的心理效应会给消费者带来更为复杂和长远的影响。

1. 晕轮效应

晕轮效应是指人们对他人的认知源于初步印象，然后再从初步印象推论出认知对象的其他品质或特点。

2. 罗森塔尔效应

罗森塔尔效应亦称“皮格马利翁效应”，是指人们基于对某种情境的知觉而形成的期望或预言，会使该情境产生适应这一期望或预言的效应。通俗地讲，就是“你期望什么，就会得到什么”。使用化妆品，可以产生罗森塔尔效应，提升个人的自我预期、自我评价和自信心。

3.“消费认同”效应

“消费认同”效应认为商品所带有的元素能够被商家赋予一定的意义，并且通过符号表现出来，如高昂的价格、独特的款式、差异化的消费环境等。

1.3.3　化妆品独特的心理皮肤效应机制

涂抹化妆品的过程和使用化妆品后也可以通过一系列心理-生理信号传导通路，直接对皮肤产生一定的生物学效应，其相应的机制已有研究报道，心理皮肤科学正在成为跨学科研究的新领域和新方向。

1. 皮肤-生理反应

化妆品的功效、质地、香味、色泽，甚至外包装和品牌等，通过皮肤触觉、嗅觉、视觉等，经一系列的受体和信号通路传递到使用者大脑，从而影响体内激素水平、神经递质释放等应答，产生调节体温、血压、心跳等一系列生理反应，产生愉悦、舒畅、惊喜等情感。

2. 心理-皮肤生理机能

随着现代医学与生理学研究的不断深入，心理皮肤科学已诞生并成为一个崭新的独立研究领域。它包括心理和皮肤的相互作用、心理神经免疫学在皮肤疾病相关的心理方面和皮肤机能障碍等发病机制中的应用。它们都是目前的研究热点。该领域的深入研究将为我们探讨化妆品心理效应对皮肤生理机能的影响提供重要的理论基础。

1.3.4 研究化妆品的心理属性的意义

无疑，研究化妆品的心理属性，可以为开发符合消费者需求的化妆品、提高化妆品销售能力等方面提供理论指导。同时，由于化妆品消费可以反映一个时代社会、经济、民生状况和特有的意识观念，在开发、生产、销售化妆品时，倡导现代生活理念，培养健康的社会心理，对于社会文明进步也能发挥积极的作用。

1. 化妆品研发应观照消费者心理

化妆品消费者对美好生活有强烈向往，除了注重产品功效性，也越来越在意感官体验，他们对视觉、嗅觉、听觉和触觉等的愉悦体验越来越敏感。在化妆品研发方面，应观照消费者心理，最大限度地满足消费者的需求。精美的包装设计、独特的商品名称也会调动消费者的购买热情。人工智能（AI）试妆、直播现场演示等手段，带给消费者更为丰富多元的感受。这些基于消费者心理需求开发的化妆品，让产品更具有竞争力。

2. 销售化妆品应当塑造消费认同

消费者只有享受到精神愉悦或受到他人的称赞，才能形成产品认同；企业只有维护好品牌与消费者之间强有力的纽带关系，才能形成品牌认同。品牌形象不仅包括产品功能、产品质量，还包含文化意义。化妆品开发不仅通过性别、年龄、收入、所处地域等划分目标消费者，而且需要考虑信仰、品位、流行文化因素等。

3. 倡导自然环保的理念，引领化妆品消费潮流

如今，中国消费者对于化妆品的关注远不止停留在产品功效层面，而越来越关注化妆品企业的社会责任感和化妆品品牌蕴含的文化理念。对生态友好、注重环境保护、对社会充满关怀的企业和品牌尤其受到消费者的青睐。

4. 注重发挥原料资源和民族文化的优势，打造中国化妆品特色

如今，中国消费者的民族文化自信不断提升，对品牌的认同不仅有对产品质量的要求，还有对产品蕴含中国优秀传统文化意义的期待。

综上，化妆品消费者除了有对产品功效的需求外，还存在一定的心理和情感

期待。化妆品作为一种产品，在市场销售与购买过程中存在广泛意义上的心理学效益。随着时代的变迁，化妆品心理效应的研究将不断丰富和深入，将对人们追求美好生活和化妆品产业的高质量发展产生更加深远的影响。

1.4　化妆品的时尚属性

从时尚的承载与表达的视角来看，化妆品不同于一般的健康产品，它的价值不仅在于日化产品之用，更在于审美之用、时尚之用。

1.4.1　化妆品与时尚

使用化妆品一方面可以帮助人们显露美丽，增强自信，产生心理上的愉悦感和尊严感；另一方面可以帮助人们重新定义个性、品位和身份，在多元文化中标注自己，以获得特定人群的文化认同。化妆品作为一种时尚产品，显示了其在人们生活中显赫的美学地位和重要的文化意义。

1.4.2　化妆品的时尚特点

真正的美是外在美和内在美的和谐统一。作为承载美的产品，化妆品的时尚化包括外观元素的时尚化和内在品质的时尚化，而且在传播上也有时尚化的特点。

1. 化妆品外观元素的时尚化

时尚作为化妆品的核心价值之一，在色彩搭配、外形设计、包装材料、商标设计等方面应做到“铸魂入体”，这个“魂”就是符号化或元素化的时尚精神。

(1) 产品形态

为完美呈现化妆品的质感，化妆品企业不断开发新工艺，使产品外观形象生动逼真，令人爱不释手。例如，将中国非遗微雕工艺搬到口红膏体上，微雕的玫瑰栩栩如生。

(2) 包装形态

利用产品独特的包装形态产生优先的货架效应、彰显产品的消费个性，已经成为品牌战略首要考虑的因素之一。

(3) 包装材料

化妆品企业越来越注重从包装材料上寻求独特的产品质感和视觉体验。目前，可回收和环保材料成为新包装的时尚风标。通过改变包装材料和改进包装工艺，使化妆品承载的生活理念与消费者的使用感受和价值理念达成一致，引领时尚潮流。

（4）外观设计

如今，化妆品企业在产品外观设计上越来越多地借助当下时尚元素，表现其产品创意的时尚性和独特性，拉近产品与消费者的距离。

2. 化妆品内在品质的时尚化

（1）产品剂型

化妆品在剂型上也不断推陈出新，通过新原料、新工艺的融合，引领产品创新，带给消费者更多的选择和时尚的体验。纵观化妆品剂型，已经由单纯的水、乳、膏、霜、粉等传统剂型向单剂型多功能、单剂型多质地、多剂型混合等创新剂型发展。比如口红，不仅颜色更加丰富多彩，质地上还有高光、哑光、缎面、丝绒、珠光等不同效果，更有唇膏、唇釉、唇蜜等不同的细分类型。

（2）生产技术

不断创新的现代科技，为化妆品提供了更多的可能。例如，微囊技术不仅可使产品更加稳定，还因改变了产品的细部构成，能给消费者带来视觉、触觉和使用效果的新鲜体验。

（3）产品配方

化妆品的研发，越来越重视科技赋能，在配方中添加活性成分、提高活性成分含量，已然成为行业共识。随着化妆品产业链不断升级与消费者护肤科学理性的建构，对于化妆品产品配方的要求和功效成分的解读也会逐步成熟和完善。

3. 化妆品传播的时尚化

（1）产品广告

广告已成为化妆品品牌竞争的重要手段。在广告中，化妆品可以演绎品牌历史、品牌精神、品牌个性，使品牌化身为浓缩时尚精华的象征符号，串联起产品价值、社交意义和消费者想象。消费者在购买、使用化妆品的同时，能够实现个人时尚想象与品牌时尚创意的融合，从而借助品牌来确证自我、认同自我。

（2）营销方式

随着互联网科技的发展，人际交往方式变得多样，人们的购物选择、话语空间也产生了革命性的拓展。从线下到线上，一边开展商场促销，一边探索直播带货，定制化营销、个性化营销、跨界联名营销等新的营销方式，将千人一面的推广转变为直面消费个体的交互活动。

1.4.3 化妆品的时尚潮流方向

化妆是一种时尚行为，不仅反映出大众的审美文化，也反映出个体的身份认同。

1. 化妆品的极简主义

化妆品的极简主义，不仅体现在简化化妆流程上，也体现在简化产品配方上。在帮助消费者简化化妆流程方面，多效合一的融合类化妆品、美容工具与护肤产品的融合受到市场的青睐。如彩妆与护肤产品融合，成为许多消费者的新宠。在简化产品配方方面，诞生了“纯净化妆品”的概念，即采用天然成分原料，减少防腐剂，减轻皮肤负担，产品包装也更简单。按照极简主义理念开发化妆品、纯净美妆已成为一种潮流。

2. 化妆品的环保理念

环保越来越成为社会各方考量化妆品行业发展质量的指标和化妆品企业的普遍追求。崇尚环保的观念，既引领着人们生活方式的改变，又衍生出一系列新的消费行为和市场机会。

3. 化妆品的个性化服务

服务型经济的到来，使个性化服务成为化妆品市场未来主流形态。选择化妆品时，消费者更加关注产品的适配性，关注自身皮肤的状况与所选择化妆品的相宜相合。这样一种极具个性的消费细分，必然催生出化妆品定制营销的服务模式。

4. 化妆品的国潮风

随着中国经济社会快速发展和文化自信心的增强，化妆品国潮风越来越强劲。

5. 化妆品与文创的结合

近年来，跨界合作的产品逐渐步入市场，其中一些优质产品令人惊艳，如“故宫彩妆”。通过跨界共创，可以借助文化记忆和符号象征，引领新的消费潮流。

综上，在中国这个巨大的化妆品消费品市场中，无论高端、国潮还是小众市场，各种不同的潮流元素都蕴藏着巨大的潜力。只有立足产品功效、准确洞悉消费心理、努力发掘时尚内涵，化妆品企业才能在快速迭代中获得更多机会。

第2章　化妆品监管制度与监管体制

2.1　中国化妆品监管制度和监管体制概述

化妆品直接作用于人体表面，其质量安全与消费者的健康关系密切。随着化妆品产业的迅速发展，公众对化妆品质量安全的关注度也越来越高。为了保障化妆品消费安全，推动化妆品产业健康发展，中国逐步建立起化妆品质量安全法规制度体系、行政监管体系、技术支撑体系和社会共治体系。

2.1.1　中国化妆品质量安全法规制度体系

2020年6月16日，国务院公布《化妆品监督管理条例》，自2021年1月1日起施行。这部化妆品监管领域专门的行政法规正式取代已执行30多年的《化妆品卫生监督条例》，成为规范化妆品生产经营活动、加强化妆品质量安全监管、促进化妆品产业健康发展的法制基础。随后，国家市场监督管理总局、国家药品监督管理局陆续制发了一系列化妆品注册备案管理、化妆品生产经营监管等配套文件，构建起新时期化妆品监管法规制度体系。

在行政法规层面，《化妆品监督管理条例》建立了化妆品和化妆品原料分类管理制度，明确了化妆品注册人、备案人的主体责任，强化了化妆品生产经营全过程管理和上市后质量安全管控，完善了化妆品质量安全监管措施和执法程序，加大了对违法行为的惩处力度，鼓励和支持化妆品研究创新，推进了化妆品社会共治市场环境的形成。

在部门规章层面，国家市场监督管理总局发布的《化妆品注册备案管理办法》细化了注册人、备案人管理制度，规范了化妆品注册备案管理程序，明确了备案后监督管理责任和工作要求，建立了鼓励化妆品创新发展的机制。《化妆品生产经营监督管理办法》规范了化妆品生产许可的程序，细化了化妆品生产管理、经营管理要求，明确了化妆品注册人、备案人、受托生产企业、化妆品经营者、美容美发机构、电子商务平台、集中交易市场等市场主体的义务和责任。

在规范性文件层面，国家药品监督管理局发布的《化妆品新原料注册备案资料管理规定》《化妆品注册备案资料管理规定》《化妆品注册和备案检验工作规范》是化妆品及化妆品新原料注册备案工作的具体指导性文件；《化妆品功效宣称评价规范》《化妆品分类规则和分类目录》《化妆品安全评估技术导则（2021年版）》《已使用化妆品原料目录（2021 年版）》《化妆品禁用原料目录》《化妆品禁用植（动）物原料目录》是落实《化妆品监督管理条例》关于化妆品功效宣称管理、化妆品风险管理以及化妆品原料管理要求制定的技术性文件；《化妆品不良反应监测管理办法》是加强化妆品风险事中控制、事后处置的操作指南；《化妆品标签管理办法》《儿童化妆品监督管理规定》《化妆品生产质量管理规范》针对化妆品监管重点内容、重点对象、重点环节进一步细化了相关要求。

除了专门的法规制度，从事化妆品生产经营活动还须遵守《中华人民共和国广告法》《中华人民共和国标准化法》《中华人民共和国电子商务法》《中华人民共和国市场主体登记管理条例》等法律法规的要求。

2.1.2　中国化妆品行政监管体系

中国目前的化妆品行政监管体系是 2018 年通过国务院机构改革确立的。国家药品监督管理局负责化妆品安全监督管理，拟订监督管理政策规划，组织起草法律法规草案，拟订部门规章，并监督实施，研究拟订鼓励化妆品新技术新产品的管理与服务政策；负责化妆品标准管理，组织拟订化妆品标准，组织制定分类管理制度，并监督实施；负责化妆品注册管理，制定注册管理制度，严格上市审评审批，完善审评审批服务便利化措施，并组织实施；负责化妆品上市后风险管理，组织开展化妆品不良反应的监测、评价和处置工作，依法承担化妆品安全应急管理工作；负责组织指导化妆品监督检查，制定检查制度，依法查处化妆品注册环节的违法行为，依职责组织指导查处生产环节的违法行为；负责化妆品监督管理领域对外交流与合作，参与相关国际监管规则和标准的制定。

在化妆品领域，中国构建的是各级和各部门各司其职、各负其责的行政监管体系。药品监管部门只在国家级和省级设立，省以下的化妆品监管由市场监管部门负责。各级化妆品质量安全监管部门的职责分工如下：一是国家药品监督管理局，负责制定化妆品监管制度，并负责化妆品研制环节的许可、检查和处罚；二是省级药品监督管理部门，负责化妆品生产环节的许可、检查和处罚；三是市县两级市场监管部门，负责化妆品经营环节质量的检查和处罚。

各部门化妆品监管职责分工包括：国家级和省级药品监督管理部门、市县两级市场监管部门要按照“最严谨的标准、最严格的监管、最严厉的处罚、最严肃的问责”的要求，完善化妆品审评、检查、检验、监测等体系，全面落实对化妆品的监管责任；出入境检验检疫机构负责依照《中华人民共和国进出口商品检验法》的规定对进口的化妆品实施检验，对进口商记录、保存进口化妆品信息的义务实施监管；公安部门负责化妆品犯罪案件的侦查工作，并对阻碍负责药品监督管理的部门工作人员依法执行职务、构成违反治安管理行为等违法行为予以处罚；市场监管部门负责化妆品领域市场主体的登记管理、广告监管、商标监管、知识产权保护、反不正当竞争、物价监管、消费者权益保护、特种设备监管、标准化监管、计量监管、化妆品过度包装监管等。随着各级、各部门职责的不断明确，中国化妆品监管的专业化程度越来越高，化妆品行政监管体系越来越完善。

2.1.3 中国化妆品技术支撑体系

在中国，与化妆品相关的技术机构承担着化妆品标准化、化妆品原料和化妆品的注册技术审评、化妆品研制现场和生产现场的审核查验、化妆品检验检测、化妆品不良反应监测与评价等技术性工作。这些技术机构，有些是隶属于政府部门的，有些是隶属于民营、外资的。与行政监管有关的技术性工作，大部分由隶属于政府部门的技术机构承担；与企业质量管理有关的技术性工作，较多由民营、外资设立的技术机构承担。它们共同构成了中国化妆品技术支撑体系，成为化妆品产业和化妆品质量安全监管不可或缺的基础资源。

1. 化妆品标准和相关技术机构简介

依据《中华人民共和国标准化法》，标准分为国家标准、行业标准、地方标准、团体标准和企业标准。国家标准分为强制性标准、推荐性标准，强制性标准必须执行。在强制性标准和技术规范方面，国务院药品监督管理部门负责化妆品强制性国家标准的项目提出、组织起草、征求意见和技术审查；国务院标准化行政部门负责化妆品强制性国家标准的立项、编号和对外通报；尚未制定强制性国家标准时，国务院药品监督管理部门可以结合监管工作需要制定化妆品质量安全补充技术要求。国家药品监督管理局成立了化妆品标准委员会，秘书处设在其所属技术机构中国食品药品检定研究院。

在行业标准、团体标准和企业标准方面，化妆品行业协会和科研院所等组织开展和参与的化妆品标准化工作越来越多。目前，在化妆品领域，行业标准数量占比最大；在化妆品产业比较发达的地区，一些学会、协会、商会、联合会、产业技术联盟等社会团体协调相关市场主体，共同制定了满足化妆品市场和创新需要的地方标准和团体标准。随着化妆品法规制度越来越完善、化妆品市场规模不断增加，化妆品企业对标准化工作也越来越重视，一些企业通过自设研究部门、联合其他企业、委托第三方技术机构等方式制定了企业标准。

2. 化妆品技术审评和相关技术机构简介

《化妆品监督管理条例》规定，具有防腐、防晒、着色、染发、祛斑美白功能的化妆品新原料须注册后方可使用，其他化妆品新原料须在使用前备案；特殊化妆品须注册后方可生产、进口，普通化妆品须在上市销售或进口前备案；从事化妆品生产活动，须取得化妆品生产许可。以上注册、备案、许可等资料的审评核查均需要相关化妆品技术机构的参与。

目前，中国食品药品检定研究院具体负责化妆品新原料、特殊化妆品注册的技术审评工作，化妆品新原料备案后的资料技术核查工作，以及化妆品新原料使用和安全情况报告的评估工作。国家药品监督管理局食品药品审核查验中心具体负责化妆品新原料、特殊化妆品注册技术审评中所需的研制现场的审核查验工作。进口普通化妆品备案后的资料技术核查工作，分别由中国食品药品检定研究院、国家药品监督管理局委托的省级药品监督管理部门及其所属技术机构承担。国产普通化妆品备案后的资料技术核查工作，以及化妆品生产许可中的申请资料审核、生产现场核查等工作，由各省（自治区、直辖市）药品监督管理部门或者其指定的所属技术机构具体承担。

3. 化妆品检验检测和相关技术机构简介

化妆品检验检测，按其目的可分为两类：一是企业质量管理、行业自律方面的检验检测；二是注册备案、抽样检验、风险监测等行政监管方面的检验检测。化妆品检验检测机构既有隶属于行政监管部门的事业单位，也有国有企业、国有资产控股企业、民营企业和外商投资企业，还有化妆品生产企业自设的检验部门。中国对检验检测机构的管理有资质认定制度和对检验检测机构的监督管理制度。国家药品监督管理局于 2019 年颁布的《化妆品注册和备案检验工作规范》规定，从事化妆品注册和备案检验工作的检验检测机构一般应具备独立法人资格；符合非独立法人资格的检验检测机构须经其所属的法人单位授权，并能够独立承担第三方公正检验，独立开展检验检测业务活动。除化妆品生产企业自设的检验部门外，其他检验检测机构在开展化妆品注册和备案检验工作前，应当取得化妆品领域的检验检测机构资质认定（CMA），且取得资质认定的能力范围能够满足化妆品注册和备案检验工作需要。符合要求的检验检测机构，可以向国家药品监督管理局建立的化妆品注册和备案检验信息管理系统提交相关信息，经确认并公布后即可承担化妆品注册和备案检验工作。目前，该信息管理系统公布的化妆品注册和备案检验检测机构有300多家。化妆品生产企业自设的检验部门除了能开展产品及原料等日常检验外，有条件的还能根据国家药品监督管理局2023年第13号公告，开展普通化妆品（婴幼儿、儿童使用的除外）部分备案检验项目的自检工作。负责药品监督管理的部门通过实施化妆品抽样检验掌握化妆品质量安全状况，可以委托药品监督管理的部门所属检验检测机构，也可以由具有相应能力的其他检验检测机构承担抽样检验任务。国家药品监督管理局设立了化妆品风险监测工作组，秘书处设在中国食品药品检定研究院，化妆品风险监测工作组成员单位负责实施风险监测采样、检验工作，这些成员单位大多隶属于药品监督管理部门的化妆品检验检测机构。

4. 化妆品不良反应监测和相关技术机构简介

正常使用化妆品所引起的皮肤及其附属器官的病变，以及人体局部或者全身性的损害，称为化妆品不良反应。为了及时有效控制化妆品安全风险，中国建立了化妆品不良反应监测制度。国家药品监督管理局制发了《化妆品不良反应监测管理办法》，建立了国家化妆品不良反应监测信息系统，制发了国家化妆品不良反应监测评价基地认定标准和管理规范。国家药品监督管理局负责全国化妆品不良反应监测管理工作，其所属技术机构国家药品不良反应监测中心负责组织制定、修订化妆品不良反应监测与上市后安全性评价的技术标准和规范，组织开展化妆品不良反应监测、上市后安全性评价及相关方法研究，同时指导各地化妆品不良反应监测与上市后安全性评价工作。各级负责药品监督管理的部门亦设有化妆品不良反应监测机构，负责本行政区域的化妆品不良反应监测技术工作。

化妆品注册人、备案人、受托生产企业、化妆品经营者、医疗机构以及其他单位和个人均可以向化妆品不良反应监测机构或者负责药品监督管理的部门报告可能与使用化妆品有关的不良反应，化妆品不良反应监测机构依法收集、分析和评价化妆品不良反应信息，并向负责药品监督管理的部门提出处理建议。

5. 化妆品安全评估评价、功效评价和相关技术机构简介

《化妆品监督管理条例》规定，化妆品新原料及化妆品的注册或备案，需要

提交安全评估资料；化妆品新原料和化妆品注册、备案前，注册申请人、备案人应当自行或者委托专业机构开展安全评估；从事化妆品安全评估的人员应当具备化妆品质量安全相关专业知识，并具有五年以上相关专业从业经历。《化妆品安全评估技术导则》对化妆品安全评估人员的专业知识、分析能力、定期培训等提出了更细致的要求。

《化妆品注册和备案检验工作规范》规定，从事化妆品人体安全性与功效评价的检验检测机构，除了具备相应的检验检测资质认定等条件外，还应当配备两名以上（含两名）具有皮肤病相关专业执业医师资格证书且有五年以上（含五年）化妆品安全与功效评价相关工作经验的全职人员，建立受试者知情管理制度和志愿者管理体系，并具备处置化妆品不良反应的能力。《化妆品功效宣称评价规范》规定，具有祛斑美白、防晒和防脱发功效的化妆品的人体功效评价试验，应当由化妆品注册和备案检验机构实施；对于宣称新功效的化妆品，需要提交产品功效宣称评价资料的，应当由化妆品注册和备案检验机构按照强制性国家标准、技术规范规定的试验方法开展产品的功效评价；使用强制性国家标准、技术规范以外的试验方法的，应当委托两家及以上的化妆品注册和备案检验机构进行方法验证，经验证符合要求的方可开展新功效的评价。

化妆品新原料注册申请人、备案人开展原料安全评估，化妆品注册申请人、备案人开展化妆品安全评估、化妆品功效评价、人体安全性评价，可以自主选择并委托符合条件的技术机构承担相关工作。在国家级层面，中国食品药品检定研究院发挥了政策研究和统筹协调的作用，该研究院负责组织化妆品新原料及特殊化妆品安全技术评价工作，参与制修订化妆品新原料及特殊化妆品安全技术评价标准、普通化妆品备案要求以及相关工作程序，还承担普通化妆品备案的业务指导和技术考评等工作。

2.1.4　中国化妆品社会共治体系

推进国家治理体系和治理能力现代化，就要坚持系统治理、依法治理、源头治理、综合施策，打造共建、共治、共享的社会治理格局。无论是在化妆品监管机构的职能设置上，还是在《化妆品监督管理条例》等法规制度的立法理念上，都体现了社会共治的思想。化妆品质量安全社会共治的主体主要包括以下几个方面（图 2－1）：化妆品监管部门，化妆品注册人、备案人和生产经营者，化妆品消费者，化妆品行业协会和其他社会组织。

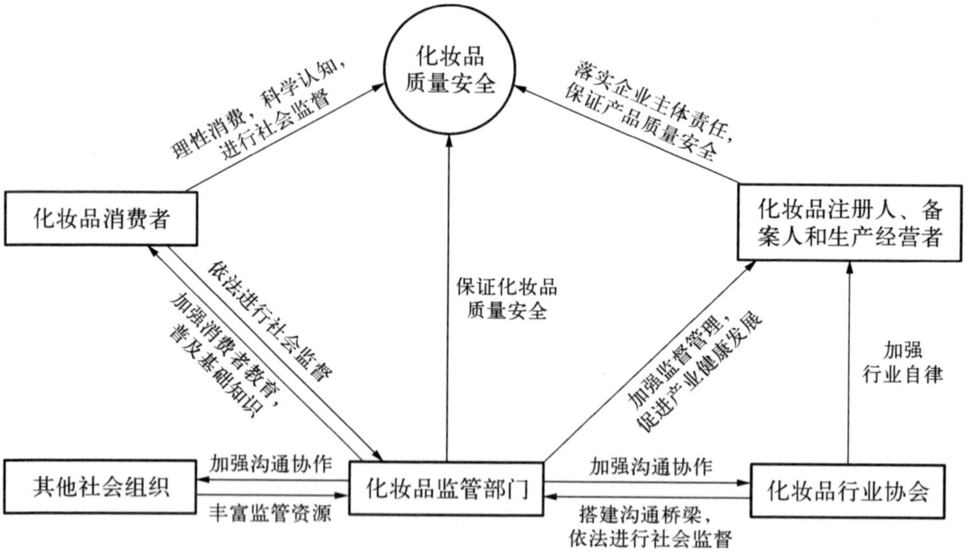

图 2－1　中国化妆品质量安全社会共治体系概况简图

1. 化妆品监管部门

监管部门是化妆品安全治理的主导力量。在新的法规制度体系、行政监管体系、技术支撑体系下，化妆品质量安全监管体现出依法治理、风险管理、信用监管的特点。各级各地监管部门以“权力清单”约束行政权力，以“责任清单”落实监管责任，向社会公示监管依据和监管结果，坚持依法治理。监管部门对化妆品原料、产品按照风险程度分别实施注册、备案管理；强化对特殊化妆品、儿童化妆品等重点产品的监督管理；注重生产活动全程质量控制，落实从原料把关到产品消费的质量安全责任追溯，以问题为导向加强抽样检验、风险监测，提高监管效能；建立监管对象信用档案，实施分级分类管理，对违法失信市场主体落实责任约谈、“处罚到人”和联合惩戒等措施，以信用管理保障化妆品市场经济秩序。

2. 化妆品注册人、备案人和生产经营者

化妆品注册人、备案人对化妆品的质量安全和功效宣称负责，生产经营者是所生产、经营化妆品的责任主体，应当依照法律、法规、强制性国家标准、技术规范从事生产经营活动。化妆品质量安全不仅要靠监管部门的努力，更重要的是要靠企业主体责任的落实和质量管理水平的提高。注册人、备案人在研制化妆品时，应当做好产品安全评估和功效评价，保证产品配方和执行的标准符合国家规定的技术要求；生产经营者在生产、销售、贮存、运输化妆品时，应当履行化妆品生产经营法律义务，加强管理，诚信自律，保证化妆品质量安全。化妆品电子商务经营者与线下经营者一样，须遵守法规制度的规定，全面、真实、准确、及时披露所经营的化妆品信息。

3. 化妆品消费者

化妆品消费者既是化妆品的购买者和使用者，也是化妆品安全治理的参与者。由于化妆品的使用情况既能直接反映出化妆品的质量安全状况，也能反映出化妆品生产经营者遵守法规制度的情况，消费者购买、使用化妆品的信息就成为化妆品质量安全的重要信息。从保护自身健康安全的角度考虑，消费者应当知悉化妆品科学常识和相关法规制度的基本内容，无论在线上还是线下购买，都应当注意查验化妆品的合法来源，仔细阅读化妆品标签，对不法经营者虚假、夸大和其他违法宣传保持警惕；在接受美容美发机构的服务时，应当注意查看服务场所展示的化妆品销售包装和化妆品标签，正确使用化妆品。从维护合法权益和参与社会监督的角度考虑，消费者在购买、使用化妆品受到伤害时，应当通过药品监督管理部门公布的网站地址、电子邮件、电话或者直接到药品监督管理部门对违法事实进行举报，发生不良反应的，还可以向化妆品不良反应监测机构报告。

4. 化妆品行业协会

化妆品行业协会是连接企业与政府以及其他各类组织的纽带和桥梁，在社会共治体系中，化妆品行业协会正在发挥越来越大的作用。一是从行业自律的角度，行业协会倡导会员单位依法生产经营，推动行业诚信建设，开展法律、法规、强制性国家标准和技术规范以及化妆品生产、检验实践操作等的培训教育，使会员单位和从业人员的质量管理知识得到提高；二是从服务产业的角度，行业协会提供化妆品注册备案、生产质量管理体系建立等咨询服务，沟通化妆品生产、经营、使用的上下游企业合理利用资源，促进全行业健康发展；三是从反映行业情况的角度，行业协会既可以组织会员单位参与国家化妆品政策讨论和制定，也可以组织开展化妆品团体标准制定，推进会员单位自愿采用团体标准，提高化妆品生产经营规范化水平。

5. 其他社会组织

消费者协会和其他消费者组织可以对违反化妆品法规规定、损害消费者合法权益的行为，依法进行社会监督。在保护消费者权益方面，消费者协会除了落实《中华人民共和国消费者权益保护法》的相关规定外，还可以协同各方提起消费民事公益诉讼。科研院所在化妆品研发方面，也发挥着重要作用。国家鼓励和支持开展化妆品研究、创新，在化妆品原料安全评估、产品安全评估、产品功效评价、化妆品标准制定等领域，无不需要技术支撑。同时，传统媒体和新媒体对化妆品的报道和关注，不仅起到对化妆品消费的引导作用，也能对化妆品企业起到监督作用。

2.2 中国化妆品监管制度的主要内容

随着《化妆品监督管理条例》的制定和施行，中国化妆品监管进入了责任治理、风险治理、全程治理、社会共治的新时代，形成了强化市场主体自律的责任制度、基于安全风险的分类管理制度、覆盖产品生命周期的全过程监管制度以及上市后产品质量安全风险管控制度等相互衔接、各有侧重、共同发挥作用的完整、科学、规范的制度体系。

2.2.1 强化市场主体自律的责任制度

化妆品作为一种快速消费品，市场化程度很高。对于这类产品的监管，更强调发挥市场主体的作用，厘清化妆品产业各类市场主体的法定义务、法律责任，使其责、权、利合理匹配，能够有效调动市场主体的积极性和创造力，激发化妆品产业健康发展的内生动力。

1. 化妆品注册人、备案人制度

《化妆品监督管理条例》首次提出化妆品注册人、备案人概念，规定“化妆品注册人、备案人对化妆品的质量安全和功效宣称负责”，由此建立了化妆品注册人、备案人制度，为实施化妆品质量安全责任管理奠定了基础。

以往的化妆品法规都将生产企业设定为化妆品质量责任主体，即“谁生产，谁负责”。但是，这种责任划分与新时期中国化妆品产业的特点不相适应。改革开放前，化妆品都是品牌拥有者自行生产，近年来，委托生产成为化妆品产业的主流。注册、备案化妆品的市场主体是产品的所有者，很多生产企业只是按照合同约定生产。在化妆品产业的分工和利益分配中，化妆品注册人、备案人占据优势，如果仍然将产品质量责任归于生产企业，一方面会失去公平，导致获益的化妆品注册人、备案人因不承担责任而不关注化妆品质量，另一方面使得能够掌控化妆品质量的生产企业失去提高质量管理水平的动力。按照“谁受益，谁担责”的原则，理应由注册人、备案人承担化妆品质量安全责任。

《化妆品监督管理条例》规定，化妆品注册人、备案人应当具有与其注册、备案的产品相适应的质量管理体系，具有化妆品不良反应监测与评价能力；申请注册、备案化妆品，不但要保证产品配方合规，制定产品执行的标准，提交产品标签样稿和注册备案检验合格的报告，还要自行或者委托专业机构开展产品安全评估，从源头上保障所注册、备案的化妆品安全。化妆品注册人、备案人要对化妆品生产全过程实施管理，无论自行生产还是委托生产，都要建立化妆品生产质量管理体系，并符合化妆品生产质量管理规范的要求。

《化妆品监督管理条例》规定，化妆品注册人、备案人对化妆品功效宣称负责。为防止夸大宣传、随意宣传，《化妆品监督管理条例》还规定，化妆品功效宣称应当有充分的科学依据，化妆品注册人、备案人应当在国务院药品监督管理部门规定的专门网站公布功效宣称所依据的文献资料、研究数据或者产品功效评价资料的摘要，接受社会监督。

针对境外化妆品注册人、备案人难以直接追责的情形，《化妆品注册备案管理办法》规定，注册人、备案人在境外的，应当指定我国境内的企业法人作为境内责任人，境内责任人除了以注册人、备案人的名义办理化妆品、化妆品新原料注册、备案外，还应当协助注册人、备案人开展化妆品不良反应监测、实施化妆品召回等工作，并按照其与注册人、备案人的协议，对投放境内市场的化妆品承担相应的质量安全责任。所以，无论境内化妆品注册人、备案人，还是境外化妆品注册人、备案人，化妆品注册人、备案人制度都能适用，法律责任明确。

2. 化妆品质量安全责任制度和质量安全负责人制度

《化妆品生产经营监督管理办法》规定，化妆品注册人、备案人、受托生产企业应当建立化妆品质量安全责任制，落实化妆品质量安全主体责任。质量安全负责人按照化妆品质量安全责任制的要求协助化妆品注册人、备案人、受托生产企业法定代表人、主要负责人承担产品质量安全管理和产品放行职责。《化妆品生产质量管理规范》进一步要求企业明确法定代表人或主要负责人、质量安全负责人、质量管理部门负责人、生产部门负责人以及其他化妆品质量安全相关岗位的职责，各岗位人员应当按照岗位职责要求，逐级履行相应的化妆品质量安全责任。化妆品质量安全责任的层层落实，直至落实到每个岗位、每个人员，为落实《化妆品监督管理条例》设置的“处罚到人”条款奠定了基础。

《化妆品监督管理条例》创设了化妆品质量安全负责人制度，要求化妆品注册人、备案人、受托生产企业设立质量安全负责人，质量安全负责人应当具备化妆品质量安全相关专业知识，并具有五年以上化妆品生产或者质量安全管理经验。质量安全负责人是质量安全管理的核心岗位，是落实化妆品质量安全主体责任的关键，也是保证生产质量管理体系有效运转的关键。为保证质量安全负责人真正发挥作用，《化妆品生产质量管理规范》规定，质量安全负责人应当独立履行职责，不受企业其他人员的干扰。

应当注意的是，仅委托生产的化妆品注册人、备案人也必须设立质量安全负责人。《化妆品生产质量管理规范》单设专章，对“委托生产管理”进行规范，特别规定了委托生产的化妆品注册人、备案人设立质量安全负责人的法定义务和质量安全负责人的具体职责。《化妆品生产质量管理规范》允许化妆品注册人、备案人、受托生产企业的质量安全负责人将其部分职责指定其他具备相应资质和履职能力的人员代为履行，但是，强调质量安全负责人要对协助履行职责的情况进行监督，且其应当承担的法律责任并不能转移给被指定的人员。

2.2.2 基于安全风险的分类管理制度

按照风险管理的原则，中国对化妆品原料、化妆品产品实施分类管理，将化妆品新原料分为具有较高风险的新原料和其他新原料，将化妆品分为特殊化妆品和普通化妆品，分别实行注册和备案管理。对于禁用原料、限用原料和准用原料实施目录清单管理。

1. 化妆品原料管理制度

（1）禁用原料、限用原料和准用原料目录

禁用原料是指具有较大安全风险，不得作为化妆品的配方成分用于化妆品生产的原料。2021 年 5 月 26 日，国家药品监督管理局公布了《化妆品禁用原料目录》和《化妆品禁用植（动）物原料目录》。限用原料是指具有一定安全风险，但在化妆品生产中需要使用且目前难以用其他物质替代的原料。中国在《化妆品安全技术规范》中规定了限用原料的目录及其使用范围、使用时的最大允许浓度、其他限制性要求，以及标签上必须标印的使用条件和注意事项。在中国，准用原料目前有 4 类：防腐剂、防晒剂、着色剂、染发剂。它们是具有较高安全风险的原料，中国在《化妆品安全技术规范（2015 年版）》中规定了这 4 类准用原料的目录及其使用范围、限制条件、使用时的最大允许浓度，以及标签上必须标印的使用条件和注意事项，并且规定：为实现防腐、防晒、着色、染发的目的，不在目录中的具有同样功效的原料不得使用，在目录中的原料应当按规定条件使用。

（2）已使用的化妆品原料和化妆品新原料

2021 年 4 月 30 日，国家药品监督管理局发布了《已使用化妆品原料目录（2021 年版）》。该目录是对在中国境内生产、销售的化妆品已使用原料的客观收录，选用该目录所列原料并不意味着原料使用合规。国家药品监督管理局提示：在本目录中收录的原料已被列为化妆品禁用组分、限用组分或者准用组分管理的，化妆品注册人、备案人应当按照《化妆品安全技术规范（2015 年版）》规定，选择使用符合法律法规、强制性国家标准、技术规范相关要求的原料。

在中国境内首次使用于化妆品的天然或人工原料为化妆品新原料。在实践操作中，可以认为未收录进《已使用化妆品原料目录（2021 年版）》和《化妆品安全技术规范（2015 年版）》中的原料是化妆品新原料。应当注意，《已使用化妆品原料目录（2021 年版）》中除了原料名称外，还注明了淋洗类产品最高历史使用量和驻留类产品最高历史使用量，化妆品注册人、备案人应当结合产品类型正确使用原料最高历史使用量。《化妆品注册备案管理办法》规定，调整已使用的化妆品原料的使用目的、安全使用量等的，应当按照新原料注册、备案要求申请注册、进行备案。综上所述，使用原料时，不仅要考虑原料名称，还要考虑原料的使用目的、安全使用量，以及是否符合《化妆品安全技术规范（2015 年版）》的相关要求。

（3）化妆品新原料注册备案制度

中国按照化妆品原料的风险，对具有防腐、防晒、着色、染发、祛斑美白功能的化妆品新原料实施注册管理，对其他化妆品新原料实施备案管理。为确保化妆品新原料使用安全，《化妆品注册备案管理办法》规定，根据科学研究的发展，对化妆品原料的安全性认识发生改变的，或者有证据表明化妆品原料可能存在缺陷的，承担注册、备案管理工作的药品监督管理部门可以责令化妆品新原料注册人、备案人开展安全再评估，或者直接组织相关原料企业和化妆品企业开展安全再评估。再评估结果表明化妆品原料不能保证安全的，由原注册部门撤销注册、原备案部门取消备案，由国务院药品监督管理部门将该化妆品原料纳入禁止用于化妆品生产的原料目录，并向社会公布。根据科学研究的发现、化妆品安全风险监测和评价等，发现化妆品原料存在安全风险，能够通过设定原料的使用范围和条件消除安全风险的，应当在已使用的化妆品原料目录中明确原料限制使用的范围和条件。

化妆品原料创新是化妆品创新的基础。要推动化妆品产业高质量发展，需要在保障化妆品原料安全的前提下，促进化妆品原料创新。为此，《化妆品监督管理条例》制定了三个鼓励化妆品原料研发的措施：一是对于非高风险的化妆品新原料实行备案管理，加快新原料的上市速度；二是保护新原料研发的积极性，对已注册备案的新原料设立 3 年的安全监测期，在安全监测期内，新原料注册人、备案人独占使用权，化妆品注册人、备案人使用化妆品新原料生产化妆品的，必须经过化妆品新原料注册人、备案人同意，在相关化妆品申请注册、办理备案时通过信息服务平台与化妆品新原料注册人、备案人关联确认；三是根据化妆品产业的发展和需求，不断调整已使用化妆品原料的范围，3 年期满未发生安全问题的化妆品新原料，纳入国务院药品监督管理部门制定的已使用的化妆品原料目录管理。

2. 化妆品注册备案管理制度

注册备案是化妆品上市前的管理措施。特殊化妆品必须经国务院药品监督管理部门注册后方可生产、进口。国产普通化妆品应当在上市销售前，向备案人所在地省、自治区、直辖市人民政府药品监督管理部门备案。进口普通化妆品应当在进口前向国务院药品监督管理部门备案。

（1）化妆品分类监管

按照风险分类监管原则，用于染发、烫发、防晒、祛斑美白、防脱发和宣称新功效的化妆品为特殊化妆品，其他化妆品为普通化妆品。2021 年 4 月 9 日，国家药品监督管理局发布了《化妆品分类规则和分类目录》，按照化妆品的功效宣称、作用部位、使用人群、产品剂型、使用方法，将化妆品功效分成 26 类和新功效、将化妆品作用部位分成 10 类和新功效、将使用人群分成 3 类和新功效、将产品剂型分成 11 类和其他、将使用方法分成 2 类。由此可见，不属于 26 类功效、10 类作用部位、3 类使用人群的化妆品为宣称新功效的化妆品，按照特殊化妆品管理。

（2）特殊化妆品注册和普通化妆品备案

化妆品注册，是指申请人依照法定程序和要求提出注册申请，药品监督管理部门对申请注册的化妆品的安全性和质量可控性进行审查，决定是否同意其申请的活动。因此，特殊化妆品注册属于行政许可。而化妆品备案，是指备案人依照法定程序和要求，提交表明化妆品安全性和质量可控性的资料，药品监督管理部门对提交的资料存档备查的活动。因此，普通化妆品备案不属于行政许可，无须监管部门审查。为做好化妆品注册备案工作，国家市场监督管理总局发布了部门规章《化妆品注册备案管理办法》，国家药品监督管理局制定了《化妆品注册备案资料管理规定》等十多部规范性文件，使化妆品注册备案管理制度形成了一个完整体系。

(3) 普通化妆品备案后检查

普通化妆品在上市或者进口前，备案人按照国家药品监督管理局的要求，通过信息服务平台提交备案资料后即完成备案。但是，需要注意两点：一是普通化妆品备案与特殊化妆品注册只是监管方式不同，对产品安全性和质量可控性的要求是一样的，因此，普通化妆品的备案资料与特殊化妆品的注册资料的要求基本一致，普通化妆品备案人和特殊化妆品注册人都要对其备案、注册的化妆品的质量安全和功效宣称负责；二是备案管理并不意味着监管部门放任不管，只是将上市前审查改为上市后检查，《化妆品注册备案管理办法》规定，药品监督管理部门根据备案人、境内责任人、化妆品生产企业的质量管理体系运行、备案后监督、产品上市后的监督检查情况等，实施风险分类分级管理。普通化妆品备案后即进入事中事后监管环节，包括备案后 5 个工作日内的资料整理，以及之后对备案资料内容的监督检查。

2.2.3　覆盖产品生命周期的全过程监管制度

为督促化妆品生产经营者依照法律、法规、强制性国家标准、技术规范从事生产经营活动，《化妆品监督管理条例》《化妆品生产经营监督管理办法》等法规文件细化了对物料使用、进货查验、出厂检验、产品放行、贮存运输、销售记录等生产经营环节的质量管理要求。

1. 化妆品生产监管制度

化妆品生产是将注册、备案的化妆品变为现实产品的环节，在监管中一直居于核心，也是化妆品监管链条上唯一对市场主体设定资格准入的环节。从事化妆品生产活动，必须取得省级药品监督管理部门颁发的化妆品生产许可证。《化妆品监督管理条例》规定了从事化妆品生产活动的条件和法律义务，《化妆品生产经营监督管理办法》规定了化妆品生产许可的申请、变更、期满延续等程序和证后监管方法，《化妆品生产质量管理规范》规定了从化妆品物料采购、生产、检验、贮存、销售到召回等全过程的生产质量管理的基本要求。国家药品监督管理局根据法律、法规、规章、强制性国家标准、技术规范等有关规定，制定国家化妆品生产质量管理规范检查要点，明确监督检查的重点项目和一般项目，以及监督检查的判定原则。以上法规、规章、规范性文件等一起构成了化妆品生产监管制度体系。

2. 化妆品经营监管制度

化妆品经营环节的监管主要是围绕着落实经营环节进货查验和相关记录开展的，目的是确保市场上经营的化妆品符合法规标准要求，以及产品来源和去向清楚，产品可追溯。《化妆品监督管理条例》还明确了美容美发机构、宾馆等在经营中使用化妆品或者为消费者提供化妆品的，应当履行化妆品经营者义务；对电子商务平台经营者和平台内化妆品经营者、化妆品集中交易市场开办者、展销会举办者等市场主体的法律义务也做出了规定。《化妆品生产经营监督管理办法》细化了对化妆品经营者、美容美发机构、化妆品集中交易市场开办者、电子商务平台内化妆品经营者和化妆品电子商务平台经营者等市场主体的要求。化妆品监管制度覆盖了从事化妆品生产经营活动的全部市场主体，保证了化妆品监管的全方位无死角。

《化妆品监督管理条例》施行后，化妆品经营环节的监管更加细化，以下几点格外需要注意：一是化妆品经营者不得自行配制化妆品，配制化妆品内容物应当取得化妆品生产许可证；二是美容美发机构经营中使用的化妆品应当具有可供经营使用的销售包装，方便消费者可以查阅相关产品信息，保证消费者的知情权；三是化妆品集中交易市场开办者、展销会举办者、化妆品电子商务平台经营者要履行对入场、入驻化妆品经营者的管理职责；四是以免费试用、赠予、兑换等形式向消费者提供化妆品的，应当依法履行《化妆品监督管理条例》和《化妆品生产经营监督管理办法》规定的化妆品经营者义务。

2.2.4 上市后产品质量安全风险管控制度

保证化妆品质量安全，不仅要加强产品注册备案的源头管理、对生产经营活动的过程管理，还要对产品质量状况实施监控，对上市产品使用中可能产生的风险实施管控，对可能危害人体健康的化妆品及时处置，科学分配监管资源，严格规范监管行为，建立高效的监督体系，以实现对化妆品质量安全的精准管理。

1. 化妆品抽样检验制度

化妆品抽样检验是负责药品监督管理的部门以发现问题和排查风险隐患为导向，按照化妆品抽样检验计划，对生产、经营的化妆品组织实施的抽样、检验、复检和异议处理、核查处置及信息公开的监督管理活动。国家药品监督管理部门组织开展国家化妆品抽样检验，省、自治区、直辖市药品监督管理部门组织开展本行政区域内的化妆品抽样检验，设区的市级、县级人民政府负责药品监督管理的部门根据工作需要组织开展本行政区域内的化妆品抽样检验。对举报反映或者日常监督检查中发现问题较多的化妆品，以及通过不良反应监测、安全风险监测和评价等发现可能存在质量安全问题的化妆品，负责药品监督管理的部门组织开展专项抽样检验。

目前，国家、省级药品监督管理部门每年都制定实施化妆品监督抽检计划，部分市级、县级负责药品监督管理的部门也结合实际，制定实施化妆品监督抽检计划。化妆品抽样检验的重点品种主要有儿童化妆品和特殊化妆品，使用新原料的化妆品，监督检查、不良反应监测、安全风险监测、投诉举报、舆情监测等监管工作中发现问题较多的化妆品，既往抽样检验不合格率较高的化妆品，流通范围广、使用频次高的化妆品，以及其他安全风险较高的化妆品等。抽样检验项目主要侧重以往发现问题的指标和可能存在安全风险的禁用、限用和准用组分指标。国家药品监督管理局组织制定《化妆品抽样检验管理办法》，明确了各类抽样检验工作的分工，细化了计划制定、抽样、检验和结果报送、复检和异议处理、核查处置、信息公开等抽样检验程序，强化了对不合格产品的追踪溯源，加大了对违法化妆品责任人的责任追究。

2. 化妆品安全风险监测制度

《化妆品监督管理条例》规定，国家建立化妆品安全风险监测和评价制度，对影响化妆品质量安全的风险因素进行监测和评价，为制定化妆品质量安全风险控制措施和标准、开展化妆品抽样检验提供科学依据。近几年，国家药品监督管理局加强了化妆品安全风险监测工作，成立了化妆品安全风险监测工作组，建立了化妆品安全风险监测信息化系统，每年都制定、发布并组织实施国家化妆品安全风险监测计划，为化妆品标准的制定和完善、检验方法的补充以及项目的起草和立项提供了方向和参考。

国家化妆品安全风险监测以问题为导向，监测的重点品种主要包括儿童化妆品、特殊化妆品和市场上功效宣称影响比较大的化妆品，监测项目主要包括重金属、激素、抗生素、微生物和防腐剂等。化妆品安全风险监测兼顾线上、线下化妆品主要销售渠道，对化妆品专卖店、美容美发机构以及经营化妆品的电子商务平台等加大了采样力度，不断提高风险监测的靶向性。在分析、研判化妆品安全风险信息的基础上，国家药品监督管理局建立了化妆品质量安全风险信息交流机制，组织化妆品生产经营者、检验机构、行业协会、消费者协会以及新闻媒体等就化妆品质量安全风险信息进行交流研判。

3. 化妆品不良反应监测制度

《化妆品监督管理条例》规定，国家建立化妆品不良反应监测制度。化妆品注册人、备案人应当监测其上市销售化妆品的不良反应，及时开展评价，按照国务院药品监督管理部门的规定向化妆品不良反应监测机构报告。受托生产企业、化妆品经营者和医疗机构发现可能与使用化妆品有关的不良反应的，应当报告化妆品不良反应监测机构。鼓励其他单位和个人向化妆品不良反应监测机构或者负责药品监督管理的部门报告可能与使用化妆品有关的不良反应。化妆品不良反应监测机构负责化妆品不良反应信息的收集、分析和评价，并向负责药品监督管理的部门提出处理建议。《化妆品生产经营监督管理办法》规定，化妆品不良反应报告遵循可疑即报的原则，国家药品监督管理局建立并完善化妆品不良反应监测制度和化妆品不良反应监测信息系统。

《化妆品不良反应监测管理办法》明确了化妆品不良反应监测相关市场主体的法定义务，特别强调化妆品注册人、备案人应当通过产品标签、官方网站等方便消费者获知的方式，向社会公布电话、电子邮箱等有效联系方式，主动收集来自受托生产企业、化妆品经营者、医疗机构、消费者等报告的其上市销售化妆品的不良反应，及时开展分析评价，落实化妆品质量安全主体责任。《化妆品不良反应监测管理办法》还明确了负责化妆品不良反应监测管理的部门、各级化妆品不良反应监测机构的职责，以及不良反应报告、不良反应分析评价、不良反应调查的程序和内容，并对化妆品不良反应和严重化妆品不良反应进行了分类，进一步细化了不良反应监测相关监督管理、违规处罚，以及使用新原料的化妆品发生的不良反应的处理等要求。

4. 化妆品召回管理制度

化妆品召回是控制质量安全事件的影响、降低问题产品危害的重要措施。《化妆品监督管理条例》确立了化妆品召回制度，明确了召回相关主体的职责和义务。化妆品召回分为主动召回和责令召回两种类型。主动召回是化妆品注册人、备案人的法定义务，是落实化妆品注册人、备案人质量安全责任的必然要求。

纵观中国化妆品监管制度的变化，监管要求的宽严也体现了社会经济和产业发展的现实水平。在化妆品市场规模快速增长、产品供给丰富、市场主体日益多样的现实条件下，《化妆品监督管理条例》等系列新规的实施及监管体制机制的日益健全，为化妆品产业高质量发展提供了制度、体制、机制保障。

2.3　中国化妆品市场主体及全产业链监管现状

《化妆品监督管理条例》及其配套规章制度体现了新的监管理念，丰富了监管手段，对违法行为的责任追究更加严厉，将对化妆品产业产生深远的影响。化妆品行业内的各个市场主体都需要明确自身现状和未来发展方向，了解监管部门对化妆品全产业链监管的方式，在合规的前提下行稳致远的发展。

2.3.1　中国化妆品市场主体现状

国产化妆品从研发到消费，大致涉及研发、生产和经营三个环节的市场主体。进口化妆品涉及的市场主体，除进口商、销售商外，还包括境内责任人。

1. 国产化妆品研发环节主体情况

化妆品研发按研发人的不同，大致可分为三大类，即注册人、备案人自行研发，受托生产企业研发，以及委托第三方机构研发。无论采用何种研发方式，化妆品注册人、备案人均要对化妆品的质量安全和功效宣称负责。由于原料的选择，特别是关键原料的选择对于化妆品的质量安全十分重要，因此，对于本身不具备研发和原料检验能力的注册人、备案人，如何监督好受托的研发单位确保产品配方、原料的合规性，同时实现宣称的功效，是一大挑战。

2. 国产化妆品生产环节主体情况

化妆品生产可分为自行生产和委托生产两类。自行生产即注册人、备案人本身取得了相应的生产许可，自己生产其注册、备案的化妆品。委托生产是指注册人、备案人委托具备相应资质的生产企业生产其注册、备案的化妆品，按照实际生产企业的地点划分，委托生产包括委托本国有资质的企业生产和委托其他国家（地区）有资质的企业生产两种类型。不管注册人、备案人与受托生产企业是否在同一国家（地区），现行法规要求标准是一致的，但对于境内委托境外或境外委托境内生产的情形而言，如何在跨国（地区）的情况下做好对受托生产企业的监督，同时处理好不同国家（地区）对化妆品法规要求不同的问题，是这类化妆品注册人、备案人面临的难题。

委托生产是目前化妆品生产的主要形式。化妆品委托生产中普遍存在的合作模式，主要包括原始设备制造商（Original Equipment Manufacture，OEM）和原始设计制造商（Original Design Manufacture，ODM）两种类型。委托生产一方面极大地促进了化妆品市场的繁荣，使化妆品注册人、备案人或品牌方能够把更多精力放在产品营销等方面，通过分工合作大大提高了生产经营效能；但另一方面，由于注册人、备案人对化妆品法规制度要求不了解，受托生产企业对产品质量把关不严、疏于管理等，因此容易出现产品质量不合格、以次充好、虚假宣传等问题。

《化妆品监督管理条例》明确了化妆品注册人、备案人对化妆品质量安全和功效宣称的法律责任，使《化妆品监督管理条例》施行前注册、备案化妆品的委托方压力倍增，一些委托方为了规避法规要求，会协调部分受托生产企业充当显名的注册人、备案人，以“自行生产”方式办理受托生产的特殊化妆品注册、普通化妆品备案，而自己冠以品牌方、总经销等头衔，使产品的实际拥有者成了隐名的注册人、备案人。这种做法使原委托人和受托人双方都具有极大的合规性及商业性风险，无疑与注册人、备案人制度设立的初衷背道而驰。

随着企业的多样化和集团化的兴起，有些化妆品注册人、备案人本身是业务分布于全国各地甚至世界各地的集团化企业中的一个子公司。由于母公司高度集团化，采购、供应链、研发、生产等环节分别由集团内各个子公司负责，作为注册人、备案人在国内承担化妆品质量安全责任的子公司本身可能对原料采购、产品供应等没有话语权。与一般注册人、备案人通过合同约束，开展受托生产企业监督、合格供应商遴选，与受托生产企业、原料供应商建立联系的方式不同，这类注册人、备案人与同一集团下的其他企业是平行的子公司，甚至是受托生产企业或原料供应商企业的下属公司，很难对受托生产企业、原料供应商进行遴选和监督。例如，某化妆品注册人，其合格供应商评定及原料采购均由集团公司总部负责，当其出现产品抽检不合格问题，在查找不合格原因时才发现，原来的原料供应商因疫情而无法正常供货，集团公司总部临时更换了原料供应商，该企业使用的原料不是来自经合格评定的原料供应商，从而导致了多批次产品不合格的结果。

在化妆品仓储、流通环节控制方面，自行生产化妆品的注册人、备案人一般仅有自行发货分销或者发货给总代理分销两种类型，发货过程中按企业实际需求可能会委托第三方物流承运。但委托生产的注册人、备案人除了受托方发货给注册人、备案人，然后按类似于自行生产的情形分销外，还存在委托受托生产企业直接发货分销的情形。对于将发货工作全权委托给受托生产企业的做法，虽然在一定程度上节约了成本，但如何依照《化妆品生产质量管理规范》的规定落实委托方产品放行管理责任是个难点。

3. 国产化妆品经营环节主体情况

因化妆品的时尚和快消特点，化妆品经营环节种类繁多，按终端销售形式的不同，可分为以下十大类：CS 渠道（化妆品专营店）、百货渠道（百货商场品牌化妆品专柜）、KA 渠道（商超化妆品区）、Shopping Mall 渠道（大型购物商超的单品牌专卖店）、OTC 渠道（药房）、专业线渠道（美容美发机构和医疗美容机构）、传统电子商务渠道（以天猫、京东为代表的电子商务平台）、社交电子商务渠道（以“两微一抖”为代表的新电子商务平台），以及直销渠道、电视购物渠道。注册人、备案人的销售，既有简单的直销模式，也有代理模式，代理模式按品牌、区域、渠道等分类还可以分为多级。注册人、备案人与总代理间有些只是简单的合同关系，有些则是同一集团下的关联公司。

由于化妆品经营无准入门槛，且化妆品经营活动受市场影响大，化妆品经营者包括美容美发机构、宾馆、医疗美容机构等始终处于动态变化中，监管部门很难实现对化妆品经营者的全覆盖监管。批发类化妆品经营企业和电子商务经营者的主要经营场所常常与仓储场所分离，且经营行为相对隐蔽，从而产品销量大、受众面广，质量安全风险相对较高。随着互联网产业的蓬勃发展，电子商务各环节的分工越来越细，很多化妆品电子商务经营者的仓库、物流、客服、售后等业务均外包给第三方，且各环节分布在全国不同省份，监管部门在检查时往往陷入查到货查不到人、查到人查不到货的困局。美容美发机构鱼龙混杂，在向消费者推介产品时，常常超出产品注册备案功效范围宣传，甚至故意混淆药品、医疗器械与化妆品的概念和界限，消费者对此的投诉量高居不下。在化妆品直销渠道，有的企业违规采用传销手段进行销售，有的企业利用讲座、旅游等形式进行团体式销售，这些都给化妆品质量安全带来一定隐患。

4. 进口化妆品主体情况

《化妆品监督管理条例》规定，境外化妆品注册人、备案人应当指定中国境内的企业法人办理化妆品注册、备案，协助开展化妆品不良反应监测、实施产品召回。《化妆品注册备案管理办法》进一步明确了被指定的企业法人应当作为境内责任人，并规定了境内责任人应当履行的义务。在实际操作中，进口商不一定是境内责任人，境内责任人可能是境外化妆品注册人、备案人在中国境内的子公司或同一集团内的公司，也可能是进口化妆品在中国的总经销商。目前，单纯代表境外注册人、备案人办理产品注册备案、协助开展化妆品不良反应监测、实施产品召回的境内责任人相对较少，绝大部分境内责任人还负责进口产品的销售。不负责进口产品销售的境内责任人，一方面需要做好与境外注册人、备案人的沟通交流，以便顺利完成产品注册备案；另一方面需要做好与进口化妆品境内总经销商的沟通，这样才能确保不良反应监测数据的完整收集和产品召回工作的顺利开展。

2.3.2 中国化妆品全产业链监管现状

在简政放权、监管理念不断深化的背景下，中国化妆品监管采取的是以风险管理为核心、全产业链监管的模式。从化妆品研发的源头开始，就注重对原料管控、安全评估的监管；在化妆品生产环节，着重检查生产质量管理体系能否持续有效运行；在化妆品经营环节，强化产品合规性查验、标签管理和质量追溯要求；在产品注册备案、生产环节和经营环节，均开展产品检验。实施全产业链监管，使化妆品行业的所有市场主体均受到法规的约束，这不仅贯彻了风险治理理念，更是全程治理、责任治理目标的落实。

1. 化妆品研发环节的监管

在化妆品研发环节，虽然中国未对从事化妆品研发活动设立行政许可，但是，由于普通化妆品上市销售前需要备案、特殊化妆品必须经注册后方可生产，化妆品的研发应当符合化妆品注册备案的相关要求，例如：在配方中要避免使用禁止用于化妆品生产的原料、应当注册备案但未经注册备案的新原料；产品执行的标准要符合强制性国家标准和技术规范要求，限用原料、准用原料等要符合国家规定的使用范围、使用条件、限量要求；产品安全性评估和检验报告等技术资料应当为产品的安全性提供充分的证据。

《化妆品注册备案管理办法》规定，药品监督管理部门依照法律法规规定，对注册人、备案人的注册、备案相关活动进行监督检查，必要时可以对注册、备案活动涉及的单位进行延伸检查，有关单位和个人应当予以配合，不得拒绝检查和隐瞒有关情况。

在特殊化妆品注册技术审评过程中，国家药品监督管理局化妆品技术审评机构可以根据需要，通知国家药品监督管理局审核查验机构开展现场核查，省级药品监督管理部门负责协助核查。特殊化妆品注册申请人应当配合现场核查工作，需要抽样检验的，应当按照要求提供样品。因为特殊化妆品注册技术审评的主要内容是审查申请资料的真实性、完整性，产品安全性和质量可控性，产品配方和产品执行的标准的合理性，以及是否符合现行法律、行政法规、强制性国家标准和技术规范要求，所以，在化妆品研发现场应当提供相关证据。

普通化妆品备案资料的要求与特殊化妆品注册资料的要求基本相同。进口普通化妆品，应当在进口前向国家药品监督管理局或者国家药品监督管理局委托的省级药品监督管理部门备案。普通化妆品备案后即进入事中事后监管环节，备案人提交备案资料之日起 5 个工作日内，监管部门会对备案资料进行整理，发现产品不属于备案范围，备案资料不完整、不清晰、不符合形式要求等问题，将取消备案或责令改正。产品备案有关信息在备案后 5 个工作日内向社会公布，监管部门还会对备案产品进行备案后检查。备案后检查可根据需要随时开展，对同一产品可在不同时间段，开展多次备案后检查。对检查中发现的如产品标签不符合要求、安全评估资料不完整等技术核查问题予以责令改正；发现备案人存在备案时提交虚假资料的，已经备案的资料不符合要求，未按要求在规定期限内改正的，或者未按要求暂停化妆品、化妆品新原料销售、使用的，以及不属于化妆品新原料或者化妆品备案范围的情形的，承担备案管理工作的药品监督管理部门对以上情形予以取消备案。

2. 化妆品生产环节的监管

在化妆品生产环节，中国设立了行政许可，从事化妆品生产活动必须取得化妆品生产许可证。监管部门在核发生产许可的过程中，会对申请资料进行审核，对申请人的生产场所进行现场核查。国家药品监督管理局制定了化妆品生产质量管理规范，化妆品注册人、备案人、受托生产企业均须按照该规范的要求组织生产，并且定期对该规范的执行情况进行自查。监管部门会对企业执行化妆品生产质量管理规范的情况，以及生产活动符合法规、规章等规定要求的情况开展现场检查，检查类型有日常监管、专项检查、有因检查等。

需要注意的是，监管部门对化妆品生产环节的监管对象并不只是化妆品生产企业。即使化妆品注册人、备案人本身并不从事化妆品生产活动，由于其是化妆品质量安全的责任人，对受托生产企业的生产活动有监督的法律义务，《化妆品生产质量管理规范》对委托生产管理有专门章节的规定，监管部门对化妆品注册人、备案人与化妆品生产企业均实施监管。

3. 化妆品经营环节的监管

化妆品经营环节的监管对象，既包括线下销售化妆品的经营者、美容美发机构和宾馆等在经营服务中使用化妆品或者为消费者提供化妆品的经营者、化妆品集中交易市场开办者、展销会举办者等，也包括线上电子商务平台内化妆品经营者、通过自建网站或者其他网络服务经营化妆品的电子商务经营者和化妆品电子商务平台经营者。监管部门对化妆品经营者的检查重点是，其所经营化妆品的来源是否合规、是否注册备案产品、标签是否合规、贮存运输是否合规以及是否建立并执行了进货查验记录制度等；对化妆品集中交易市场开办者、展销会举办者、电子商务平台经营者的检查重点是，其是否履行了对入场化妆品经营者、平台内化妆品经营者的管理义务，对发现的违法行为是否及时采取制止、停止服务等控制措施并向监管部门报告。化妆品经营环节的监督检查类型有日常监管、专项检查、有因检查等。

化妆品销售渠道众多，常常使化妆品真伪难辨，化妆品经营者、消费者、基层监管人员等非常需要便捷方式掌握化妆品的真实信息。为了便于化妆品经营者开展进货查验，便于消费者查询所采购、使用的化妆品的信息，便于基层监管人员检查、办案，国家药品监督管理局不仅加强了官网化妆品数据查询系统建设，还开发了手机使用的“化妆品监管”App。通过官网和 App 均可查询特殊化妆品注册、普通化妆品备案、不合格化妆品抽检、化妆品生产许可获证企业等信息。化妆品监管 App 还有“扫一扫”功能，通过扫描商品条形码即可直接查询化妆品的产品信息。

4. 上市后化妆品的抽样检验

为全面掌握化妆品质量安全状况，监管部门依法组织开展化妆品抽样检验，化妆品生产环节和经营环节的市场主体均可能成为被抽样单位。目前，中国化妆品抽样检验已建立起以国抽计划和省抽计划为主的抽样检验体系，部分地级市也结合实际制定实施了相应的化妆品监督抽检计划。抽样检验的重点品种一般是流通范围广、消费量大、消费者投诉举报多、不良反应多的化妆品品种，特殊化妆品、儿童化妆品等风险程度高的化妆品，以及在历年抽检中有不合格记录的品种、产品和企业。随着化妆品线上销售的盛行，监管部门对线上销售化妆品的抽样检验力度也不断加大，并根据化妆品营销模式的变化，逐步增加对电子商务、微商、直播和美容机构等经营的化妆品的抽检数量。监管部门对不符合强制性国家标准、技术规范或者有证据证明可能危害人体健康的化妆品有权采取行政强制措施，对化妆品生产经营的违法行为依法予以查处。当抽样检验发现化妆品存在质量安全问题时，监管部门不仅要对实际生产企业依法追责，而且要对相关化妆品注册人、备案人依法追责。

随着中国化妆品产业的快速发展，化妆品市场主体呈现数量不断增加和复杂化的特点，尤其是《化妆品监督管理条例》及系列新规实施后，不乏为规避监管而采取种种变通手段的市场主体，给化妆品科学监管带来新的挑战。

2.4 国外化妆品监管制度和监管体制简介

与中国进行化妆品进出口贸易的国家和地区比较集中，主要是欧盟、美国、日本、韩国。本节概括介绍欧盟、美国、日本和韩国的化妆品监管制度和监管体制构成。

2.4.1 欧盟化妆品监管

欧盟现行最重要的化妆品法规为《化妆品法规 1223/2009》，正式颁布于 2009 年 11 月 30 日，于 2010 年 1 月 11 日生效，并于 2013 年 7 月 11 日起直接在欧盟各成员国以及挪威、冰岛和列支敦士登作为国家法律文件正式生效。首先，《化妆品法规 1223/2009》着重强调化妆品的安全性要求（确保消费者的使用安全），规定了“责任人（Responsible Person）”及其责任，要求对在欧盟上市的化妆品进行统一备案，制定了严重不良反应汇报制，建立了化妆品中使用纳米材料的新规则。其次，“一体化”的理念在欧盟化妆品法规要求上同样得到了充分的体现，在《化妆品法规 1223/2009》前言中说明条款的第 4 条提到“在较大程度保护消费者安全的同时，该法规在各个方面对欧盟的法规要求进行了统一，以达到欧盟内部化妆品市场一体化”。此外，随着科学评估意见的完善和更新，增加了对致癌、致突变或生殖毒性（Carcinogenic，Mutagenic or Toxic to Reproduction，CMR）物质和纳米材料的要求，对禁用、限用、准用组分列表中所收录的物质及其限制要求也进行了更新和调整。

值得注意的是，欧盟《化妆品法规 1223/2009》引入化妆品责任人制度，责任人应当承担产品安全质量责任，从产品安全、良好生产规范（Good Manufacturing Practices，GMP）、产品安全评估、产品信息文件、抽样和分析、备案上报、化妆品原料使用限制、动物试验、标签、功效宣称、严重不良反应事件报告等各方面确保符合法规要求。此外，化妆品生产者应当符合良好生产规范，目前欧盟认可的标准为 ISO 22716，针对化妆品的特点，该标准对生产厂家的厂房设备、人员、工厂管理及控制等软硬件两方面做出具体要求。

在欧盟，除《化妆品法规 1223/2009》之外，还有一系列相关法规配合进行化妆品市场的各项监管，例如，在《欧盟委员会法规 655/2013》中，对化妆品的宣称要求进行了规定。同时，各成员国也可根据自身的实际情况、监管需求等，在欧盟通行法规的基础上进行补充，形成更符合本国国情的法规或条例。

虽然欧盟在化妆品法规上保持着高度的一致性，但成员国仍然保留了各自的监管职责和适用法规。而通过各成员国监管部门所发出的不同的反馈声音，欧盟委员会也得以对化妆品的监管需求和潜在风险等进行更加及时、准确的把握。欧盟《化妆品法规 1223/2009》第 27 项条款规定：当某成员国确定市场上的化妆品存在或可能存在威胁人类健康的风险时，该成员国可采取临时措施以对该产品采取撤柜、召回等限制手段；该成员国应当立即与委员会及其他成员国进行沟通，通报所采取的措施以及任何支持该措施的数据。

2.4.2 美国化妆品监管

从化妆品监管的环节和内容来看，美国化妆品（以及被归入 OTC 药品的防晒剂等）的主管部门是隶属于美国卫生与公众服务部的 FDA，其主要职责是确保食品、药品、化妆品相关法规的顺利实施，从而保护消费者的健康和利益。其中，具体负责化妆品监管相关工作的为化妆品和色素办公室。

FDA 的角色主要定位于“信息规范”和“事后制裁”，对化妆品监管的重点在于掺假伪劣（Adulterated）和错误标识（Misbranded）。但是，当企业出现违反相关规定的行为时，FDA 仍然有权对产品进行没收，并启动刑事指控程序。美国对于化妆品的监管模式建立在企业自律的基础之上，在美国的监管制度框架之下，企业应对化妆品的安全和质量负完全责任，并且负责上市后产品的质量监控，一旦出现违法行为或安全事件，企业将承担极其严重的法律后果，并且可能面临高额赔偿或罚款。

1938 年，美国《联邦食品、药品和化妆品法案》出台，首次为美国化妆品监管提供法规依据，并且赋予 FDA 对食品、药品、化妆品的监督管理权力。在《联邦食品、药品和化妆品法案》中，重点规定了化妆品不得掺假伪劣、不得错误标识。由于《联邦食品、药品和化妆品法案》是在总体指导原则上做出的规定，为了保障其顺利实施，一些具体问题的规定及操作层面的细节仍需要进一步说明。因此，FDA 编制了与之相配套的系列法规文件，并在《联邦规章法典》（Code of Federal Regulations，CFR）中收录发布。《联邦规章法典》第 21 篇为食品与药品规章，简称“21CFR”，其中包含了化妆品的质量安全要求、标签要求等相关内容，以及防晒剂等 OTC 药品的相关规定。与其他国家细致的组分列表的管理方式不同，《联邦规章法典》中仅收录了少量的禁用组分、限用组分，以及相对较为严格的着色剂清单等。

根据美国体制，各州政府可以基于自身监管的需要，颁布化妆品相关法令，而这也成为近年来美国化妆品法规变化的主要体现。因各州高度自治，到目前为止，对于各州的化妆品相关立法及其修订，并没有统一的指导原则，各州具有极高的自主权，使其对于化妆品、OTC 药品及相关产品的管理风格也不尽相同。

2022 年 12 月，美国总统拜登签署了《2022 化妆品监管现代化法案》（Modernization of Cosmetics Regulation Act of 2022，MoCRA）。MoCRA 是自 1938 年以来对《联邦食品、药品和化妆品法案》的第一次重大修订。其重大变化点包括：明确对化妆品及责任人的要求；实施生产企业注册和产品登记；增加 FDA 对良好生产规范和不良事件记录检查的职能；强制实施召回行动的权利等。

2.4.3　日本化妆品监管

日本化妆品及医药部外品的管理部门为厚生劳动省医药食品局，除化妆品外，厚生劳动省医药食品局同时也对食品、药品及医疗器械等进行管理。上市后化妆品及医药部外品的监督指导工作，主要由各都道府县的监管部门负责实施。

日本关于化妆品及医药部外品的基本法律是《药机法》。颁布此法的目的是确保药品、医药部外品、化妆品及医疗器械等的品质、功效性及安全性，同时采取必要的措施，以推动药品及医疗器械的研究与开发。在化妆品及相关产品方面，《药机法》中规定了化妆品、医药部外品等的定义、申报注册程序、标签广告、监督管理、进出口等事宜。

到目前为止，日本与化妆品及医药部外品相关的法律法规共计 500 项左右，如《有关化妆品标识的公平竞争规约》《药机法实施令》《化妆品标准》《医药部外品原料规格》等，涉及化妆品及医药部外品的研究开发、制造销售、使用时的注意事项、报废及召回、功效性与安全性、广告宣传、监督指导等多个方面。除政府监管部门所发布的法规外，“日本化妆品工业联合会”“日本肥皂洗涤剂工业会”等化妆品行业协会也会发布一系列相关的指导文件，以供化妆品企业进行参考，主要包括《化妆品全成分的标注方法指南》《化妆品原料规格制定方法指南》《化妆品等的适当广告指南》《SPF 测定法》《UVA 防护效果测定法》等。此外，日本法规体系中还有一类“别纸规格”，即除《日本药典》《医药部外品原料规格》

等公开发布的规格（标准）以外，企业还自行制定并作为医药部外品成分、得到厚生劳动省批准的规格（标准）。“别纸规格”不是行业标准，而是企业标准，是获得厚生劳动省医药部外品许可的附件资料，由申请企业自行管理，不对外公开。

2.4.4 韩国化妆品监管

韩国化妆品的主管部门为韩国食品医药品安全部（Ministry of Food and Drug Safety，MFDS）及各地方厅。其对化妆品的监督管理主要分为三个方面：一是制造企业、责任销售企业、定制化妆品销售企业的登记管理；二是功能性化妆品的上市前审批；三是上市后的监督管理。功能性化妆品上市前需要通过审查或者报告，相关的审批事项均由食品医药品安全部负责；而化妆品制造企业、责任销售企业、定制化妆品销售企业的登记管理相关事宜，委任于各地方厅，由各地方厅负责。市场监管亦主要由各地方厅负责，地方自主团体（保健所、市县政府等）负责抽查后将结果汇报至地方厅，并由地方厅进行相应的处罚。

韩国《化妆品法》是韩国化妆品业界最重要、最基本的法律，该法以保障国民健康、发展化妆品产业为目的，对化妆品的制造、进口以及销售等相关事项进行规制。其内容主要包括化妆品相关定义、制造企业/责任销售企业/定制化妆品销售企业登记、功能性化妆品审查、责任销售企业等的义务、化妆品安全标准、安全容器包装、标示广告、制造/进口/销售等的禁止事项、监督管理、罚则等。《化妆品法》之下为《化妆品法施行令》和《化妆品法施行规则》。《化妆品法施行令》属于总统令，该施行令规定了《化妆品法》中所委任的事项及施行需要的事项，包括附加税的计算标准、食品医药品安全部委任给地方厅的权限、罚款的征收标准等。而《化妆品法施行规则》属于总理令，是根据《化妆品法》和《化妆品法施行令》制定的更加详细具体的施行规则，包括功能性化妆品的范围、制造企业/责任销售企业/定制化妆品销售企业登记的资料要求、功能性化妆品审查的资料要求和审查标准等具体内容。最下层的自制法规包括食品医药品安全部的各种告示。主要的食品医药品安全部告示包括：《化妆品安全标准等相关规定》《化妆品着色剂种类、标准和试验方法》《功能性化妆品审查相关规定》《功能性化妆品标准及试验方法》《良好化妆品制造以及品质管理标准》等。其中，《化妆品安全标准等相关规定》中规定了化妆品禁用、限用、准用组分，以及流通化妆品安全管理标准，而《化妆品着色剂种类、标准和试验方法》则规定了化妆品中可使用的着色剂的种类、标准和试验方法。韩国化妆品所涉及的禁用、限用、准用组分清单包含于上述两个告示中。

由于化妆品监管的专业性和技术性较强，世界各国（地区）通常设立专门的监管部门对化妆品实施监管。并且化妆品质量安全与公众健康直接相关，因此，化妆品监管多被划入食品药品监管部门或者卫生福利部门的职责范围。各国（地区）基于其对化妆品安全风险的认识和化妆品产业的发展状况进行立法，监管部门根据化妆品法律法规实施监管。化妆品相关法律法规一般包括市场准入要求、上市后监管措施，以及化妆品技术法规等方面的内容。

各国（地区）因为体制和文化的不同，监管系统的建立大致可分为三种：第一种是以欧盟为代表的成员国委员会制，委员会制定区域性的法规制度，各成员国依其对化妆品进行监管，并协调地区间的管理问题等；第二种是以美国为代表的邦州共治制，联邦政府发布核心法律规定，各州政府可自行发布实施地域性管理要求；第三种是以中国、日本、韩国等为代表，由中央政府部门主导法规的制修订，地方政府配合完成部分监管事项的实施。此外，由于化妆品定义和功效界定的不同，很多国家和地区（如美国、加拿大、日本等）均存在类药类产品的管理，这一点可以从顶层法律设计和监管部门职责中得以体现。例如，美国的《联邦食品、药品和化妆品法案》、日本的《药机法》等，既是化妆品监管所依据的基本法规，其中也包含了药品等的监管规定。而负责这些法规具体实施的政府部门，大多也同时负责医药品等的监管工作。

研究欧盟、美国、日本、韩国和中国化妆品监管模式的异同，借鉴国外化妆品监管模式的先进经验，能够为促进中国化妆品监管创新，寻找更多的新方法、新工具、新标准、新制度，推进化妆品治理体系和治理能力的现代化提供参考。

第3章　化妆品原料管理

3.1　中国化妆品原料管理要求

化妆品是按照配方设计由多种原料加工制备而成的混合物，化妆品原料的合规性对于产品的安全性有着至关重要的意义。《化妆品监督管理条例》《化妆品注册备案管理办法》《化妆品安全技术规范（2015年版）》《已使用化妆品原料目录（2021年版）》《化妆品禁用原料目录》《化妆品禁用植（动）物原料目录》等法规、规章、规范性文件是判断化妆品原料合规性的依据。

3.1.1　中国化妆品原料管理基本要求

化妆品原料分为已使用化妆品原料和化妆品新原料，《已使用化妆品原料目录（2021年版）》是区分已使用化妆品原料和化妆品新原料的重要依据。列入《化妆品禁用原料目录》和《化妆品禁用植（动）物原料目录》中的原料，在中国禁止用于化妆品生产。《化妆品安全技术规范（2015年版）》中列出的防腐剂、防晒剂、着色剂、染发剂是具有较高安全风险的原料，中国对其采取准用目录管理，这些原料在化妆品中使用时须符合限制条件要求。

1. 已使用化妆品原料

《已使用化妆品原料目录（2021年版）》是对在中国境内生产、销售的化妆品已使用原料的客观收录，可以通过该目录识别某种物质是否为化妆品新原料。

国家药品监督管理局在发布该目录时，特别申明其未组织对列入目录的原料安全性进行系统评价，要求化妆品注册人、备案人在选用该目录所列原料时，应当符合国家有关法律法规、强制性国家标准、技术规范的相关要求，并承担产品质量安全责任。

《化妆品安全技术规范（2015年版）》中的表1为化妆品禁用组分、表2为化妆品禁用植（动）物组分。2021年5月26日，国家药品监督管理局发布了更新化妆品禁用原料目录的公告，对表 1、表 2 进行修订，形成了《化妆品禁用原料目录》《化妆品禁用植（动）物原料目录》，分别替代原有禁用组分表，并纳入《化妆品安全技术规范（2015 年版）》相应章节。新的《化妆品禁用原料目录》附注了 2 项说明：一是化妆品禁用原料包括但不仅限于本表中物质；二是天然放射性物质和人为环境污染带来的放射性物质未列入限制之内，但这些放射性物质的含量不得在化妆品生产过程中增加，而且也不得超过为保障工人健康和保证公众免受射线损害而设定的基本界限。新的《化妆品禁用植（动）物原料目录》附注了 3 项说明：一是化妆品禁用原料包括但不限于化妆品禁用植（动）物原料中物质；二是此表中的禁用原料包括其提取物及制品；三是明确标注禁用部位的，仅限于此部位，无明确标注禁用部位的，所禁为全株植物，包括花、茎、叶、果实、种子、根及其制剂等。

使用《已使用化妆品原料目录（2021 年版）》中收录的物质，除了要对照《化妆品安全技术规范（2015 年版）》规定的使用要求外，还要注意《已使用化妆品原料目录（2021 年版）》中载明的淋洗类产品最高历史使用量和驻留类产品最高历史使用量。国家药品监督管理局在发布该目录时说明目录中载明的原料最高历史使用量，可作为化妆品安全评估报告（简化版）的证据类型，为化妆品安全评估提供参考，化妆品注册人、备案人应当结合产品类型正确使用原料最高历史使用量。只有驻留类产品最高历史使用量信息的原料，淋洗类产品可参照驻留类产品信息使用。对目录未提供最高历史使用量的原料，化妆品注册人、备案人可按照《化妆品安全评估技术导则（2021 年版）》要求，提供相应的材料作为评估证据，或者按风险评估程序进行安全风险评估，确保原料的使用安全。

2. 化妆品新原料

化妆品新原料是在中国境内首次使用于化妆品的天然或者人工原料。具有防腐、防晒、着色、染发、祛斑美白功能的高风险类化妆品新原料，必须经国家药品监督管理局注册后方可使用，非高风险类化妆品新原料使用前应当向国家药品监督管理局备案。申请化妆品新原料注册、进行化妆品新原料备案，均须提交表明化妆品新原料安全性和质量可控性的资料。化妆品新原料注册人、备案人按照规定通过化妆品新原料注册备案信息服务平台申请注册、进行备案。

申请化妆品新原料注册的一般程序如下：（1）申请人按照国家药品监督管理局要求提交申请资料，国家药品监督管理局行政事项受理服务机构自收到申请之日起 5 个工作日内，完成对申请资料的形式审查；（2）国家药品监督管理局行政事项受理服务机构形式审查通过、决定受理注册申请后3个工作日内，将申请资料转交国家药品监督管理局化妆品技术审评机构；（3）国家药品监督管理局化妆品技术审评机构自收到申请资料之日起90个工作日内，按照技术审评的要求组织开展技术审评，经审评认为申请资料真实完整，能够证明原料安全性和质量可控性，符合法律、行政法规、强制性国家标准和技术规范要求的，做出技术审评通过的审评结论；（4）国家药品监督管理局自收到技术审评结论之日起20个工作日内，对技术审评程序和结论的合法性、规范性以及完整性进行审查，并做出是否准予注册的决定；（5）国家药品监督管理局行政事项受理服务机构自国家药品监督管理局做出行政审批决定之日起10个工作日内，向申请人发出化妆品新原料注册证。

申请人在办理化妆品新原料注册过程中，可能存在以下不符合有关规定的问题，导致未按照预期完成注册：一是申请注册的化妆品新原料不具有防腐、防晒、着色、染发、祛斑美白功能；二是申请资料不齐全或者不符合规定形式，申请人未按照补正通知书的要求及时提交全部补正材料；三是申请资料不真实，不能证明原料安全性、质量可控性，不符合法律、行政法规、强制性国家标准和技术规范要求；四是在技术审评过程中需要申请人补充资料，申请人未在90个工作日内按照要求一次性提供补充资料。

需要注意的是，国家药品监督管理局化妆品技术审评机构可以根据需要组织开展现场核查（现场核查所用时间不计算在审评时限之内），注册申请人应当配合现场核查工作，需要抽样检验的，应当按照要求提供样品；技术审评结论为审评不通过，申请人有异议的，可以自收到技术审评结论之日起20个工作日内申请复核，国家药品监督管理局化妆品技术审评机构应当自收到复核申请之日起30个工作日内，做出复核结论；国家药品监督管理局化妆品技术审评机构做出技术审评结论前，申请人可以提出撤回注册申请，但是技术审评过程中发现涉嫌提供虚假资料或者化妆品新原料存在安全性问题的，申请人不得撤回注册申请。

监管部门对备案的化妆品新原料实施事中、事后监管。对于非高风险类化妆品新原料，备案人在履行新原料质量安全责任的前提下，不经监管部门技术评审，即可在产品配方中使用。

已经取得注册、完成备案的化妆品新原料，在化妆品中首次使用后3年时间内，要对其进行安全监测。化妆品新原料注册人、备案人应当建立化妆品新原料上市后的安全风险监测和评价体系，对化妆品新原料的安全性进行追踪研究，对化妆品新原料的使用和安全情况进行持续监测和评价。化妆品新原料注册人、备案人应当在化妆品新原料安全监测每满一年前 30 个工作日内，汇总、分析化妆品新原料使用和安全情况，形成年度报告报送国家药品监督管理局。当发现其他国家（地区）有疑似因使用同类原料引起严重化妆品不良反应或者群体不良反应事件，其他国家（地区）化妆品法律、法规、标准对同类原料提高使用标准、增加使用限制或者禁止使用，或者其他与化妆品新原料安全有关的情况时，化妆品新原料注册人、备案人应当立即开展研究，并向国家药品监督管理局化妆品技术审评机构报告；有证据表明化妆品新原料存在安全问题的，化妆品新原料注册人、备案人应当立即采取措施控制风险，并向国家药品监督管理局化妆品技术审评机构报告。安全监测期内化妆品新原料被责令暂停使用的，化妆品注册人、备案人应当同时暂停生产、经营使用该化妆品新原料的化妆品。

3. 化妆品原料使用的一般性要求和儿童化妆品原料使用的特殊性要求

《化妆品监督管理条例》《化妆品注册备案管理办法》《化妆品安全技术规范（2015 年版）》《儿童化妆品监督管理规定》等法规文件对化妆品原料使用的一般性要求和儿童化妆品原料使用的特殊性要求做出了规定。

《化妆品监督管理条例》明确规定，不得使用禁止用于化妆品生产的原料、应当注册但未经注册的新原料生产化妆品，不得在化妆品中非法添加可能危害人体健康的物质，或者使用超过使用期限、废弃、回收的化妆品或者原料生产化妆品。

《化妆品注册备案管理办法》规定，化妆品注册人、备案人应当选择符合法律、行政法规、强制性国家标准和技术规范要求的原料用于化妆品生产，对其使用的化妆品原料安全性负责。

《化妆品安全技术规范（2015 年版）》规定，化妆品原料应经安全性风险评估，确保在正常、合理及可预见的使用条件下，不得对人体健康产生危害。化妆品原料质量安全要求应符合国家相应规定，并与生产工艺和检测技术所达到的水平相适应。原料技术要求内容包括化妆品原料名称、登记号（CAS 号和/或 EINECS 号、INCI 名称、拉丁学名等）、使用目的、适用范围、规格、检测方法、可能存在的安全性风险物质及其控制措施等内容。化妆品原料的包装、储运、使用等过程，均不得对化妆品原料造成污染。直接接触化妆品原料的包装材料应当安全，不得与原料发生化学反应，不得迁移或释放对人体产生危害的有毒有害物质。对有温度、相对湿度或其他特殊要求的化妆品原料，应按规定条件储存。化妆品原料应能通过标签追溯到原料的基本信息（包括但不限于原料标准中文名称、INCI 名称、CAS 号和/或 EINECS 号）、生产商名称、纯度或含量、生产批号或生产日期、保质期等中文标识。属于危险化学品的化妆品原料，其标识应符合国家有关部门的规定。动植物来源的化妆品原料应明确其来源、使用部位等信息。动物脏器组织及血液制品提取物的化妆品原料，应明确其来源、质量规格，不得使用未在原产国获准使用的此类原料。使用化妆品新原料应符合国家有关规定。儿童化妆品在原料、配方、生产过程、标签、使用方式和质量安全控制等方面除满足正常的化妆品安全性要求外，还应满足相关特定的要求，以保证产品的安全性。儿童化妆品应在标签中明确适用对象。

《儿童化妆品监督管理规定》规定，儿童化妆品配方设计应当遵循安全优先原则、功效必需原则、配方极简原则。一是应当选用有长期安全使用历史的化妆品原料，不得使用尚处于监测期的新原料，不允许使用基因技术、纳米技术等新技术制备的原料，如无替代原料必须使用时，应当说明原因，并针对儿童化妆品使用的安全性进行评价；二是不允许使用以祛斑美白、祛痘、脱毛、除臭、去屑、防脱发、染发、烫发等为目的的原料，如因其他目的使用可能具有上述功效的原料时，应当对使用的必要性及针对儿童化妆品使用的安全性进行评价；三是儿童化妆品应当从原料的安全、稳定、功能、配伍等方面，结合儿童生理特点，评估所用原料的科学性和必要性，特别是香料香精、着色剂、防腐剂及表面活性剂等原料。

3.1.2 中国化妆品原料使用合规性解析

在提交化妆品新原料注册备案资料、化妆品注册备案资料时，要特别注意化妆品原料使用的合规性。在实际生产中使用化妆品原料时，要特别注意配方与注册、备案资料载明的技术要求严格一致。

1. 化妆品新原料注册备案资料要求

《化妆品新原料注册备案资料管理规定》对化妆品新原料注册和备案资料的内容、格式和填报要求做出了规定。该规定有以下 8 个附件：① 化妆品新原料注册人/备案人安全风险监测和评价体系概述（样例）；② 化妆品新原料注册人/备案人信息更新表（样例）；③ 化妆品新原料注册备案资料要求；④ 化妆品新原料技术要求（样例）；⑤ 化妆品新原料研制报告编制要求；⑥ 化妆品新原料质量控制标准编制要求；⑦ 化妆品新原料安全监测年度报告编制要求；⑧ 化妆品新原料安全风险控制报告编制要求。在填报化妆品新原料注册备案资料时，应当注意以下内容。

（1）提交资料的内容

申请化妆品新原料注册或者进行化妆品新原料备案，应当提交下列资料：一是注册申请人、备案人的名称、地址、联系方式；二是新原料研制报告；三是新原料的制备工艺、稳定性及其质量控制标准等研究资料；四是新原料安全评估资料。注册申请人、备案人应当对所提交资料的真实性、科学性负责。

（2）新原料安全性评价资料要求

对比 2011 年 7 月 1 日起施行的《化妆品新原料申报与审评指南》与 2021 年 5 月 1 日起施行的《化妆品新原料注册备案资料管理规定》，新规定对于新原料安全性评价资料的要求由 5 类情形进一步细化为 6 类情形；增加了对于纳米新原料，具有较高生物活性的寡肽、多肽、蛋白质类新原料的毒理学试验资料要求；增加了对于新原料的功能资料依据的要求等。有关新原料安全评估的方法、程序、资料等要求，可参见本书第 7 章的相关内容。

（3）关于“动物替代方法”的试验资料

对于很多国际化妆品原料企业来说，有条件地认可“动物替代方法”的试验资料，无疑为很多受困于动物试验数据资料的企业打开了一扇窗，在一定程度上减少了由于动物试验数据造成的新原料申报的困难。

2. 化妆品注册备案原料相关资料要求

为了督促企业从化妆品产品质量安全的源头（化妆品原料）把控产品的安全性，《化妆品注册备案资料管理规定》明确要求企业在化妆品注册备案时填报化妆品原料安全相关信息。在填报化妆品注册备案资料时，应当注意以下内容。

（1）原料配方成分

《化妆品注册备案资料管理规定》要求填报的化妆品配方成分信息包括：使用来源于石油、煤焦油的碳氢化合物（单一组分除外）的，应当在产品配方表备注栏中标明相关原料的化学文摘索引号（CAS 号）；含有与产品内容物直接接触的推进剂的，应当在配方备注栏中标明推进剂的种类、添加量等；使用纳米原料的，应当在此类成分名称后标注“（纳米级）”等。

（2）原料安全信息

《化妆品注册备案资料管理规定》要求注册人、备案人或者境内责任人填写产品所使用原料的生产商信息，并上传由原料生产商出具的原料安全信息文件。原料安全信息填报主要有两种途径。一是由化妆品企业直接完成原料安全信息报送，这是注册人、备案人责任担当的体现。但考虑到实际操作，化妆品所用的原料众多，化妆品生产企业独自从原料生产商索取所有所用原料的质量安全相关信息难度很大，监管部门设置了第二条填报途径，即建立化妆品原料安全信息登记平台（网址：http://ciip.nifdc.org.cn/），鼓励原料生产商自行申报化妆品原料、获取原料报送码，企业在注册备案和实际生产经营中按实际情况关联原料报送码即可。考虑到原料供应商不一定将化妆品原料生产经营作为主营业务，化妆品原料质量安全相关信息报送平台设置了原料生产商授权其他单位代行获取原料报送码的功能。2021 年 12 月 31 日，化妆品原料安全信息登记平台正式上线。至此，化妆品注册人、备案人、境内责任人既可以通过化妆品注册备案信息服务平台填报原料生产商出具的原料安全信息文件，也可以通过填写化妆品原料安全信息登记平台生成的原料报送码，关联原料安全信息文件。

（3）原料使用方法

在填报产品配方和产品执行的标准时，要特别注意配方成分、原料使用的条件、含量等是否符合《已使用化妆品原料目录（2021 年版）》《化妆品禁用原料目录》《化妆品禁用植（动）物原料目录》《化妆品安全技术规范（2015 年版）》的要求，确认未使用禁止用于化妆品生产的原料、所使用的限用组分和准用组分符合《化妆品安全技术规范（2015 年版）》的具体规定，核对填报资料中的检验方法和试验方法与《化妆品安全技术规范（2015 年版）》收录的化妆品中禁用组分、限用组分和准用组分含量的理化检验方法、化妆品原料安全性的毒理学试验方法等是否一致。

（4）原料信息变更

《化妆品注册备案资料管理规定》规定，已注册或者备案产品所使用原料的生产商、安全相关信息、原料质量规格增加或者改变时，应当对注册备案资料进行变更。例如，所使用的原料在配方中的含量及原料中具体成分的种类、比例均未发生变化的，应当通过注册备案信息平台对原料生产商信息和原料安全信息进行更新维护；涉及产品安全评估资料发生变化的，还应当进行产品安全评估资料变更等。

（5）化妆品原料安全信息报送示例

《化妆品注册备案资料管理规定》规定，原料安全相关信息应当包括原料商品名、原料基本信息、原料生产工艺简述、必要的质量控制要求、国际权威机构评估结论、风险物质限量要求等。化妆品原料安全信息报送将企业原料生产商评价、原料采购、原料质量控制等管理要求进行“串联”，促进企业真正把握住原料质量安全的底线，对于保证化妆品原料质量安全、维护消费者利益有着重要的意义。具体报送示例可参考表 3－1、表 3－2 和表 3－3。

表 3－1　原料安全相关信息

【原料商品名、原料基本信息、原料生产工艺简述】

<table>
<tr><td>原料商品名</td><td colspan="4"></td></tr>
<tr><td rowspan="5">原料组成
（包括复配组分）</td><td>组分</td><td>组分中文名称</td><td>组分 INCI 名称</td><td>百分比范围</td></tr>
<tr><td>1</td><td>（组分名称应与已使用的化妆品原料目录内容一致）</td><td></td><td></td></tr>
<tr><td>2</td><td></td><td></td><td></td></tr>
<tr><td>3</td><td></td><td></td><td></td></tr>
<tr><td>……</td><td></td><td></td><td></td></tr>
<tr><td>化妆品中建议添加量</td><td colspan="4">基于安全或者功效的角度明确原料在化妆品中的建议添加量，在驻留类和淋洗类化妆品中建议添加量有区别的应当分别予以明确</td></tr>
<tr><td>原料使用限制（如有）</td><td colspan="4">（该原料在化妆品中的使用限制、配伍禁忌、警示用语的标注要求等）</td></tr>
<tr><td>原料性状</td><td colspan="4">（颜色、气味、状态）</td></tr>
<tr><td>物理化学性质描述</td><td colspan="4"></td></tr>
<tr><td>生产工艺类型描述</td><td colspan="4">应当明确生产工艺类型：物理粉碎；物理压榨；水或者其他种类溶剂提取；化学合成；生物发酵。简要概述搅拌、加热、蒸馏、过滤、干燥、包装等过程。
直接来源于动植物的天然原料，应明确物种信息、拉丁名、提取部位（藻类和大型真菌类参照此要求）。
生物技术来源原料应明确生产所用的基因来源、载体构建、工程菌信息、供体生物、受体生物、修饰微生物等必要信息</td></tr>
</table>

（如无法提供原料组成，可不填写，但应当提交相关说明资料）

表 3-2 质量控制要求

序号	指标名称	分子式或结构式（如能明确）	CAS 号（如能明确）	测试方法名称	定量范围
1					
2					
3					
……					

注：（如无法提供，可不填写，但应当提交相关说明资料）

（对于化学结构明确的单一原料，应提供纯度要求）

（对于化学结构不明确的原料，应提供指标性成分定量要求或总成分、蒸发残留/固形物含量、干燥失重/水分、炽灼残渣、典型物理化学指标等定量要求）

（聚合物类原料应同时明确聚合度及平均相对分子质量，如有）

（寡肽类原料还应明确氨基酸序列）

1. 鉴别方法

（如无法提供，应当提交相关说明资料）

2. 定量控制指标/特征性指标检验方法

（与上表中指标一一对应）

（检验方法仅提供方法名称即可）

3. 微生物指标（如适用）

【国际权威机构评估结论】

（如有，应当简要说明，并附权威机构名称）

【其他行业使用要求简述】

表 3-3 风险物质限量要求（如有）

序号	风险物质名称	CAS 号	限量要求	备　注
1				
2				
……				

注：重金属指标（如适用）

农药残留风险（仅植物来源原料，如适用）

微生物污染控制情况（仅生物技术来源原料，如适用）

宿主致病性、毒性成分控制情况（仅生物技术来源原料，如适用）

【其他需要说明的问题】

3.2 中国特色植物原料的开发与应用

中国特色植物的应用蕴含着中华民族几千年的健康养生理念及其实践经验，是中华文明的瑰宝，相关历史典籍是一个伟大的宝库，非常值得现代研究者去挖掘和发扬光大。这些典籍不仅可用于开发新的药物、新的保健食品，同样也可用于开发新的化妆品。《化妆品监督管理条例》明确规定，国家鼓励和支持运用现代科学技术，结合我国传统优势项目和特色植物资源研究开发化妆品。随着相关政策的陆续出台，国内化妆品行业出现了在化妆品研发中开发与应用中国特色植物资源的热潮。本节梳理了中国特色植物原料的开发、应用历史和现状，对使用中国特色植物原料生产化妆品的合规性进行分析，为化妆品研发提供参考。

3.2.1　中国特色植物原料的开发与应用历史

自古以来，我们的祖先就有利用植物美容养颜的习惯，并在实践过程中不断总结经验，形成了极具中国特色的植物美容理论。其中不仅有历代诸家本草及中药基本理论等内容，还有许多关于植物美容和养颜方面的相关记载。中国特色植物在美容方面的应用历史是伴随中医药的发展历史一起成长的，同样经历了萌芽雏形期、形成丰富期、充实发展期等各个阶段。

1. 萌芽雏形期

在殷商时期已有粉、粉扑、胭脂等化妆美容用品，并有“红蓝花汁凝作燕脂”的胭脂制作方法等记载。到春秋战国时期，有“用脂泽粉黛，则倍其初，脂以染唇，泽以润发，粉以敷面，黛以画眉”等记载。出自战国时期的《山海经》是一部包含地理学、方物志等内容的著作，其中记载了 12 种动植物具有美颜色、去赘疣、疗痤疮等美容作用，是我国历史上第一部对植物美容有记载的著作。成书于东汉的《神农本草经》为现存最早的药学专著，记载本草 365 种，以上、中、下三品分类。其中上品为 120 种，一般无毒或毒性较小，大部分具有养生延年、驻颜泽肤、乌须生发等美容作用，为美容保健的优选植物。

2. 形成丰富期

东晋的葛洪著有《抱朴子》和《肘后备急方》两本书。《肘后备急方》以其所刊载的美容方剂之早、之多、之专，以及所明显体现出的美学思想，堪称中医美容第一书，其中记载的美容方有 66 条，应用于美容的植物有 95 种。葛洪在《抱朴子·仙药篇》中，专门论述了益寿延年的植物，如茯苓、地黄、麦冬、黄连、石韦、黄精等，大大丰富了保健美容植物的内容。南北朝齐梁时期的著名医学家陶弘景对东汉的《神农本草经》进行了整理和研究，编著了《本草经集注》，书中记载了 730 种药物，有美容保健功效的植物为 70 余种。

唐代植物美容发展日趋完善，美容方剂数量剧增，出现了第一本美容方专集《妆台方》，它是我国第一部植物化妆品专著。唐人以蜂蜡代替前人的动物脂膏，又掺以朱砂、紫草，终于调试出红色、粉红、红褐色等不同色号的口脂。北宋唐慎微编著了《经史证类备急本草》，首刊于1108年，全书计32卷，书载有美容植物322种，较《神农本草经》和《本草经集注》大有增加。

3. 充实发展期

我国伟大的医学家、药学家李时珍，倾毕生精力对本草学进行了全面深入的研究整理，于明朝万历六年（1578年）著成了《本草纲目》。该书是我国也是世界上16世纪以前本草学成就之大全。《本草纲目》详细叙述了疮、皻、皯、黵、白发、脱发等产生的机理，同时系统介绍了面部皮肤护理、增白、去皱、去斑、去瘢痕、点疣、去痣、乌发、生眉等治疗方法，并集中介绍了200多种美容植物。

清朝的赵学敏，在广泛收集民间草药和外来药的基础上于嘉庆八年（1803年）编著了《本草纲目拾遗》。全书共10卷，载药921种，新增716种。新增本草的数量创了纪录，大大丰富了本草学。

3.2.2 中国特色植物原料的开发与应用现状

中国特色植物原料是指用于化妆品生产的中国植物（包括藻类）来源的原料，如植物提取物。中国特色植物原料已广泛作为化妆品原料，国家药品监督管理局发布的《已使用化妆品原料目录（2021年版）》中，约1/3是植物提取物。

1. 中国特色植物原料的应用概况

目前，中国特色植物原料在化妆品领域已经有比较广泛的应用，国内一些品牌都有自己的特色本草系列产品。从所用原料来看，不乏人参、灵芝、雪莲、积雪草、甘草、红景天、银杏等名贵中草药。从配方来看，既有参照中医传统古方、经典名方研发的化妆品，也有借鉴中医药理论体系中君臣佐使、阴阳、气血、五行等学说进行创新的化妆品。

有学者从功效或机理出发，总结了一系列具有不同功效的中国特色植物原料，其中源于中草药的占据相当比例。例如，白头翁、红景天、红花、光果甘草、桑树、苦参等植物提取物可以抑制酪氨酸酶活性，人参、五味子、草豆蔻、穿心莲等植物提取物可以抑制黑色素合成通路，从而具有美白功效；芦荟、黄芪、甘草、铁皮石斛、海藻类等提取物因富含多糖成分而具有保湿功效；石榴、银杏等提取物具有很好的抗氧化功效。

除了源于中草药的中国特色植物原料外，一些中国特色花卉植物原料也得到了较好应用，如山茶花、牡丹花、芍药花、莲花等。花卉以其独特的香气、色泽、花型深受人们喜爱，“肤若凝脂，面若桃花”，古今文人墨客对花的赞美往往不吝辞藻，因此，主打花类原料的化妆品对于消费者来说有一种天然的亲切感。除了传统文化意义上的价值外，不少花卉中富含黄酮、多酚、萜类、植物甾醇、酯类、维生素及微量元素等多种活性成分，能够发挥抗氧化、抗炎、美白等实实在在的化妆品功效，因此，是值得深入开发的。

2. 中国特色植物原料的开发模式

安全、稳定、有效是对所有化妆品原料的基本要求，其中有效是核心。同样，中国特色植物原料的开发要以功效为最终目标，并明确发挥其功效的物质基础和作用机理。物质基础即活性成分或有效物质，作用机理则对应通路或靶点。

当前，化妆品用植物原料的开发大都采用现代天然药物开发模式，即对某一植物的某些部位进行提取、分离、纯化，得到一系列单一成分或某一类成分，再对这些成分进行特定功效测试，筛选出活性成分，并做进一步结构鉴定、功效机理研究、毒理学测试、临床测试等。

除了以上天然药物的开发模式外，也有专家学者从中医辨证施治原则出发，提出了“症、理、法、方、药、效”的植物原料开发模式。“症”即需要解决的肌肤问题，如干燥、皱纹、色素沉着等，整个研发过程都要围绕着解决“症”来进行；“理”即明确了肌肤的症状后，要对产生症状的机理进行彻底分析，找到导致症状的原因；“法”即根据机理分析找到相应对策；“方”即实现对策的具体方案，如选择哪一类植物，以及不同植物间的组合方式；“药”即确定具体植物品种，并进行提取分离工艺的开发与优化，最终得到化妆品用植物原料；“效”即对得到的植物原料进行功效验证，看能否解决最初针对的肌肤问题。这种植物原料开发模式是对中医“理法方药”理论的继承和发展，具有传统中医药特色。

3. 中国特色植物原料的制备工艺

从新鲜的植物组织到可用的化妆品原料，中间一般需要经过干燥、粉碎、提取、分离、纯化、浓缩、制剂等工序，其中一些重要工序会直接影响所制的化妆品原料是否安全、稳定、有效。

一些植物原料存在功效成分不足和安全性问题，而通过传统炮制工艺富集植物中有效成分或降低毒性成分，不失为解决这一问题的有效途径。炮制工艺是先人在中草药长期使用过程中总结出的宝贵经验，可以为化妆品用中国特色植物原料的创制提供有益借鉴。随着科学技术的不断进步，一些绿色、高效的提取新技术不断涌现，如超临界流体提取技术、超高压提取技术、闪式提取技术等；另外，一些先进的分离纯化技术，也可以大大提高植物原料中有效成分的提取率，从植物原料的制备工艺上可以中西融合，提高植物原料有效成分的利用度和安全性。

3.2.3 中国特色植物原料使用的合规性分析

使用中国特色植物原料开发的化妆品不仅具有使用功效，而且包含深厚的文化底蕴，受到社会各界的广泛青睐，具有很好的市场前景。需要注意的是，在化妆品研发过程中，不仅要注意发挥原料的功效性，还要保证所使用原料的合规性。

1. 化妆品植物原料目录管理

关于已有原料的目录清单包括准入清单和禁用、限用原料清单。在《已使用化妆品原料目录（2021 年版）》中共收载 3 400 余种已使用的化妆品植物原料，其中有的明确规定了植物原料提取的部位，如红松籽提取物、胡黄连根提取物、番石榴果提取物等；如未明确指出具体部位，则为整株植物提取物，如胡黄连提取物、番石榴提取物、覆盆子提取物等。在《化妆品禁用植（动）物原料目录》中包括 109 种动植物原料，其中植物原料有 103 种。例如，万寿菊花提取物/油虽然在我国有使用历史，但因其具有皮肤光毒性，现我国化妆品监管部门已禁止其在化妆品中使用。又如，根据国家禁毒管理相关政策要求，鉴于大麻仁果、大麻籽油、大麻叶提取物和大麻二酚 4 种原料并非化妆品生产必需或不可替代的原料，因此在化妆品中禁止使用。《化妆品禁用植（动）物原料目录》中的禁用原料包括其提取物及制品，明确标注禁用部位的，仅限于此部位；无明确标注禁用部位的，则全株植物均被禁用，包括其提取物及制品（包括花、茎、叶、果实、种子、根及其制剂等）。

目录中原料名称为“某某植物提取物”形式的，原则上表示该植物全株及其提取物均为已使用原料，使用时应当注明其具体部位。

目录中一个序号后列出了两个名称的，表示为同一原料，使用时应选择 INCI 收录或以标准中文名称命名原则命名的植物原料名称，不建议使用已标注为“曾用名”的名称。

目录载明的原料最高历史使用量，可作为化妆品安全评估报告（简化版）

的证据类型，应当结合产品类型正确使用原料最高历史使用量。

新开发的植物原料应遵循化妆品新原料注册、备案管理制度，具有高风险类化妆品新原料，须经注册后方可使用，其他新原料经备案后使用。

2. 植物原料风险评估

化妆品的安全性是一切功效的前提条件。申报化妆品时植物原料安全信息报送可将企业原料供应商评价、原料采购、原料质量控制等管理要求相链接，确保该植物原料的质量安全。

植物原料的风险评估程序可以分为以下四个步骤：危害识别、剂量反应关系评估、暴露评估、风险特征描述。首先从原料和/或风险物质的物理、化学和毒作用特征来确定其是否对人体健康存在潜在危害；随后通过查阅资料，进行剂量反应关系评估，以确定使用剂量和健康危害之间的关系；最后综合暴露评估的结果，计算出相应的风险特征，以确定在毒理学上是否安全。

3. 化妆品功效宣称评价

化妆品功效宣称评价是指通过文献资料调研、研究数据分析或者化妆品功效宣称评价试验等手段，对化妆品在正常使用条件下的功效宣称内容进行科学测试和合理评价，并做出相应评价结论的过程。

通过宣称植物原料的功效进行产品功效宣称时，应当开展文献资料调研、研究数据分析或者功效宣称评价试验证实该原料具有其所宣称的功效，且植物原料的功效宣称应当与产品的功效宣称具有充分的关联性。

4. 化妆品标签设计

在设计化妆品标签时，要注意有关植物原料的描述须符合以下要求。

(1) 以暗示含有某类原料的用语作为商标名，产品配方中含有该类原料的，应当在销售包装可视面对其使用目的进行说明；产品配方中不含有该类原料的，应当在销售包装可视面明确标注产品不含该类原料，相关用语仅作商标名使用。

(2) 通用名中使用具体原料名称或者表明原料类别的词汇的，应当与产品配方成分相符，且该原料在该化妆品中所产生的功效作用应当与其产品功效宣称相符。

特别要注意：不能通过宣称所用植物原料的功能暗示产品实际不具有或者不允许宣称的功效。

3.2.4 中国特色植物原料的开发潜力与面临的问题

我国野生植物资源丰富，根据第二次全国药用植物资源普查统计，我国约有植物 3 万多种，其中药用植物 1 万余种，利用中国特色植物原料开发化妆品潜力巨大。《化妆品监督管理条例》明确规定，国家鼓励和支持运用现代科学技术，结合我国传统优势项目和特色植物资源研究开发化妆品，这就给中国特色植物原料的开发指明了方向。中国化妆品企业应该抓住机遇，充分发挥中国特色植物资源优势，加强多学科融合创新，为化妆品赋予更多中国元素，引领中国化妆品新浪潮，不断缩小与国外品牌的差距。

《化妆品监督管理条例》实施后，围绕化妆品用中国特色植物原料，已有地方行业协会发布相关团体标准，也有一些地方政府开始建设特色植物资源美妆基地，借以建立行业、区域优势地位，这些行动都是响应新条例实施的积极信号。例如，北京日化协会于 2021 年 9 月底发布并实施了 T/BDCA 0001—2020《化妆品用中国特色植物资源原料目录》和 T/BDCA 0002—2020《化妆品用中国特色植物原料研发指南》两项团体标准，对中国特色植物资源进行了定义，并收录了中国特色植物约 350 种。

虽然有好的法规政策做引导，但要真正做好中国特色植物原料的开发与应用，仍要认清或避免以下问题。

一是要有“天然”不等于安全的认知。植物化学组成复杂，一些具有明确的致敏性、光毒性的植物原料，法规已明确禁止其使用。此外，植物原料还存在着环境污染、农药残留的风险。

二是要注重质量稳定性。植物原料的质量控制难度较大，主要受以下因素影响：首先在植物资源的控制上，存在着品种相似容易混淆、种植管理不规范造成良莠不齐、种植环境恶化导致重金属污染或农药残留等问题；其次在提取工艺上，存在着植物成分复杂、活性成分稳定性差，导致提取分离工艺复杂的问题；最后在提取设备上，存在着生产规模小、设备自动化控制程度低的问题。要控制好植物原料质量，就要尽量选择道地植物资源，建立原料及制备工艺标准，尽量实现自动化生产。

三是要避免概念性添加。作为中国特色植物原料，其应用地位必然是化妆品中的核心原料，除了要展示实实在在的功效数据，还应明确指出起作用的活性物质及其作用机理，让消费者用得明明白白，才能获得真正的认可。

在认清或避免以上问题的基础上，各研发机构及人员仍要以打造市场爆品原料为目标，不断加大研发投入，跟踪化妆品市场需求变化，勇于借鉴食品、医药及其他行业的新概念、新技术，不断挖掘中国特色植物中的新成分、新机理、新功效，同时做好标准化与知识产权保护，不断开辟中国特色植物原料绿色、健康、高端、可持续应用的新天地。

3.3 国外化妆品原料管理简介

各国（地区）的化妆品原料管理基于其对化妆品安全风险认识和化妆品管理体制等情况各有侧重，但是普遍来看，均有化妆品原料正负面清单管理。各国（地区）的禁限用原料清单虽有差别，但对于涉及产品安全的高风险原料，如防晒剂、防腐剂、染发剂、着色剂等，普遍管理严格。作为化妆品产业及化妆品市场发展最为成熟的国家（地区），欧盟、美国、日本、韩国在化妆品原料的管理制度方面各具特点。

3.3.1 欧盟化妆品原料管理

欧盟自 1976 年颁布化妆品指令 76/768/EEC（Council Directive 76/768/EEC）起，开始实施化妆品原料管理，对禁限用化妆品原料实施清单化管理。随着科技的发展进步和对化妆品原料安全性认识的深入，欧盟禁限用原料清单（Annex）中的原料也在不断地更新、调整。清单中原料的增加、删除或修正由欧盟委员会（EC）的消费者安全科学委员会（Scientific Committee on Consumer Safety，SCCS）负责。SCCS 的专家对化妆品原料的安全性进行审议，其结论以意见的形式公布，并收载于原料清单中。

2009 年，欧盟颁布了《化妆品法规 1223/2009》（2013 年 7 月 11 日正式实施），该规则与以往有所不同的是，增加了对致癌、诱导有机体突变、对生殖有害类物质和纳米原料的要求。其中，纳米材料技术在各个领域得到迅速发展和广泛应用，但因其直径很小，结构特殊，具有许多与传统材料不同的物理化学特性，因此，对其是否可应用于化妆品中也日益引起关注。例如，近年来纳米级别的二氧化钛、氧化锌等原料广泛地应用于防晒产品，SCCS 对于此类原料也进行了专门的安全评估，并将评估结论增补到化妆品准用紫外线吸收剂清单中。

2015 年欧盟委员会发布《条例（EU）2015/1190》，对部分发用产品（烫发剂、脱毛剂、染发剂）中巯基乙酸及其盐类等化妆品原料的最大允许量、使用条件及化妆品标签上必须标印的注意事项进行修订。同年，欧盟委员会发布《条例（EU）2015/1298》，将3-亚苄基樟脑（3-Benzylidene Camphor）从紫外线过滤剂名单中删除，并添加至禁用物质名单。

2017年欧盟委员会发布《公告（EU）2017/237》，对《化妆品法规1223/2009》限用物质清单进行修订，本次修订共涉及16个化学物质，其中新增8个限用物质。同时，欧盟委员会还发布《公告（EU）2017/238》，将二苯酮-3（Benzophenone-3）在UV防晒剂中的最大允许使用浓度由10%降至6%，为保护产品而加入的二苯酮-3含量不得超过0.5%。这次修订以2008年12月SCCS的最新评估结论为基础，同时，由于可能的接触性过敏和光过敏，要求在标签中标示相应的警示语：含二苯酮-3。

2018年欧盟发布法规修订案，修改《化妆品法规1223/2009》禁用组分列表及限用组分列表，其中收录万寿菊花提取物、万寿菊花油、小万寿菊花提取物、小万寿菊花油和法国万寿菊花提取物、法国万寿菊花油为禁用组分。上述物质曾作为芳香原料广泛用于香水等化妆品中。

欧盟的禁限用原料清单因其具有全面性、科学性和及时性的特点，被世界上很多国家（地区）借鉴或直接引用，作为本国（地区）化妆品原料管理的禁限用原料清单或重要参考数据，同时，最新的化妆品成分及相关法规信息公布在欧盟的化妆品成分数据库网站CosIng上，公众可以非常方便地查询和了解。

3.3.2 美国化妆品原料管理

美国的化妆品原料管理体系与欧盟大相径庭，FDA并没有制定详细的原料管理法规，没有类似于欧盟的庞大的禁限用原料清单。截至2020年年底，FDA规定禁止/使用有限制的成分共计14种，美国化妆品成分审核委员会（Cosmetic Ingredient Review，CIR）认为无法安全使用的成分共计11种。

美国原料管理体系中对于防腐剂、防晒剂等高风险原料没有设置限用原料清单。2014年11月，FDA新的防晒创新法案（S.2141）经总统签署后成为法律。该法案修改了《联邦食品、药品和化妆品法案》，目的在于建立一个更加迅速、透明的新非处方药用防晒成分的审批程序。新法案规定，任何人有权向卫生与人类服务部秘书处（HHS）提出申请，对非处方药用防晒成分或其组合的有效性和安全性进行考察，并做出是否收录至OTC防晒产品专论的决定。

FDA对色素的管控独具特点，在《美国联邦法规》的第21篇“食品和药品”中，FDA 分别规定了豁免认证的色素添加剂清单和需要认证的色素添加剂清单。需要认证的色素添加剂一般来源于煤焦油，这类色素添加剂在生产过程中会产生不安全的副产物，因此，FDA 要求这类色素添加剂要每批次认证。FDA 在官网会公布一份过去两年向 FDA 申请过色素添加剂认证的公司清单，化妆品制造商应在这个清单里选择色素添加剂供应商，以规避违法使用色素添加剂的风险。豁免认证的色素添加剂多是无机色素。与欧盟不同的是，FDA 对眼部色素添加剂要求极高，已知被美国拒绝入关的产品很大一部分是由眼部色素添加剂违法或超范围使用造成的。

美国个人护理产品协会（PCPC）的《消费者承诺规范》（Consumer Commitment Code）明确地鼓励化妆品企业优先使用经过 CIR 评估为安全的原料，对于 CIR 未评估过的原料，或者超过 CIR 评估的安全限量的原料，企业应当在确保该原料安全性的前提下使用，并保留相关原料的安全性资料，在必要时提交给美国的监管部门。虽然该守则是自愿性的，不应被解释为法律标准，但所有公司都有义务确保其化妆品产品符合所有现行法律法规之规定。

3.3.3　日本化妆品原料管理

日本的化妆品原料管理按照化妆品原料和医药部外品原料区分管理。2001 年，日本厚生劳动省制定了《化妆品基准》。根据要求，企业在化妆品中使用的原料不能违反以下《化妆品基准》的规定。(1) 化妆品成分及其中所含的杂质，不应含有可能引起感染等的物质，不得含有因其使用而可能产生健康危害的物质。(2) 禁止使用防腐剂、紫外线吸收剂及焦油色素以外的其他成分。化妆品不应含有任何药物成分，或者不符合《生物材料标准》（厚生劳动省 2003 年 210 号公告）要求的任何成分，也不应含有关于化学物质评估法律和生产规范中的第Ⅰ类化学物质，或者该法律第Ⅱ类规定物质，或者厚生劳动省确定的原料以及与上述物质特性相同的原料。(3) 限用防腐剂、紫外线吸收剂及焦油色素以外的其他成分（不得超过最高成分含量）。在以上前提下，对于其他化妆品原料，企业在确保原料安全性的前提下，可以在产品中配合使用。企业如果要使用清单外的防腐剂、紫外线吸收剂及焦油色素，或者虽然使用名单内的原料，但使用浓度或规格超出名单规定的，则需要按照新原料来申请，完成新原料审批后方可使用。

厚生劳动省对新原料实施严格的审批制度。企业可以参考厚生劳动省公布的 2021 年版医药部外品添加物清单来确定可以在医药部外品中使用的原料；医药部外品中的有效成分清单可参考药用化妆品有效成分清单；准用的染发剂清单可参考染发剂制造贩卖承认基准；烫发剂的标准参考烫发剂制造贩卖基准。企业申报新原料时要提供使用背景、理化性质、安全性和稳定性方面的资料。需要指出的是，被批准的不仅只是原料物质本身，还包括它的使用范围、使用量和使用规格等，其在被用于生产化妆品或医药部外品时必须符合这些内容，如有不同必须重新申报。

3.3.4 韩国化妆品原料管理

韩国化妆品原料的管理部门为 MFDS。韩国的化妆品原料管理制度和内容虽然吸收了很多欧盟、日本的管理方法和内容，但在此基础上也做出了一些创新。韩国化妆品原料管理的主要法规依据是《化妆品安全标准等相关规定》，该法规不仅规定了化妆品中不得使用的原料（禁用原料清单）及使用上有限制的原料使用标准《限用原料清单》《准用防腐剂清单》《准用防晒剂清单》《染发剂清单》，还规定了化妆品中不可配合的原料的规则。对于着色剂的规范，主要依据《化妆品着色剂种类、标准和试验方法》的准用着色剂列表进行管理。

在韩国，根据《关于化妆品指定原料的规定》第二条“化妆品原料指定”，以下范围内的原料都可作为化妆品的原料：

（1）化妆品原料基准（以下简称“妆原基”）上所记载的原料；

（2）韩国化妆品原料集（KCID）、国际化妆品原料集（ICID）和欧盟化妆品原料集列出的原料；

（3）食品法典和食品添加剂法典（限于天然添加剂）列出的原料；

（4）食品医药品安全部认可的工艺书列出的原料；

（5）关于化妆品成分法规规定的化妆品制造（进口）可用原料；

（6）按照《化妆品法》第 4 条第 3 项的规定，通过标准和安全性审查的原料（新原料审查）、限用原料（如防晒剂、防腐剂等）。

含有 MFDS 告示中列出原料的功能性化妆品，《功能性化妆品审查相关规定》中规定的化妆品，以及韩国功能性化妆品法典中的化妆品，都可以免除提交安全数据。对于功能性化妆品（类似我国的特殊化妆品）实行注册制管理，对于功能性化妆品中的功效原料实施清单制管理。《功能性化妆品标准及试验方法》收录了各种功能性化妆品的功效原料的标准及检测方法，包括美白功能性化妆品、防皱抗皱功能性化妆品、防晒功能性化妆品、皮肤美白剂防皱抗皱功能性化妆品等。《功能性化妆品审查相关规定》要求对于首次引进韩国的化妆品原料中的新原料实施安全审查，经审查批准后方可使用。新原料审查需要提交的资料包括规格资料和安全性数据。

2019 年 3 月，MFDS 发布公告将原有《有机化合物标准规定》修订为《天然化妆品和有机化妆品标准规定》，并新增天然原料和天然原料定义；新增可用于天然化妆品生产的原料、生产工艺、工作区设置、生产设备、包装材料，以及天然化妆品中天然、有机原料含量要求等相关标准；规定天然化妆品中天然成分含量计算方法、有机化妆品中有机原料含量计算方法；规定宣称为天然化妆品的，必须保存和提供证明其符合标准的相应材料；增加有机化妆品制造过程中可以使用的工艺和清洁剂等。

3.3.5　中外化妆品原料管理比较

通过对中国和欧盟、美国、日本、韩国的化妆品原料管理制度进行比较，我们可以发现中外对于化妆品原料的管理制度都在与时俱进，同时，各自对于原料管理的方式也都与本国（地区）的化妆品管理制度相适应。表 3－4 为中外化妆品原料管理制度对比。

表 3－4　中外化妆品原料管理制度对比

	是否采用禁限用原料清单	是否有已使用原料清单	是否有功效原料清单	是否有新原料申报要求
欧盟	是	否	否	否
美国	禁用成分仅为 14 种；有色素添加剂清单	否	OTC 品类的功效原料清单管理	否
日本	是	医药部外品原料清单管理	医药部外品中的功效原料实施清单管理	医药部外品中要求新原料申报
韩国	是	功能性化妆品原料清单管理	功能性化妆品中的功效原料实施清单管理	功能性化妆品中的新原料需要申报注册
中国	是	是	无祛斑美白原料清单	新原料备案或注册

综合比较中国与其他国家（地区）在化妆品原料管理制度上的差异可以发现，中国和欧盟、韩国、日本都有比较完善的禁限用原料清单（包括禁用原料清单、限用原料清单、准用防腐剂清单、准用防晒剂清单、准用着色剂清单等）；在对新原料的管理上，中国的管理更为严格。中国公布了已使用原料目录，并要求企业在使用目录外新原料时，必须首先进行新原料的注册或备案；对于祛斑美白类原料的管理，日本和韩国都有相应的清单管理，并对原料种类、配合量以及剂型等做出了明确的要求。目前，中国还没有对祛斑美白原料实施正面清单管理。

第 4 章　化妆品注册备案管理

4.1　中国化妆品注册备案管理要求

在我国，特殊化妆品经国务院药品监督管理部门注册后方可生产、进口。国产普通化妆品应当在上市销售前向备案人所在地省、自治区、直辖市人民政府药品监督管理部门备案。进口普通化妆品应当在进口前向国务院药品监督管理部门备案。从这个意义上来看，化妆品注册和备案是产品研究开发的终点，也是产品生产、进口和上市销售的起点。企业要顺利开展化妆品注册和备案工作，必须对注册和备案要求及流程有足够了解，本节将对特殊化妆品注册和普通化妆品备案的法规依据、资料要求和工作流程做系统的介绍。

4.1.1　中国化妆品注册备案的法规依据

中国化妆品注册和备案管理要求集中体现在《化妆品监督管理条例》《化妆品注册备案管理办法》《化妆品安全技术规范（2015 年版）》《化妆品标签管理办法》《儿童化妆品监督管理规定》《化妆品分类规则和分类目录》《化妆品安全评估技术导则（2021 年版）》《化妆品功效宣称评价规范》《化妆品注册备案资料管理规定》《化妆品注册和备案检验工作规范》等一系列法规文件中。这些法规文件，既有标准规范类的实质性规定，又有办事流程类的程序性规定。国家药品监督管理局发布的执行相关文件的公告、通知以及相关政策解读和办事指南，包含了化妆品注册备案的工作时限、具体操作要求等重要内容，需要在申请注册和办理备案中予以充分关注。

《化妆品监督管理条例》确立了化妆品注册和备案的基本制度和原则要求，例如：哪些产品和原料需要注册、哪些仅备案即可；注册和备案的主体需要具备哪些条件；注册和备案如何申请；注册和备案需要提供的资料有哪些；办理流程、办理时限是如何规定的；注册和备案的最终结果如何体现；等等。此外，其也对注册和备案各相关主体的法律责任进行了规定。

《化妆品注册备案管理办法》对《化妆品监督管理条例》中注册备案管理的原则性规定予以细化，增加了有关概念的解释，使得注册、备案要求和流程进一步明确。例如：各级监管部门在注册、备案管理工作中的职责划分；境内责任人应当履行的义务；注册受理和审评环节的具体工作方式；注册、备案流程各环节的办理时限；已经注册的新原料在监测期的报告方式和内容；已经备案的普通化妆品备案信息的变更；注册、备案的编号方式；等等。

《化妆品安全技术规范（2015 年版）》《化妆品分类规则和分类目录》《化妆品安全评估技术导则（2021 年版）》《化妆品注册和备案检验工作规范》《化妆品标签管理办法》《化妆品功效宣称评价规范》是关于化妆品质量安全和功效宣称的技术性文件，从化妆品原料的安全评估到成品的质量检验，从化妆品类别划分到功效宣称评价，从义务性规定到禁止性规定，形成了保证化妆品质量安全和功效宣称科学的文件体系。《儿童化妆品监督管理规定》还根据儿童的特点，对儿童化妆品的配方设计、标签管理和功效宣称等提出了特别要求。制定实施这些规范性文件的最终目的，都是为了保证注册和备案的化妆品符合法律、法规、强制性国家标准和技术规范的要求。

《化妆品注册备案资料管理规定》是编制化妆品注册和备案资料的具体指导性文件，对《化妆品监督管理条例》《化妆品注册备案管理办法》规定的注册和备案应当提交的各类资料及其提交方式进行了详细说明。企业进行特殊化妆品注册及普通化妆品备案时，既要保证提交资料的形式符合要求，又要保证相关证明材料的合法性、真实性、准确性、完整性和可追溯性。

4.1.2 中国化妆品注册备案的资料要求

1. 注册备案资料的基本要求

1）首次申请时需提交的资料

特殊化妆品注册和普通化妆品备案仅是管理方式的不同，对产品安全性的要求没有差异，所以注册备案所需提交的资料基本一致。

（1）《化妆品注册备案信息表》及相关资料，包括注册申请人、备案人的名称、地址、联系方式，以及生产企业的名称、地址、联系方式等；

（2）产品名称信息；

（3）产品配方；

（4）产品执行的标准；

（5）产品标签样稿；

（6）产品检验报告；

（7）产品安全评估资料。

2）特殊化妆品注册证期满延续需提交的资料

（1）注册延续申请表；

（2）产品自查情况说明；

（3）根据现行法规、标准调整情况，应当提交相应的产品检验报告。

3）普通化妆品备案年报需提交的资料

（1）产品的生产、进口概况，以及产品的停产情况；

（2）产品符合法规、强制性国家标准、技术规范的自查情况。

4）补发特殊化妆品注册证需提交的资料

（1）补发申请表；

（2）因产品注册证原件破损申请补发的，领取新产品注册证时，应当交还原产品注册证；

（3）因产品注册证遗失申请补发的，应当提交承诺书。

2. 注册备案资料中的检验要求

为规范化妆品注册和备案检验工作，国家药品监督管理局于 2019 年 9 月 10 日发布了《化妆品注册和备案检验工作规范》。其与过去的注册备案检验要求有以下几点不同。

（1）取消了原来对化妆品行政许可检验机构和国产普通化妆品备案检验机构资格认定和指定的方式，只要是取得资质认定、满足化妆品注册和备案检验工作需要的检验检测机构，均可以承担化妆品注册备案检验工作。

（2）取消了监管部门现场封样，改为企业一次性向首家受理检验申请的检验检测机构提供样品，由该检验检测机构封样。样品数量由检验检测机构根据检验和留样的需要确定。

（3）规定样品应当是包装完整且未启封的同一批号市售样品，考虑到样品送检时产品不一定上市，所以对于送检时尚未上市销售的产品，允许产品注册和备案检验接受试制样品。

（4）注册和备案检验项目的设置主要基于风险管理的原则，考虑设置与可能由原料带入或者可能在生产过程中产生的安全风险物质相关的检验项目，删除了原有注册备案检验项目中属于非法添加的规定。

4.1.3 中国化妆品注册备案的工作流程

1. 特殊化妆品注册流程

1）受理

（1）国家药品监督管理局受理机构应当自受理申请之日起 3 个工作日内将申请资料转交技术审评机构。

（2）国家药品监督管理局技术审评机构应当自收到申请资料之日起 90 个工作日内，按照技术审评的要求组织开展技术审评。

（3）国家药品监督管理局应当自收到审评意见之日起 20 个工作日内，对技术审评程序和结论的合法性、规范性以及完整性进行审查，并做出是否准予注册的决定。

（4）国家药品监督管理局受理机构应当自国家药品监督管理局做出行政审批决定之日起 10 个工作日内，向申请人发出化妆品注册证或者不予注册决定书。

2021 年 12 月 30 日，国家药品监督管理局发布了《关于试行化妆品电子注册证的公告》（2021 年第 156 号），开创了特殊化妆品注册证电子化的先河。自 2022 年 1 月 1 日起，按照《化妆品注册备案管理办法》提出申请并获准注册的特殊化妆品，开始发放电子注册证。自 2022 年 5 月 1 日起，特殊化妆品获准注册证变更、延续的，开始发放电子注册证。

2）变更

已经注册的特殊化妆品的注册事项发生变化的，国家药品监督管理局根据变化事项对产品安全、功效的影响程度实施以下分类管理：

（1）不涉及安全性、功效宣称的事项发生变化的，注册人应当及时向国家药品监督管理局备案；

（2）涉及安全性的事项发生变化的，以及生产工艺、功效宣称等方面发生实质性变化的，注册人应当向国家药品监督管理局提出产品注册变更申请；

（3）产品名称、配方等发生变化，实质上构成新的产品的，注册人应当重新申请注册。

需要变更注册的，申请变更的时限与首次申请一致。

3）延续

特殊化妆品注册证有效期届满需要延续的，注册人应当在产品注册证有效期届满前 90 个工作日至 30 个工作日期间提出延续注册申请，并承诺符合强制性国家标准、技术规范的要求。注册人应当对提交资料和作出承诺的真实性、合法性负责。受理机构应当在收到延续注册申请后 5 个工作日内对申请资料进行形式审查，符合要求的予以受理，并自受理之日起 10 个工作日内向申请人发出新的注册证。

2. 普通化妆品备案流程

普通化妆品上市或者进口前，通过信息服务平台提交备案资料后即完成备案。省级以上人民政府药品监督管理部门自普通化妆品备案人提交备案资料之日起 5 个工作日内，对备案资料进行整理，并向社会公布备案有关信息。

办理普通化妆品备案应当注意以下几点。

（1）化妆品备案不是审批。已经备案的资料不符合要求的，由备案部门责令限期改正；逾期不改正的，由备案部门取消备案。

（2）已经备案的普通化妆品，无正当理由不得随意改变产品名称；没有充分的科学依据，不得随意改变功效宣称；不得随意改变产品配方，但因原料来源改变等导致产品配方发生微小变化的情况除外。

（3）已经备案的进口普通化妆品拟在境内责任人所在省、自治区、直辖市行政区域以外的口岸进口的，应当通过信息服务平台补充填报进口口岸以及办理通关手续的联系人信息。

（4）备案人、境内责任人地址变化导致备案管理部门改变的，备案人应当重新进行备案。

（5）普通化妆品的备案人应当每年向承担备案管理工作的药品监督管理部门报告生产、进口情况，以及符合法律法规、强制性国家标准、技术规范的情况。

（6）已经备案的产品不再生产或者进口的，备案人应当及时报告承担备案管理工作的药品监督管理部门取消备案。

《化妆品监督管理条例》《化妆品注册备案管理办法》等法规文件明确了化妆品注册备案的资料要求、办理流程。注册备案资料是关于化妆品的配方设计、原材料选用、生产工艺、质量管理、安全评估、功效评价、执行标准、标签标识、使用方法、安全警示等合规的全面佐证，后续所有生产经营活动，都须按照注册备案的有关要求开展，由此可见注册备案在化妆品合规管理中的重要意义。化妆品注册人、备案人依法依规进行注册备案是后续能够开展化妆品生产经营的前提条件，是化妆品安全和功效的重要保障。

4.2 中国化妆品注册备案资料合规性解析

注册备案资料的合规性，直接影响化妆品注册人、备案人能否正常开展产品销售。《化妆品注册备案管理办法》是化妆品注册申请人、备案人提交注册备案资料的主要依据。本节对中国化妆品注册备案资料要求进行详细分析，读者可以参阅《化妆品注册备案资料管理规定》。

4.2.1 注册备案信息表

1. 产品名称

产品名称包括中文名称和进口产品的外文名称。

产品中文名称由商标名、通用名和属性名三部分组成，约定俗成、习惯使用的化妆品名称可以省略通用名或者属性名。命名应当符合《化妆品标签管理办法》，可参见本书第 10 章。

2. 分类编码

化妆品应当按照《化妆品分类规则和分类目录》所附的功效宣称、作用部位、使用人群、产品剂型和使用方法依次选择对应序号，形成完整的产品分类编码，并于申请表处进行选择填报。

1）按功效宣称分类

从数据支撑和宣称背后的机理出发进行功效宣称分类。

若产品宣称和功效分类目录使用相同的文字描述，则须归属在分类目录下面。若产品宣称和分类目录中的文字描述不同，可以从其机理出发进行判断。产品中如果宣称了成分的功效，该成分宣称也需分类编码，并和产品功效保持一致。

2）按作用部位分类

作用部位应当根据产品标签中的具体施用部位合理选择对应序号，并结合目标使用部位，以及注意事项中需要避开的部位综合考虑。

3）按使用人群分类

使用人群目录中有 C 新功效、01 婴幼儿（0~3 周岁，含 3 周岁）、02 儿童（3~12 周岁，含 12 周岁）和 03 普通人群。

无论是男士还是女士均属于普通人群。

4）按产品剂型分类

产品剂型可以根据实际产品的外观质地和配方体系进行判断。对于多剂型产品，应分别选择其对应的剂型。

5）按使用方法分类

在人体表面（皮肤、毛发、指甲、口唇等）使用后及时清洗的化妆品均为淋洗类产品，其他为驻留类产品。

3. 特殊化妆品申报类别

从产品的实际情况出发，特殊化妆品需要选择对应的项目进行勾选，包括染发类、烫发类、防脱类、祛斑美白类、祛斑美白类（仅具物理遮盖作用）、防晒、新功效等。

4. 注册人、备案人、境内责任人信息

首次申请特殊化妆品注册或者办理普通化妆品备案时，境内的注册人、备案人和境内责任人应当提交以下用户信息相关资料：

(1) 注册人、备案人信息表及质量安全负责人简历；

(2) 注册人、备案人质量管理体系概述；

(3) 注册人、备案人不良反应监测和评价体系概述；

(4) 境外注册人、备案人应当提交境内责任人信息表；

(5) 境内责任人授权书原件及其公证书原件。

5. 生产信息

委托境内企业生产的化妆品，注册人、备案人或者境内责任人应当选择已开通权限的生产企业进行关联，经生产企业确认后提交注册申请或者办理备案。

委托境外企业生产的化妆品，注册人、备案人或者境内责任人应当提交委托关系文件。如注册人、备案人与受托生产企业隶属同一集团公司，可提交属于同一集团公司的证明资料以及企业集团出具的产品质量保证文件以确认委托关系。

6. 其他信息

1）检验受理编号

检验受理编号需填写根据《化妆品注册和备案检验工作规范》在“化妆品注册和备案检验信息管理系统”申请检验的受理编号，包括理化微生物检验、毒理学检验报告（若不满足毒理学试验豁免条件）、人体检验报告（包含安全性和功效性）。若涉及多家生产企业，还需要填写其他生产企业的理化微生物检验编号。若涉及功效报告［防晒指数（SPF）、防晒指标（PA）］共用的，需要同时填写共用的检验报告编号。

2）是否使用新原料

使用了尚在安全监测中化妆品新原料的，注册人、备案人或者境内责任人应当经新原料注册人、备案人确认后，方可提交注册申请或者办理备案。对于使用已注册新原料的，需填写新原料注册号；使用已备案新原料的，需填写新原料备案号。若同时使用了两种或多种新原料的，应分别填写所有新原料相关的注册号或备案号，并经原料注册人、备案人确认。

3）是否套装产品

套装产品主要包含如下两类的，应当按一个产品申请注册或者办理备案。其中一个（剂）或者多个（剂）产品为特殊化妆品的，应当按照特殊化妆品申请注册；其中一个（剂）或者多个（剂）产品在境外生产的，应当按照进口化妆品申请注册或者办理备案。

（1）两个或者两个以上必须配合使用的独立配方的化妆品，即产品中一个独立配方无法单独使用，如传统氧化型染发产品；或单独使用一个独立配方无法达到产品的设计使用目的，如双（多）剂型烫发产品。

（2）包装容器不可拆分的独立配方的化妆品，如眼影盘、双头眉笔。

以下几类常见的与化妆品配合使用的工具，不属于必须配合的仪器或者工具（包括但不限于）：仅辅助涂擦的毛刷，如化妆品刷、眼影刷；帮助涂抹的小棒、气垫、粉扑等。

“必须配合的仪器或者工具”是指没有仪器或工具就无法达到产品的设计使用目的。此类仪器或者工具往往在产品开发阶段与产品配方一起被设计开发，并且销售形式上必须是捆绑销售的，无法单独销售。

4.2.2 产品名称信息

注册人、备案人应当提交产品名称命名依据，产品名称命名依据中应当指明商标名、通用名、属性名，并分别说明其具体含义。进口产品应当对外文名称和中文名称分别进行说明，并说明中文名称与外文名称的对应关系（专为中国市场设计无外文名称的除外）。

1. 商标名

商标名应符合国家商标有关法律法规及国家化妆品管理相关法律法规的规定，使用字母、汉语拼音、数字、符号等的，应当提供商标注册证，并在产品销售包装可视面对其含义予以解释说明。不得以商标名的形式宣称医疗效果或者产品不具备的功效。

2. 通用名

通用名应当准确、客观，可以是表明产品原料或者描述产品用途、使用部位等的文字。

3. 属性名

属性名应当表明产品真实的物理性状或者形态，与产品剂型相对应。

4. 后缀

不同产品的商标名、通用名、属性名相同时，其他需要标注的内容应当在属性名后加以注明，包括颜色或者色号、防晒指数、气味、适用发质、肤质或者特定人群等内容。

4.2.3 产品配方

1. 配方表要求

产品配方表应当包括原料序号、原料名称、百分含量、使用目的等内容，配方表式样如表 4-1 所示。

表 4-1 配方表式样

序号	标准中文名称	INCI 名称/英文名称	原料含量/%	复配百分比/%	实际成分含量/%	使用目的	备注
1	水	WATER	10	100	10	溶剂	
2	甲氧基肉桂酸乙基己酯	ETHYLHEXYL METHOXY CINNAMATE	7.5	100	7.5	防晒剂	

1）原料名称

产品配方应当提供全部原料的名称，原料名称包括标准中文名称、国际化妆品原料名称（INCI 名称）或者英文名称。配方成分的原料名称，应当使用已使用的化妆品原料目录中载明的标准中文名称、INCI 名称或者英文名称；原料标准中英文名称，参照《已使用化妆品原料目录（2021 年版）》文件。配方中含有尚在安全监测中化妆品新原料的，应当使用已注册或者备案的原料名称。进口产品原包装标注成分的 INCI 名称与配方成分名称不一致的，应当予以说明。使用来源于石油、煤焦油的碳氢化合物（单一组分除外）的，应当在产品配方表备注栏中标明相关原料的化学文摘索引号（CAS 号）；使用着色剂的，应当在产品配方表原料名称栏中标明《化妆品安全技术规范（2015 年版）》载明的着色剂索引号（CI 号），无 CI 号的除外；使用着色剂为色淀的，应当在着色剂后标注“（色淀）”，并在产品配方表备注栏中说明所用色淀的种类；含有与产品内容物直接接触的推进剂的，应当在产品配方表备注栏中标明推进剂的种类、添加量等；使用纳米原料的，应当在此类成分名称后标注“（纳米级）”。

2）百分含量

产品配方应当提供全部原料的含量，含量以质量百分比计，全部原料应当按含量递减顺序排列；含两种或者两种以上成分的原料（香精除外）应当列明组成成分及相应含量。复配原料示例如表 4－2 所示。

表 4－2　复配原料示例

序号	标准中文名称	INCI 名称/英文名称	原料含量/%	复配百分比/%	实际成分含量/%
1	氢化淀粉水解物	HYDROGENATEDSTARCHHYDROLYSATE-	0. 5	70	0. 35
	水	WATER		30	0. 15

3）使用目的

应当根据原料在产品中的实际作用标注主要使用目的。复配原料的使用目的，应当考虑该复配原料在配方中的实际作用进行标注。例如，某复配原料由活性成分、苯氧乙醇、苯甲酸钠以一定比例组成，其中该活性成分是作为主要功能成分润肤剂使用，苯氧乙醇、苯甲酸钠是为了保证原料质量而添加的防腐剂，所以，该复配原料在配方中的使用目的是润肤剂。申请祛斑美白、防晒、染发、烫发、防脱发的产品，应当在配方表的使用目的栏中标注相应的功效成分，如果功效原料不是单一成分的，应当在配方表的使用目的栏中明确其具体的功效成分。

4）备注栏

以下情形应当在产品配方表备注栏中说明：使用变性乙醇的，应当说明变性剂的名称及用量；使用类别原料的，应当说明具体的原料名称；直接来源于植物的，应当说明原植物的具体使用部位。

2. 生产商信息

原料生产商已根据《化妆品原料安全相关信息报送指南》报送原料安全相

关信息的，注册人、备案人或者境内责任人可填写原料报送码关联原料安全信息文件。应当注意：化妆品注册或备案不仅需要提供产品配方，还需要提供原料生产商信息和原料安全信息（表 4－3），以实现原料可追溯性。

表 4－3　配方表附件式样

序　号	标准中文名称	原料生产商	原料报送码
1	××	××	××
2	××	××	××

1）原料生产商

化妆品原料生产商是指对原料安全承担责任的企业，可以是原料的实际生产企业、与原料实际生产企业隶属同一集团的关联企业，或者原料委托生产行为中的委托企业。

2）原料安全信息

原料安全信息除了包括原料商品名和原料基本信息外，还应包含原料生产工艺简述、必要的质量控制要求、国际权威机构评估结论和风险物质限量要求等。

3）原料报送码

化妆品原料生产商将原料安全信息提交至信息服务平台后，系统自动生成原料报送码。原料报送码由五位生产商数字编码、六位原料数字编码和三位原料质量规格数字编码组成，每组编码间用“-”相连。

若化妆品原料生产商未完成原料安全信息报送，未获得原料报送码，那么化妆品注册、备案时需单独提交化妆品原料安全信息。

3. 新原料

对于尚在安全监测中化妆品新原料，注册人、备案人或者境内责任人应当经新原料注册人、备案人确认后方可使用，在提交注册申请或者办理备案时，应当通过信息服务平台与化妆品新原料注册人、备案人关联确认。

4. 香精

产品配方香精可按两种方式填写，分别提交以下资料。

(1) 产品配方表中仅填写“香精”原料的，无须提交香精中具体香料组分的种类和含量；产品标签标识含香精中的具体香料组分的，以及进口产品原包装标签标识含具体香料组分的，应当在产品配方表备注栏中说明。

（2）产品配方表中同时填写“香精”及香精中的具体香料组分的，应当提交由香精原料生产商出具的关于该香精所含全部香料组分种类及含量的资料。

5. 贴、膜类载体材料

使用贴、膜类载体材料的，应当在备注栏内注明主要载体材料的材质组成，同时，提供其来源、制备工艺、质量控制指标等资料。

6. 动物脏器组织及血液制品提取物

产品配方中使用动物脏器组织及血液制品提取物作为原料的，应当提供其来源、组成以及制备工艺，并提供原料生产国允许使用的相关文件。

4.2.4 产品执行的标准

产品执行的标准包括产品名称、全成分、生产工艺简述、感官指标、微生物和理化指标及其质量控制措施、使用方法、贮存条件、使用期限等内容，应当符合国家有关法律法规、强制性国家标准和技术规范的要求。

1. 产品名称

产品名称包括中文名称和进口产品的外文名称。

2. 全成分

全成分包括生产该产品所使用的全部原料的序号、原料名称和使用目的，所有原料应当按含量递减顺序排列。

3. 生产工艺简述

应当简要描述实际生产过程的主要步骤，包括投料、混合、灌装等。含两个以上配方原料的预混合、灌装等生产步骤在不同生产企业配合完成的，涉及不同的生产场地，应当予以注明。应当体现主要生产工艺参数范围，全部原料应当在生产步骤中明确列出，所用原料名称或者序号应当与产品配方中所列原料一致；若同一原料在不同步骤阶段中使用，应当予以区分；若生产过程中需使用但在后续生产步骤中去除的水、挥发性溶剂等助剂，应当予以注明。

生产工艺简述中应当体现主要生产工艺参数范围，具体指温度，范围的设定首先应当考虑对产品质量、安全性的影响，其次考虑不同生产规模、不同生产设备所需要的温度。同一生产规模及设备下的温度范围，仅考虑对产品质量、安全性的影响，往往相对局限；在保证产品质量、安全性的基础上，如果使用了不同的生产规模和不同的生产设备，温度范围则往往相对宽泛。在申报时应当同时充分考虑产品质量、安全性、不同生产规模和不同的生产设备等参数，给予相对宽泛的参数范围设定。

4. 感官指标

应当分别描述产品内容物的颜色、性状、气味等指标。套装产品应当分别说明各部分的感官指标，使用贴、膜类载体材料的产品应当分别描述贴、膜类载体材料以及浸液的颜色、性状等。

（1）颜色是指产品内容物的客观色泽。同一产品具有可区分的多种颜色，应当逐一描述；难以区分颜色的，可描述产品目视呈现或者使用时的主要色泽，也可描述颜色范围。

（2）性状是指产品内容物的形态。

（3）气味是指产品内容物是否有气味。

5. 微生物和理化指标及其质量控制措施

应当提交对产品实际控制的微生物和理化指标，微生物和理化指标应当符合《化妆品安全技术规范（2015 年版）》《化妆品注册和备案检验工作规范》的要求，如 pH、微生物、活性成分、有害物质等项目指标。

1）项目的设定

（1）pH 项目：祛斑类、烫发类、脱毛类和配方中添加氢氧化钾、氢氧化钠、α-羟基酸（及其盐类和酯类）的产品应当控制 pH 指标；纯油性（含蜡基）的产品不需要控制 pH 指标。

（2）微生物项目：包括菌落总数、霉菌和酵母菌总数、耐热大肠菌群、金黄色葡萄球菌、铜绿假单胞菌等项目。指甲油卸除液、乙醇含量≥75%（w/w）的产品、染发类（除非氧化型染发类）、脱毛类（除物理脱毛类产品）不需要控制微生物指标，其余化妆品均应当控制微生物指标。

（3）活性成分项目：包括α-羟基酸、去屑剂、防晒剂、染发剂、巯基乙酸等活性成分项目，根据产品类型选择应当控制的活性成分项目。宣称含α-羟基酸，或虽不宣称含α-羟基酸但其总量≥3%（w/w）的产品应当控制申报产品配方所含α-羟基酸的指标；申报配方中含有原料使用目的为去屑剂的产品应当控制申报产品配方所含去屑剂的指标；宣称防晒类产品及非防晒类产品申报配方中使用化学防晒剂的，应当控制申报产品配方所含化学防晒剂的指标；宣称染发用途的产品应当控制申报产品配方所含染发剂的指标；宣称烫发用途的产品应当控制巯基乙酸指标。

（4）有害物质项目：包括汞、铅、砷、镉、石棉、甲醛、二噁烷、甲醇等项目，根据产品类型选择应当控制的有害物质项目。所有化妆品均应当控制汞、铅、砷、镉的指标；配方中含有滑石粉原料的产品，应当控制石棉的指标；配方中含有甲醛缓释体类原料的产品，应当控制游离甲醛的指标；配方中含有乙氧基结构原料的产品，应当控制二噁烷的指标；乙醇、异丙醇含量之和≥10%（w/w）的产品，应当控制甲醇的指标。

2）项目指标的设定

项目指标的设定须符合《化妆品安全技术规范（2015年版）》及相关法规的要求，同时，指标数值区间范围应科学合理，且与产品配方、产品实际质量控制的内容相对应。例如：若产品对pH指标进行控制，应考虑配方pH和误差范围，设定合理的数值区间；设置《化妆品安全技术规范（2015年版）》中有限量要求的防晒剂、染发剂等项目指标时，在《化妆品安全技术规范（2015年版）》规定限值的基础上，还应结合配方具体添加量设定指标数值区间。

应当根据产品实际控制的微生物和理化指标提交相应的质量控制措施。可接受的质量管理措施包括但不限于：产品逐批检验、全项检验、原料相关指标控制、生产工艺流程管控等。应根据产品实际控制的需要，每个指标选择1项以上（含1项）的质量管理措施，以确保最终产品符合《化妆品安全技术规范（2015年版）》及产品执行的标准要求。

质量管理措施应当予以简要说明。采用检验方式作为质量控制措施的，应当注明检验频次，所用方法与《化妆品安全技术规范（2015年版）》所载方法完全一致的，应当填写《化妆品安全技术规范（2015年版）》的检验方法名称；与《化妆品安全技术规范（2015年版）》所载方法不一致的，应当填写检验方法名称，说明该方法是否与《化妆品安全技术规范（2015年版）》所载方法进行过验证，完整的检验方法和方法验证资料留档备查。

6. 使用方法

应当阐述化妆品的使用方法，对使用人群和使用部位有特殊要求的，应当予以说明；有些产品的使用方法在产品名称中已有体现，或使用方法已为消费者广泛熟知的，则无须赘述说明，如口红、唇膏、眼影等。安全警示用语应当符合《化妆品标签管理办法》和《化妆品安全技术规范（2015年版）》等相关法规的要求。应当根据产品的品类及配方的安全评估相关内容，结合法规要求，设定产品的安全警示用语。例如：使用中如有不适，请即刻停止使用，并请及时就医。

7. 贮存条件

应当根据产品包装及产品自身稳定性等特点设定产品贮存条件。

8. 使用期限

应当根据产品包装、产品自身稳定性或者相关试验结果，设定产品的使用期限，并明确标注方式。

9. 化妆品产品执行的标准编制说明

1）编制工作应符合国家法律、行政法规、部门规章、技术标准和规范性文件的相关规定。

2）产品执行的标准的设计、内容和数据应符合公认的科学原理，准确可靠。

3）产品执行的标准的文字、数字、公式、单位、符号、图表等应符合标准化要求，引用的标准准确、有效。术语的定义应符合国家有关规定。

（1）应使用规范汉字。使用的标点符号应符合 GB/T 15834—2011 的规定。

（2）应使用 GB 3101、GB 3102 规定的法定计量单位。表示量值时，应写出其单位。

（3）应准确列出引用标准或文件的目录。

（4）引用的标准或文件应包括版本号或年号以及完整的标准（文件）名称。

（5）如果引用的标准（文件）可以通过互联网在线获得，应提供详细的获取和访问路径。应给出被引用标准（文件）的完整的网址。为了保证溯源性，应提供源网址。

4）产品执行的标准中所建立的检测方法应准确、精密，并经过方法学验证。

5）产品执行的标准中有限量要求的，须使用明确的数值表示。不应仅使用定性的表述，如“适量”或“合适的温度”等。

6）产品执行的标准中的表格应当按照规定样式填报，除须对应不同配方外，一般不可将表格内容再行拆分。

所有表格应当以顺序编号并注明表题。具有多个配方的，如须分别填报相应表格，应对表格进行合理命名，体现与相关配方的对应关系。表格如在文本内容中被提及，应当通过表序或表题正确引用。

7）应使用国家法定部门认可的标准物质（包括标准品和对照品）。若使用的对照物质是自行研制的，应提交相应的鉴定研究资料和对照物质。供研究用样品应是配方确定、生产工艺稳定、具有代表性的多批产品。

8）开展产品执行的标准的研究，应在能满足该产品执行的标准要求研究条件的实验室进行，并由相应技术人员承担。

10. 产品执行的标准示例

化妆品产品执行的标准

（产品执行的标准编号××）

中文名称（由系统自动导入）

外文名称（由系统自动导入）

1）配方全成分（由系统自动导入，包括原料的序号、全部原料的中文名称和使用目的，表4-4）

表4-4 产品配方原料和使用目的

<table>
<tr><th>序 号</th><th>原料中文名称</th><th>使用目的</th></tr>
<tr><td>1</td><td>水</td><td>溶剂</td></tr>
<tr><td>2</td><td>××</td><td>××</td></tr>
<tr><td>3</td><td>××</td><td>××</td></tr>
<tr><td rowspan="3">4</td><td>××</td><td rowspan="3">××</td></tr>
<tr><td>××</td></tr>
<tr><td>××</td></tr>
<tr><td>……</td><td>……</td><td>……</td></tr>
</table>

涉及分段生产的示例如下：

（1）将A相原料加入水相锅内，加热（70~80℃），充分混合均匀，搅拌，投入主锅中。

（2）将B相原料搅拌完全分散好后加入主锅中。

（3）将C相原料搅拌完全分散好后加入主锅中。

（4）搅拌完全分散。

（5）搅拌冷却（40~50℃），将D相原料加入主锅内，搅拌，冷却至室温，脱泡过滤，出料（半成品）。取样检测、料体转移。

（6）灌装（成品）

A相原料：部分1、4、5、8、9、10、15。

B相原料：部分1、7、16。

C相原料：2、3、6、11、12、13、14。

E相原料：17。

步骤（1）~（5）所得的半成品，在生产企业 1：中国××省××市××路××号制成，或者生产企业 2：中国××省××市××路××号制成。

步骤（6）所得的成品，在生产企业 3：中国××省××市××路××号制成。

（同一生产企业如有多个生产地址，可同时列出）

2）感官指标（表 4－5）

颜色：如浅粉色。

性状：如膏。

气味：请按产品实际情况填写，如有香味、有原料特征性气味、无味。

表 4－5　感官指标

检验项目	指　　标
颜色	无色
性状	液体
气味	有香味
……	……

3）微生物和理化指标及其质量控制措施（表 4－6）

表 4－6　微生物和理化指标及其质量控制措施

项　目	指　标	质量管理措施*	简要说明**
菌落总数	≤1 000 CFU/g	产品逐批检验	按《化妆品安全技术规范（2015 年版）》“微生物检验方法”进行检验
……	……	……	……
镉	≤1 mg/kg	原料相关指标控制和全项检验	总重金属检测
……	……	……	……

备注：以下为简要说明 ** 的示例。

示例（1）生产工艺流程管控和全项检验：该产品生产过程厂房空气净化级别达到 ****，并按照全项检验要求开展必要的检验；所用的“革兰氏阴性菌定性检测”方法，为我司自行开发方法，对标 ISO ***，并与《化妆品安全技术规范（2015 年版）》“微生物检验方法”中耐热大肠菌群和铜绿假单胞菌检验方法进行对比验证。本方法为定性检测是否含有革兰氏阴性菌、耐热大肠菌群和铜绿假单胞菌属革兰氏阴性菌，检验结果能符合《化妆品安全技术规范（2015 年版）》耐热大肠菌群和铜绿假单胞菌指标要求，已进行多批次的试验数据结果对比。

4）使用方法

取适量涂抹于面部。

5）安全警示用语

应当与防晒化妆品同时使用。

6）贮存条件

常温避光。

7）使用期限

三年，标注方式为保质期和生产日期。

4.2.5　产品标签样稿

1. 标签标识

1）产品中文名称

化妆品产品中文名称应当在销售包装可视面显著位置标注，且至少有一处以引导语引出，可使用“品名”“产品名称”等作为引导语。对于带有包装盒等多层包装的化妆品，由于此类产品的引导语已在包装盒上进行标注，因此可在包装容器上省略标识引导语。

进口化妆品产品中文名称，除了应符合上述标识要求外，其产品外文名称应当与其中文名称有对应关系。

化妆品产品中文名称命名原则和基本要求，可参考本章“4.2.2　产品名称信息”的相关内容。

2）特殊化妆品注册证编号

特殊化妆品注册证编号应当是国家药品监督管理局核发的注册证编号，在销售包装可视面进行标注，建议以“批准文号”作为引导语引出。

3）注册人、备案人、境内责任人

注册人、备案人的名称和地址应在销售包装可视面进行标注，注册人或者备案人为境外企业的，应当同时标注境内责任人的名称和地址。

注册人、备案人和境内责任人的名称和地址，应当标注产品注册证或者备案信息载明的企业名称和地址，分别以相应的引导语引出。

4）生产企业

化妆品生产企业，是指完成最后一道接触内容物的工序的生产企业。化妆品生产企业的名称和地址，应当标注产品注册证或者备案信息载明的企业名称和地址，并与该化妆品生产企业持有的现行有效的化妆品生产许可证标识的企业名称和地址一致。对于化妆品生产许可证上标注的住所地址与生产地址不一致的，应当标识实际生产地址，或同时标识住所地址和生产地址，并以相应引导语引出。

生产企业为境内的，还应当在企业名称和地址之后标注化妆品生产许可证编号，以相应的引导语引出。可参见本书第 10 章相关内容。

5）产品执行的标准编号

产品执行的标准编号应当在销售包装可视面标注，以相应的引导语引出。普通化妆品产品执行的标准编号与备案编号一致，特殊化妆品产品执行的标准编号与特殊化妆品注册证编号一致。对于普通化妆品，可使用“产品执行的标准编号”为引导语引出。对于特殊化妆品，可使用“产品执行的标准编号/特殊化妆品注册证编号”为引导语引出。

6）全成分

化妆品全部成分的原料标准中文名称应当符合《已使用化妆品原料目录（2021 年版）》。关于全成分销售包装的标注，具体参见本书第 10 章相关内容。

7）净含量

化妆品的净含量应在销售包装展示面标注。净含量的标注由“净含量”（中文）、数字和法定计量单位（或者用中文表示的计数单位）三个部分组成。净含量的标注应当符合《定量包装商品计量监督管理办法》的规定。

8）使用期限

产品使用期限应当按照一定的方式在销售包装可视面标注，并以相应的引导语引出，具体参见本书第 10 章相关内容。

9）使用方法

使用方法应明确该产品的具体使用部位，建议以“使用方法”“使用建议”等作为引导语引出。使用方法为消费者熟知的产品可免除标注使用方法，如唇膏、眼影等产品。

10）必要的安全警示用语

存在下列情形之一的，应当以“注意”或者“警告”作为引导语，在销售包装可视面标注安全警示用语：

（1）法律、行政法规、部门规章、强制性国家标准、技术规范对化妆品限用组分、准用组分有警示用语和安全事项相关标注要求的。例如，含有水杨酸成分的化妆品应按照《化妆品安全技术规范（2015 年版）》的规定标注“注意（或警告）：本品含水杨酸，三岁以下儿童勿用”，当水杨酸在该产品中不作为防腐剂时，应当在标签标注其具体使用目的，如“水杨酸在本品中的使用目的为角质剥落剂”。

（2）法律、行政法规、部门规章、强制性国家标准、技术规范对适用于儿童等特殊人群化妆品要求标注的相关注意事项的。例如，儿童化妆品应当以“注意”或者“警告”作为引导语，在销售包装可视面标注“应当在成人监护下使用”等警示用语。

（3）法律、行政法规、部门规章、强制性国家标准、技术规范规定其他应当标注安全警示用语、注意事项的。

11）法律、行政法规和强制性国家标准规定应当标注的其他内容

化妆品标签中使用其他文字或者符号以及注册商标，可参考本书第 10 章相关内容。

儿童化妆品应当在销售包装展示面标注国家药品监督管理局规定的儿童化妆品标志。

普通化妆品销售包装应当标识内容示例如表 4－7 所示，特殊化妆品销售包装应当标识内容示例如表 4－8 所示。

表 4－7　普通化妆品销售包装应当标识内容示例

标注项目		标注位置	标注内容	要　点
必须标注项目	化妆品中文名称	销售包装可视面显著位置	品名：××××面膜	必须有一处加引导语引出
		直接接触内容物的包装容器（有包装盒的产品）	××××面膜	如销售包装产品名称已有引导语，内包装容器可免标引导语
	备案人名称和地址	销售包装可视面	备案人：××××有限公司 地址：××市××××路××号	如果备案人和生产企业相同，可以标注： 备案人/生产企业：××××有限公司 地址：××市××××路××号
	生产企业名称和地址	销售包装可视面	生产企业：××××有限公司 地址：××市××××路××号	完成最后一道接触内容物的工序的生产企业的名称、地址，如有多家，按实际情况标注
	化妆品生产许可证编号	销售包装可视面	化妆品生产许可证编号：沪妆××××××	国产品需标注
	境内责任人名称和地址	销售包装可视面	境内责任人：××××有限公司 地址：××市××××路××号	进口品需标注

续　表

标注项目		标注位置	标注内容	要　点
必须标注项目	产品执行的标准编号	销售包装可视面	产品执行的标准编号：国妆网备进字（沪）×××××××××	指备案编号
	产品标准号	销售包装可视面	产品标准号：QB/T 2872	国产品需标注
	全成分	销售包装可视面	成分：水、×××、××× 其他微量成分：香精、×××	成分含量大于 0.1%（w/w）的，需按降序排列，其他微量成分指所有≤0.1%（w/w）的成分，可以不按照成分含量的降序列出
	净含量	销售包装展示面	净含量：100 g	
	使用期限	销售包装可视面	按照下列方式之一标注： 1. 生产日期：见包装 保质期：×年 2. 生产批号及限期使用日期：见包装	生产日期打码需符合 YYYYMMDD
		直接接触内容物的包装容器（有包装盒的产品）	按照下列方式之一标注： 1. 生产日期：见包装 保质期：×年 2. 生产批号及限期使用日期：见包装 3. 生产批号及开封后使用期限：见包装	如标注方式与销售包装一致，可省略引导语
	产地	销售包装可视面	产地：江苏	国产品需标注
	必要的安全警示用语	销售包装可视面	注意：略	
	儿童化妆品标志	销售包装展示面	略	儿童化妆品需标注
根据实际需要标注项目	使用方法	销售包装可视面或者随附于产品的说明书	使用方法：略	
	储存条件	销售包装可视面或者随附于产品的说明书	储存条件：略	

续 表

<table>
<tr><th colspan="2">标注项目</th><th>标注位置</th><th>标注内容</th><th>要　点</th></tr>
<tr><td rowspan="2">根据实际需要标注项目</td><td>商标</td><td>销售包装可视面</td><td>备注：×××® 为注册商标，含义为×××</td><td>中文名称的注册商标含外文、数字时，需标注</td></tr>
<tr><td>其他外文内容</td><td>销售包装可视面</td><td></td><td>国产品需标注；
所有外文需有对应中文翻译；
同一版面外文字号不得大于对应中文</td></tr>
</table>

表 4-8　特殊化妆品销售包装应当标识内容示例

<table>
<tr><th colspan="2">标注项目</th><th>标注位置</th><th>标注内容</th><th>要　点</th></tr>
<tr><td rowspan="8">必须标注项目</td><td rowspan="2">化妆品名称</td><td>销售包装可视面</td><td>品名：××××面膜</td><td>必须有一处加引导语引出</td></tr>
<tr><td>直接接触内容物的包装容器（有包装盒的产品）</td><td>××××面膜</td><td>如销售包装产品名称已有引导语，内包装容器可免标引导语</td></tr>
<tr><td>注册人名称和地址</td><td>销售包装可视面</td><td>注册人：××××有限公司
注册人地址：××市××××路××号</td><td>如果注册人和生产企业相同，可以标注：
注册人/生产企业：××××有限公司
注册人/生产企业地址：××市××××路××号</td></tr>
<tr><td>生产企业名称和地址</td><td>销售包装可视面</td><td>生产企业：××××有限公司
生产企业地址：××市××××路××号</td><td>完成最后一道接触内容物的工序的生产企业的名称、地址，如有多家，按实际情况标注</td></tr>
<tr><td>化妆品生产许可证编号</td><td>销售包装可视面</td><td>化妆品生产许可证编号：鄂妆××××××</td><td>国产品需标注</td></tr>
<tr><td>境内责任人名称和地址</td><td>销售包装可视面</td><td>境内责任人：××××有限公司
地址：××市××××路××号</td><td>进口品需标注</td></tr>
<tr><td>特殊化妆品注册证编号</td><td>销售包装可视面</td><td>特殊化妆品注册证编号：国妆特字×××××××××</td><td>与产品执行的标准编号合并标注：
特殊化妆品注册证编号/产品执行的标准编号：国妆特字×××××××××</td></tr>
</table>

续　表

标注项目		标注位置	标注内容	要　　点
必须标注项目	产品执行的标准编号	销售包装可视面	产品执行的标准编号：国妆特字××××××××××	与注册批件号一致
	产品标准号	销售包装可视面	产品标准号：QB/T 2872	国产品需标注
	全成分	销售包装可视面	成分：水、×××、××× 其他微量成分：香精、×××	成分含量大于 0.1%（w/w）的，需按降序排列，其他微量成分指所有≤0.1%（w/w）的成分，可以不按照成分含量的降序列出
	净含量	销售包装展示面	净含量：100 mL	
	使用期限	销售包装可视面	按照下列方式之一标注： 1. 生产日期：见包装 保质期：×年 2. 生产批号及限期使用日期：见包装	生产日期打码需符合 YYYYMMDD
		直接接触内容物的包装容器（有包装盒的产品）	按照下列方式之一标注： 1. 生产日期：见包装 保质期：×年 2. 生产批号及限期使用日期：见包装 3. 生产批号及开封后使用期限：见包装	如标注方式与销售包装一致，可省略引导语
	产地	销售包装可视面	产地：江苏	国产品需标注
	必要的安全警示用语	销售包装可视面	注意：略	
	儿童化妆品标志	销售包装展示面	略	儿童化妆品需标注
根据实际需要标注项目	使用方法	销售包装可视面或者随附于产品的说明书	使用方法：略	
	储存条件	销售包装可视面或者随附于产品的说明书	储存条件：略	

续 表

标注项目		标注位置	标注内容	要点
根据实际需要标注项目	商标	销售包装可视面	备注：×××® 为注册商标，含义为×××	中文名称的注册商标含外文、数字时，需标注
	其他外文内容	销售包装可视面		国产品需标注； 所有外文需有对应中文翻译； 同一版面外文字号不得大于对应中文

2. 标签样稿

1）基本要求

注册人、备案人或境内责任人申请特殊化妆品注册或者进行普通化妆品备案时，必须提交化妆品标签样稿。注册人、备案人或境内责任人应当逐项填写产品标签样稿，填写的使用方法、安全警示用语、贮存条件、使用期限等内容应当符合产品执行的标准。产品标签样稿载明的内容，应当涵盖该产品所有销售包装的标签内容和说明书内容。

2）标签样稿填写要求

对于进口产品，标签样稿仅指中文标签的内容。国产化妆品如果是多语言版本的包装，标签样稿仅指包装上的中文内容，外文内容无须填报。

（1）化妆品标签应当包括的基本内容

产品名称，注册证编号，注册人/备案人名称、地址，境内责任人名称、地址，生产企业名称、地址，生产许可证编号，产品执行的标准编号，应当按照化妆品标签管理有关规定要求和产品实际情况标注，相关内容应与产品注册备案信息一致。在化妆品注册备案信息服务平台普通化妆品备案管理系统或化妆品智慧申报审评系统填报时，除特殊产品执行的标准编号外，上述基本内容由系统自动关联，无须重复填报。

全成分标识，按照 0.1%（w/w）以上成分与其他微量成分的规定，由企业按产品实际填报。净含量由企业按产品实际填报，使用期限、使用方法、安全警示用语，应当与产品执行的标准保持一致。在化妆品注册备案信息服务平台普通化妆品备案管理系统或化妆品智慧申报审评系统填报时，使用期限、使用方法、安全警示用语由系统自动关联产品执行的标准，无须重复填报。

(2) 化妆品标签应当包括的其他内容

产品名称相关解释说明，可参考命名依据填报。

创新用语的界定，即注册人、备案人应当评估用于该化妆品标签中的用语是否尚未被行业广泛使用而可能存在导致消费者不易理解的情形，但不属于禁止标注的内容。例如，标注该化妆品中某配方成分的化学名称、俗称、化学式或结构简式等，易引起大众消费者疑惑的，属于创新用语。又如，标注该化妆品使用了某项新技术，该技术对于消费者存在不易理解的情形的，属于创新用语。

对于创新用语的填报，注册人、备案人应逐一填报化妆品标签中经评估界定的创新用语。创新用语的解释，应与标签中对该用语进行解释说明的内容一致。

按有关规定应当标注的其他内容，参考法律、行政法规和强制性国家标准规定应当标注的其他内容。

(3) 企业自主选择标注的标签内容

是否标注“已经过评价验证”，该内容不属于化妆品标签规定的应当标注的内容。在系统填报时，参考化妆品标签实际标注情况进行填报，可填报至“其他特别宣称”。

对于其他特别宣称，注册人、备案人应当根据化妆品功效宣称评价相关规定，对化妆品标签标注的宣称内容进行评估。在化妆品注册备案信息服务平台普通化妆品备案管理系统或化妆品智慧申报审评系统填报时，注册人、备案人应按化妆品标注的功效宣称，进行勾选：特定宣称（宣称适用敏感皮肤）、特定宣称（宣称无泪配方）、特定宣称（原料功效）、宣称温和（无刺激）以及宣称量化指标（时间、统计数据等）。如不涉及上述功效宣称的，可不勾选。如涉及一个或多个功效宣称类别时，应按实际情况进行勾选相应的类别。

对于其他文案内容，除上述已在标签样稿中填报的内容外，其他标注的内容（含拟在包装标签上以图案或其他形式出现的文字，如艺术字、变形文字等）应当属于其他文案内容。填报时，如相同内容在不同位置反复出现的，只填写一次，无须重复填报。

化妆品标签样稿式样与填写示例如表 4－9 所示。

3. 销售包装

普通化妆品办理备案时、特殊化妆品上市前，注册人、备案人或者境内责任人应当上传产品销售包装的标签图片。

表 4-9　化妆品标签样稿式样与填写示例

项　目		内　容		要　点
《化妆品标签管理办法》规定的应包括的基本内容	产品名称、注册证编号	××××面膜		系统自动关联
	注册人/备案人名称、地址 境内责任人名称、地址	注册人：××××有限公司 注册人地址：××市××××路××号 境内责任人：××××有限公司 地址：××市××××路××号		系统自动关联
	生产企业名称、地址 生产许可证编号	生产企业：××××有限公司 生产企业地址：××市××××路××号 化妆品生产许可证编号：鄂妆×××××		系统自动关联
	产品执行的标准编号	产品执行的标准编号：国妆网备进字（沪）××××××××××		普通品：系统自动关联 特殊品：无须填报
	全成分标识	0.1%（w/w）以上成分	水、×××、×××	按降序排列
		其他微量成分	香精、×××	可以不按照成分含量的降序列出
	净含量	5 mL，100 mL		填报该产品的所有规格
	使用期限	生产批号及限期使用日期：见包装		按标注方式如实填报
	使用方法	略		
	安全警示用语	略		
《化妆品标签管理办法》规定的应包括的其他内容	产品名称相关解释说明	商标名：略 通用名：略 属性名：略 后缀：略		参考命名依据填报
	创新用语	创新用语一：维生素 CG＊	**解释：**抗坏血酸葡糖苷	
		创新用语二：玻色因	**解释：**羟丙基四氢吡喃三醇	

续　表

项　　目		内　　容	要　　点
《化妆品标签管理办法》规定的应包括的其他内容	按有关规定应当标注的其他内容	产地：江苏 执行标准号：QB/T 1857	按化妆品实际标注内容如实填报
企业自主选择标注的标签内容	是否标注“已经过评价验证”	□是　□否	
	其他特别宣称	特定宣称（宣称适用敏感皮肤） 特定宣称（宣称无泪配方）	按标签标识的功效宣称内容如实填报
	其他文案内容（含拟在包装标签上以图案或其他形式出现的文字，如艺术字、变形文字等）	略	语句文义应当连贯，不得使用不必要的空格、回车或间隔标点符号

4.2.6　产品检验报告

申请特殊化妆品注册或者进行普通化妆品备案应当提交产品检验报告。产品检验报告应当符合《化妆品安全技术规范（2015 年版）》《化妆品注册和备案检验工作规范》等相关法规的规定。

产品检验报告包括微生物与理化检验报告、毒理学试验报告、人体安全性试验报告和人体功效试验报告等。产品检验报告的受检样品应当为同一产品名称、同一批号的产品。产品检验报告中载明的产品信息应当与注册或者备案产品相关信息保持一致。由于更名等，导致检验报告中产品名称、企业名称等不影响检验结果的信息与注册备案信息不一致的，应当予以说明，并提交检验报告变更申请表和检验检测机构出具的补充检验报告或者更正函。多个生产企业生产同一产品的，应当提供其中一个生产企业样品完整的产品检验报告，并提交其他生产企业样品的微生物与理化检验报告。

多色号系列普通化妆品按《化妆品注册和备案检验工作规范》抽样进行毒理学试验的，可作为一组产品进行备案，每个产品均应附上系列产品的名单、基础配方和着色剂一览表以及抽检产品名单。

宣称新功效的化妆品，按照《化妆品注册和备案检验工作规范》及相关技术法规文件开展检验。

普通化妆品的生产企业已取得所在国（地区）政府主管部门出具的生产质量管理体系相关资质认证，且产品安全风险评估结果能够充分确认产品安全性的，可免于提交该产品的毒理学试验报告，但有下列情形的除外：产品宣称婴幼儿和儿童使用的；产品使用尚在安全监测中化妆品新原料的；根据量化分级评分结果，备案人、境内责任人、生产企业被列为重点监管对象的。

有多家生产企业生产的，所有生产企业均已取得所在国（地区）政府主管部门出具的生产质量管理体系相关资质认证的，方可免于提交毒理学试验报告。

申请特殊化妆品注册时应当提交符合化妆品功效宣称评价相关规定的人体功效试验报告。特殊化妆品宣称的人体功效试验报告应当由化妆品注册和备案检验机构出具。

4.2.7 产品安全评估报告

化妆品注册人、备案人应当按照化妆品安全评估相关技术指南的要求开展产品安全评估，形成产品安全评估报告。《化妆品安全评估技术导则（2021 年版）》提供了化妆品产品安全评估报告的完整版和简化版示例。企业应当登录“化妆品注册备案信息服务平台”进行安全评估信息填报。

1. 评估单位和评估日期

化妆品注册、备案前，注册申请人、备案人自行或者委托专业机构开展安全评估后，将评估单位和评估日期填入系统对应栏目。

2. 评估摘要

对产品简要介绍，并明确依据《化妆品安全评估技术导则（2021 年版）》有关规定对产品中的所有原料和风险物质进行评估，获得正确的评估结论。

3. 产品简介

产品简介主要包含产品名称、产品使用目的及使用方式、日均使用量、驻留因子等信息。

4. 评估人员简历

如实填写评估人员姓名、国籍、证件类型、证件号及简历信息。

5. 安全评估结论附件

上传“产品安全评估报告”。注册申请人、备案人自行评估的应加盖注册人、备案人公章；委托专业机构开展安全评估的应加盖被委托机构公章。同时应当注意以下几点。

(1) 必须配合仪器或者工具（仅辅助涂擦的毛刷、气垫、烫发工具等除外）使用的化妆品，应当评估配合仪器或者工具使用条件下的安全性；应当提供在产品使用过程中仪器或者工具是否具有化妆品功能，是否参与化妆品的再生产过程，是否改变产品与皮肤的作用机理等情况的说明资料。

(2) 儿童化妆品应当通过安全评估和必要的毒理学试验进行产品安全性评价。化妆品注册人、备案人对儿童化妆品进行安全评估时，在危害识别、暴露量计算等方面，应当考虑儿童的生理特点。应明确其配方设计的原则，并对配方使用原料的必要性进行说明，特别是香料、着色剂、防腐剂及表面活性剂等原料。原则上不允许使用以祛斑美白、祛痘、脱毛、除臭、去屑、防脱发、染发、烫发为目的的原料，如因其他目的使用可能具有上述功效的原料时，需对使用的必要性及针对儿童化妆品使用的安全性进行评价。应选用有较长安全使用历史的化妆品原料，不鼓励使用基因技术、纳米技术等新技术制备的原料，如无替代原料必须使用时，需说明原因，并针对儿童化妆品使用的安全性进行评价。

(3) 关于化妆品安全评估报告的要求，参见本书第 7 章的相关内容。

自 2024 年 5 月 1 日起，化妆品注册人、备案人必须依据《化妆品安全评估技术导则（2021 年版）》的要求开展化妆品安全评估，提交完整版产品安全评估报告。

4.2.8　仅供出口的化妆品注册备案资料要求

仅供出口的特殊化妆品和普通化妆品，应当在注册备案信息服务平台进行备案，由生产企业提交以下资料：产品名称、拟出口国家（地区）、产品标签图片。产品标签图片包括产品销售包装正面立体图、产品包装平面图和产品说明书（如有）。

4.2.9　其他资料要求

1. 延续

申请特殊化妆品注册证有效期延续的，应当提交以下资料：

（1）注册延续申请表；

（2）产品自查情况说明，主要内容包括：生产（进口）销售证明材料（限上一注册周期）；监督抽检、查处、召回情况（限上一注册周期）；该产品不良反应统计分析情况及采取措施；其他需要说明的内容。

2. 年报

备案人应当于每年1月1日至3月31日，通过普通化妆品备案管理系统，提交备案时间满一年普通化妆品的年度报告。普通化妆品年度报告应当包括以下内容：

（1）产品的生产、进口概况，以及期间产品的停产情况；

（2）产品符合法规、强制性国家标准、技术规范的自查情况。

3. 补发

当特殊化妆品注册证破损或遗失时，申请补发产品注册证的，应当提交以下资料：

（1）补发申请表；

（2）应当交还原产品注册证；

（3）因产品注册证遗失申请补发的，应当提交承诺书。

4. 注销

注册人申请注销已注册特殊产品注册证的，应当提交注销申请表。

5. 重新申报

已备案普通产品因备案人、境内责任人地址变化导致备案管理部门改变，备案人主动注销原备案信息后重新办理备案的，可使用原备案资料。

对于非安全性原因不予注册的特殊产品再次申请注册时，可使用原注册资料的复印件，同时提交不予注册未涉及安全性的说明，包括对不予注册原因的解释。

普通产品注销原备案后再次备案时，应当提交情况说明。对于非安全性原因注销的，再次申请备案时可使用原备案资料的复印件。

4.3 牙膏的管理

牙膏是人们必需的个人护理用品，在日常生活中发挥着不可或缺的作用。因为牙膏具有清洁牙齿、维护口腔健康的作用，与消费者健康密切相关，为保证牙膏的质量安全，世界各国普遍对牙膏采取了专业化监管措施，中国也不例外。为了帮助读者了解牙膏产品、牙膏产业和牙膏监管要求，本节对中国牙膏产业发展历史和当前牙膏质量安全管控方式，以及国外对牙膏的管理等进行简要介绍。

4.3.1　中国牙膏产业发展和牙膏监管历程

1. 牙膏的定义

根据《牙膏监督管理办法》，牙膏是指以摩擦的方式，施用于人体牙齿表面，以清洁为主要目的的膏状产品。

2. 中国牙膏产业发展简史

1922 年，中国生产的第一支牙膏在上海面世。这支由中国化学工业社生产的三星牌牙膏拉开了中国牙膏工业化生产的序幕。中华人民共和国成立后，牙膏产业进入飞速发展阶段并逐渐形成工业体系。三星牙膏、先施牙膏、黑人牙膏、中华牙膏等第一代牙膏产品相继问世。1957 年，天津牙膏厂研制出我国第一支氟化钠牙膏，1973 年又推出了纯中药脱敏牙膏。改革开放以后，中国通过引入外资、引进先进设备、进行技术改造、与发达国家牙膏企业合资合作等方式，扩大了生产规模，提高了产品质量，牙膏的生产工艺、技术装备、品种档次等都取得了巨大的进步。1949 年，中国牙膏产量仅 2 100 万支，1978 年达到了 6.25 亿支（按照 65 克/支统计），2020 年约有 70 亿支（按照 100 克/支统计）。目前，中国已成为世界上最大的牙膏生产国、消费国和出口国。

3. 中国牙膏监管历程

中国对牙膏的管理经历了逐渐完善的过程。中国对牙膏的监管和对化妆品的监管探索几乎同步。1987 年发布的《化妆品卫生标准》中包括施用于口腔黏膜的产品，上海、江苏等地立法将牙膏作为化妆品监管。虽然自 1990 年 1 月 1 日起施行的《化妆品卫生监督条例》未将牙膏列入化妆品范畴，但牙膏是否应该纳入化妆品监管在学界和产业界一直都有不同的声音。2006 年，当时承担生产环节产品质量监管职责的国家质量技术监督检验检疫总局将牙膏列入工业产品生产许可目录，在化妆品许可项目中列出了牙膏单元，质量技术监督部门开始对牙膏生产活动实施监管。2013 年，原国家食品药品监督管理总局在机构改革中承接了化妆品监管职责，将牙膏继续作为化妆品生产许可项目，考虑到牙膏的施用部位、产品功效与化妆品存在较大差异，当时并未对牙膏产品实施注册备案管理，而继续沿用了行业自律的方式。

自2021年1月1日起实施的《化妆品监督管理条例》明确：牙膏参照本条例有关普通化妆品的规定进行管理。牙膏备案人按照国家标准、行业标准进行功效评价后，可以宣称牙膏具有防龋、抑牙菌斑、抗牙本质敏感、减轻牙龈问题等功效。牙膏的具体管理办法由国务院药品监督管理部门拟订，报国务院市场监督管理部门审核、发布。

2023年3月，国家市场监督管理总局发布《牙膏监督管理办法》（国家市场监督管理总局令第71号），自2023年12月1日起实施。

《牙膏监督管理办法》共25条，主要包括以下内容。

《牙膏监督管理办法》明确牙膏定义，将牙膏定义为以摩擦的方式，施用于人体牙齿表面，以清洁为主要目的的膏状产品；规范牙膏功效管理和标签要求，要求牙膏的功效宣称应当有充分的科学依据，明确牙膏应当标注和禁止标注的内容，规范功效宣称范围及用语。

《牙膏监督管理办法》规定牙膏实行备案管理，牙膏新原料按照风险程度进行注册或者备案管理，并实行安全监测制度，安全监测期满未发生安全问题的牙膏新原料，纳入国家药监局制定的已使用的牙膏原料目录；从事牙膏生产活动，需向所在地省、自治区、直辖市药品监督管理部门申请生产许可，在保障产品质量安全的基础上，最大限度减少对行业的影响。

《牙膏监督管理办法》明确牙膏备案人对牙膏的质量安全和功效宣称负责；牙膏生产经营者应当依照法律、法规、强制性国家标准、技术规范从事生产经营活动，加强管理，诚信自律，保证牙膏产品质量安全。此外，《牙膏监督管理办法》在法律责任部分还列举了依照《化妆品监督管理条例》规定和参照适用《化妆品注册备案管理办法》《化妆品生产经营监督管理办法》的具体情形，进一步明晰了企业主体责任。

4.3.2 中国牙膏质量安全管控方式

1. 牙膏行业协会与牙膏相关标准

中国口腔清洁护理用品工业协会是国家轻工行业最早成立的行业组织。1956年，在业内主要企业的倡导和原国家轻工业部的协调下成立了全国牙膏行业技术协作组，负责全国牙膏生产企业的布局建设和行业科技攻关以及标准的制定。1984年，经国家批准，在此基础上成立了中国牙膏工业协会。2005年年初，经国家民政部批准，中国牙膏工业协会更名为中国口腔清洁护理用品工业协会，成为全国唯一一个口腔护理用品行业的国家级社团组织。该协会的职能包括制定行约行规，组织行业自律，对行业发展进行规划指导，向政府部门提出有关行业政策和法规的建议，以及制修订本行业的有关标准等。

在中国牙膏行业自律管理体系中，要求企业执行国家和行业制定的各类标准是主要的抓手。随着牙膏产业的发展，牙膏行业已经拥有一系列与产品质量安全相关的国家标准、行业标准、团体标准，标准内容涵盖产品标准、原料标准、检验方法标准、标签标准、功效评价标准等。其中，轻工行业标准 QB/T 2966—2014《功效型牙膏》规定了功效型牙膏的定义、要求、试验方法；中国口腔清洁护理用品工业协会团体标准 T/COCIA 12—2020《口腔清洁护理用品安全评估指南》规定了口腔清洁护理用品（包括牙膏）成品和原料安全评估的程序和要求。企业应按照相应技术标准，层层把关，确保牙膏上市产品的质量安全。

2. 牙膏监管部门与牙膏生产管理

牙膏参照化妆品管理，化妆品监管部门即牙膏监管部门。参照《化妆品监督管理条例》对化妆品监管职责的规定，国务院药品监督管理部门负责全国牙膏监督管理工作。国务院有关部门在各自职责范围内负责与牙膏有关的监督管理工作。县级以上地方人民政府负责药品监督管理的部门负责本行政区域的牙膏监督管理工作。县级以上地方人民政府有关部门在各自职责范围内负责与牙膏有关的监督管理工作。

药品监督管理部门目前对牙膏的管理主要有两项：一是颁发化妆品生产许可证；二是监督生产企业执行化妆品生产质量管理规范。《化妆品生产经营监督管理办法》在对化妆品生产许可项目分类中，将牙膏划定为一个单独的许可单元，并且对许可条件、许可程序、许可证载明的信息等做出了规定。《化妆品生产质量管理规范》已于 2022 年 7 月 1 日起施行，不仅企业办理化妆品生产许可时应当符合该规范的规定，而且在从事化妆品生产活动的所有环节、所有时段，均应当符合该规范的规定。

依照《化妆品生产质量管理规范》，牙膏生产企业应当在机构与人员、质量保证与控制、厂房设施与设备管理、物料与产品管理、生产过程管理、委托生产管理、产品销售管理等方面符合相关要求，并注意以下事项。

（1）企业应建立与牙膏生产规模相适应的组织机构，明确各部门的职责与权限，同时配备相应的技术人员和检验人员。其中，技术人员应具备与岗位要求相应的知识和技能，通过岗前培训及考核方可上岗。检验人员须了解使用仪器的原理、性能，熟练操作技术及流程，掌握牙膏相关标准、方法要求，保证试验数据真实可靠。直接从事牙膏生产活动的人员应当在上岗前接受健康检查，上岗后每年接受健康检查。

（2）牙膏生产设备应按牙膏生产工艺要求进行设计。牙膏生产过程采用的密闭管道较多，整套设备设计时需要考虑卫生设计的要求，避免死角，应易于清洗。企业应建立并执行主要生产设备使用规程。设备状态标识、清洁消毒标识应当明确清晰。牙膏生产过程一般包含易产生粉尘的生产工序，该工序应当在单独的生产操作区域完成，使用专门的生产设备，并采取相应的清洁措施，防止交叉污染。同时，该操作区域应当配备有效的除尘或者排风设施。

（3）牙膏生产的半成品贮存、填充、灌装、清洁容器与器具贮存区域应划分为洁净区，满足《化妆品生产质量管理规范》附录2的要求。牙膏生产的称量、配制、缓冲、更衣区域按准洁净区要求。根据企业生产实际，如果牙膏的配制、半成品贮存、填充、灌装等生产工序采用全封闭管道的，可以不设置半成品贮存间。

目前，牙膏行业质量安全管控有以下特点：一是管控范围完整，包括产品生产的全过程和全部原辅材料；二是执行标准统一，牙膏企业所执行的大部分标准都是国家标准；三是政府监管严格，生产许可管理和产品抽样检验已实施多年；四是贴近行业实际，形成企业主责、行业自律、政府监督“三位一体”的模式；五是注重管控效率，符合中国“放管服”改革的要求。近年的实践证明，这种质量安全管控方式是十分有效的，牙膏行业十多年来未发生大的质量安全问题，抽样检验合格率近100%。

4.3.3 其他国家（地区）对牙膏的管理

欧盟、美国、日本、东盟对牙膏的管理方式不尽相同（表4－10），但也有相似之处：一是大多根据产品的功效宣传实施分类管理；二是与中国除医疗、药品、医疗器械广告外禁止其他任何广告涉及疾病治疗功能的规定不同，美国、日本按照OTC药品或医药部外品监管的品类，都允许宣传医疗术语，如抗牙龈炎、牙周炎；三是在风险可控的条件下无须注册。

表 4－10　欧盟、美国、日本、东盟对牙膏的不同管理方式

	普通牙膏	特定功效牙膏
欧盟	按化妆品管理，各成员国所允许的牙膏功效宣称范围及用语存在少许差异，但一般而言，各国接受欧盟市场上的牙膏进行抗龋齿、抗牙龈炎和在常规的口腔护理条件下的其他一般功效的宣称。除此以外，各成员国都禁止牙膏宣称预防或治疗任何疾病	如果宣称的功效为抗敏感，须按照医疗器械进行管理
美国	按化妆品管理，可以有牙齿清洁、牙齿美白、减少牙石、清新口气等普通功效宣称，自愿进行产品备案	有相关医疗宣称为防龋、抗敏感、抗牙龈炎功效，活性成分被 OTC 专论收录的，为 OTC 药品，无须注册，自愿备案； 有相关医疗宣称，但活性成分没有被 OTC 专论收录的，为新药，须按照药品进行产品注册
日本	按化妆品管理，可以宣称的功效有防止蛀牙、牙齿美白、去除牙垢、去除烟垢、净化口腔、预防口臭、防止牙石的形成和附着等 7 种类别	宣称洁白牙齿、预防牙周炎、防止牙石沉积、防止龋齿等功效的牙膏，按医药部外品管理
东盟	按化妆品管理，须备案，无须注册，不得进行医疗类宣称	

1. 欧盟的牙膏管理

在欧盟，强制性的技术规范或涉及卫生、安全、健康的要求通常以法规、指令等形式颁布。根据欧盟委员会制定的《化妆品法规 1223/2009》关于化妆品的定义，牙膏属于化妆品，因此，在欧盟范围内，牙膏应当符合《化妆品法规 1223/2009》及其修订案的强制性要求，包括原料、产品宣称、标签标识、产品安全和不良反应监测等各个方面。欧盟《化妆品法规 1223/2009》规定，化妆品在正常合理及可预见的使用条件下，应当对人体健康安全无害。在欧盟范围内，应指定一名法人或自然人作为责任人，负责确保化妆品产品符合法规的相关规定，并在产品存在健康危害的情况下，采取纠正措施和通报相应主管机构。

此外，欧洲标准化委员会（CEN）发布了 EN ISO 11609：2017《牙科—洁牙剂—要求、试验方法和标志》。该标准等同采用了对应的国际标准，规定了包括牙膏在内的洁牙剂的理化性质，并提供了部分指标如 pH、磨损性、稳定性的试验方法，同时对产品的标签标识和包装做出了要求。此标准由企业自愿采纳。具体到生产管理，其要点包括以下几个方面。

（1）欧洲的口腔护理产品按照化妆品进行管理，强制性要求执行 GMP，但无强制性 GMP 认证要求。

（2）化妆品生产企业应该在产品信息资料中声明产品符合 GMP 的要求备查。

（3）欧盟没有指定的 GMP 体系，可以参考国际标准化组织（ISO）的化妆品 GMP 指南 ISO 22716、欧洲化妆品盥洗用品及香水协会的 GMP 规范，或者其他等同或者更高体系。

2. 美国的牙膏管理

在美国，牙膏主要受 FDA 的监管。管理牙膏的法律依据主要是《联邦食品、药品和化妆品法案》。宣称具有防龋、缓解口腔不适（牙齿脱敏）、抗牙菌斑和牙龈炎、口腔伤口治疗这四类功效且所含活性成分已收录于 OTC 专论的牙膏，按照 OTC 药品管理；而宣称清洁、美白、芳香等功效的牙膏，则作为化妆品管理。已上市的牙膏，如既有药品的宣称，也有化妆品的宣称，要求同时符合化妆品和药品相关法规的要求。在实践中，与 OTC 药品相比，《联邦食品、药品和化妆品法案》赋予美国 FDA 管理化妆品的权力较小，因此牙膏主要受药品法规的管理。

OTC 专论是一种“规则手册”，涉及许可的成分及其含量、用途和适应证、剂型、配方、标签和检测要求。与牙膏产品相关的四个 OTC 专论如下：《防龋专论》是唯一的口腔护理治疗类别，是《美国联邦法规》第 21 篇中的最终专论；《口腔杀菌剂专论》和《口腔保健专论》处于“临时最终专论”阶段，发表在《联邦公报》上，后者包括了抗敏牙膏；《抗牙菌斑和牙龈炎专论》处于“拟议立法之预先通知”初期阶段。

美国国家标准学会（ANSI）是美国的国家标准化机构，它协调并指导全国标准化活动。与欧洲相同，美国对牙膏的国际标准予以采用，即 ANSI/ADA Standard No. 130《牙科—洁牙剂—要求、试验方法和标志》。ANSI 的成员组织，如美国材料试验协会（ASTM）、美国牙医协会（ADA）等，参与拟订各种牙膏相关标准的草案，经技术委员会表决通过后，作为国家标准发布。这些标准，除被相关法律援引的以外，通常由团体、企业自愿采用。

具体到生产相关的管理上，要点包括以下几个方面。

（1）宣称美白、抗牙石等普通宣称按化妆品管理，生产环节不强制要求执行 GMP。

（2）宣称防龋、抗敏感、抗牙龈炎功效，并且活性成分被 OTC 专论收录的口腔护理产品按照 OTC 药品管理，强制性要求执行 GMP，但无强制性的 GMP 认证要求，即 FDA 可以在任何时间检查工厂是否按照 GMP 的要求执行；与此同时，工厂要通过 FDA 的认证，流程如下（全部流程通过 FDA 电子系统完成）：

生产商向美国 FDA 申请电子账号（4 周）→生产商提交工厂注册申请表（4 周）→生产商或者经销商提交产品注册申请表（25 天）。（注：工厂注册需要每年更新，时间为每年的 10 月 1 日至 12 月 31 日）

（3）美国要求牙膏生产企业执行 GMP，但按 OTC 药品管理的牙膏则需执行药品 GMP 指南。

3. 日本的牙膏管理

日本的牙膏管理由厚生劳动省负责，主要依据是与确保医药品和医疗器械等品质、效果和安全性相关的法律，如《药机法》。根据是否含有有效成分及相关宣称内容，牙膏分为不含有效成分的化妆品和含有效成分的医药部外品。

企业生产销售前应取得生产销售业许可，生产前应取得生产业许可，每 5 年更新。《药机法》规定生产场所应遵守日本化妆品工业联合会制定的《化妆品 GMP（2008 年 6 月 25 日）》的要求。从事生产销售的企业应遵守 GQP 省令①和 GVP 省令②，并且化妆品和医药部外品应实施品质管理和安全管理。

化妆品应根据《化妆品基准（2000 年 9 月 29 日 厚生省告示第 311 号）》的要求从事生产销售。生产销售前应向监督管理部门提交化妆品生产销售许可申请。

医药部外品应取得国家的批准。根据 1994 年 3 月 15 日药发第 241 号通知，对于宣称功效效果的药用牙膏类产品中洗漱类口腔外用产品，制定了《药用牙膏类生产（进口）许可基准》（以下简称“许可基准”），统一对应符合该许可基准的药用牙膏类产品进行审查。之后，根据 2015 年药食发 0325 第 37 号通知，全面修订并公布《药用牙膏类生产许可基准》，于同年 4 月 1 日起实施。随后，根据 2021 年 6 月 28 日药生发 0628 第 13 号通知，许可基准再次修订部分内容并于同年 7 月 1 日起实施。随着科学知识的不断积累，原则上每 5 年修订该许可基

---

① 医药品、准药品、化妆品及医疗器械质量控制标准相关省令。

② 医药品、准药品、化妆品及医疗器械的生产销售后安全管理标准相关省令。

准。符合该许可基准的产品，国家将批准权限下放到地方厅。该许可基准以外的产品，应向国家提交资料申请许可批准。

许可基准规定可以宣称的功效效果为预防牙周炎（齿槽脓漏）、预防牙龈炎、防止牙石的形成和附着、预防蛀牙的发生和恶化、防止口臭、去除烟垢、防止牙渗透，根据使用的有效成分种类和含量，许可基准规定了可以宣称的功效或效果。

化妆品可以宣称的功效效果范围为防止蛀牙（洗漱类牙膏）、牙齿美白（洗漱类牙膏）、去除牙垢（洗漱类牙膏）、净化口腔（牙膏类）、预防口臭（牙膏类）、去除烟垢（洗漱类牙膏）、防止牙石的形成和附着（洗漱类牙膏）。

4. 东盟的牙膏管理

东盟（除印度尼西亚和泰国）口腔护理产品管理类似于欧盟，也按照化妆品进行管理，强制性要求执行 GMP，企业应该声明 GMP 的符合性。印度尼西亚对于口腔护理产品按照化妆品管理，本国工厂生产许可证需要执行 GMP 要求，但是不强制要求取得 GMP 认证。其进口来自东盟国家的口腔护理产品可以接受 GMP 声明，来自东盟外的口腔护理产品必须通过政府部门或者权威第三方如 SGS（当该国化妆品无 GMP 强制性要求时）的 GMP 认证。泰国对于口腔护理产品按照化妆品管理，本国工厂需要在泰国食品药品监督管理局取得生产许可证。东盟国家认可的 GMP 有国际标准化组织的化妆品 GMP 指南 ISO 22716、美国个人护理产品协会 GMP 指南、欧洲化妆品盥洗用品及香水协会的 GMP 规范、东盟化妆品良好规范、澳大利亚卫生部药物产品 GMP 等。

4.3.4 中国牙膏产品管理的方向

通过如上简介可见，不同国家和地区在牙膏的管理上各有不同，但是在大的管理方向上，都采用了化妆品或者非常接近化妆品的管理体系。我国的牙膏生产管理已参照化妆品生产许可管理多年，《化妆品监督管理条例》首次明确牙膏产品参照普通化妆品管理，因此，在未来牙膏管理制度设计时，需要对牙膏和通常意义的化妆品做清晰的界定，并建立健全在化妆品监管体制内的闭环监管制度，包括如下内容。

1. 原料

牙膏原料将使用已使用牙膏原料清单，该清单跟化妆品原料管理类似，作为区别牙膏新旧原料的依据；对于未被纳入清单的牙膏原料，需要按照新原料申报后方可使用。

2. 产品

牙膏将参照普通用途化妆品进行备案管理，国产牙膏应当在上市销售前向所在地省、自治区、直辖市人民政府药品监督管理部门备案。进口牙膏应当在进口前向国务院药品监督管理部门备案。

3. 功效

牙膏产品可以宣称具有防龋、抑牙菌斑、抗牙本质敏感、减轻牙龈问题等功效，但需要按照规定进行功效评价；其他功效需要按照相关规定进行功效评价后方可进行宣称。

4. 宣称

为了进一步规范牙膏的宣称，出台功效宣称“许用清单”，未来涉及功效相关的宣称，不得超过“许用清单”；如果涉及新功效，须经过注册后方可宣称。

可以预见，按照化妆品的管理，中国牙膏的管理将会在注册备案、生产、安全评估、功效评价和不良反应监测等环节得以完善。

4.4　国外化妆品注册备案管理简介

目前世界各国家（地区）对化妆品的类别划分不同，采取的注册备案措施也不同，但是对化妆品的管理都是基于风险的分类管理模式。本节对欧盟、美国、日本和韩国化妆品注册备案管理方式、注册备案流程、注册备案资料要求等进行简要介绍，并与中国相关要求进行比较。

4.4.1　各国家（地区）化妆品注册备案管理方式

1. 欧盟化妆品备案管理

欧盟《化妆品法规 1223/2009》是欧盟化妆品监管方面的核心法规。在欧盟，没有普通化妆品和特殊化妆品之分。化妆品投放市场之前无须政府的审核批准。欧盟对化妆品产品实行备案制度，即化妆品投放市场前，化妆品责任人应当通过化妆品电子信息提交系统（Cosmetic Products Notification Portal，CPNP）向欧盟委员会提交产品信息资料，经销商在特定情形下，也有义务向欧盟委员会提交相关信息。欧盟委员会并不审核备案信息，只是对备案信息存档，如果化妆品在上市后发生安全问题，可以调取这些信息。化妆品责任人和经销商通过 CPNP 提交的信息，可在限定的目的下，供各成员国主管部门、毒物控制中心或相关机构使用。各成员国主管部门仅能将这些信息用于市场监管、市场分析、风险评估和消费者服务，毒物控制中心或相关机构仅能出于医疗目的使用这些信息。在化妆品投放市场时，化妆品责任人应制定并保留产品信息资料，产品信息资料应在最后一批化妆品投放市场后保存 10 年。

2. 美国化妆品自愿登记管理

在美国，没有针对化妆品的事前注册许可程序，美国 FDA 也不对化妆品的有效性和安全性或其标签进行审批。FDA 设立了一个化妆品自愿注册计划（VCRP），这也是其建立的一个化妆品报告系统。该系统协助 FDA 履行其监管在美国销售的化妆品的职责。化妆品的生产企业或销售商可自愿向该系统提交产品信息。VCRP 仅适用于销售给美国消费者的化妆品。它不适用于仅用于专业用途的化妆品，如用于美容院、水疗中心或皮肤护理诊所的产品。它也不适用于非待售产品，如酒店样品、免费礼品等。所有的化妆品，即使是从美国以外进口的，都会以这种方式加以管理。美国化妆品的有关规章也同样适用于美国以外生产的产品。只要化妆品符合所有适用的美国法规，就可以合法地进行销售。

FDA 可以对市场上不符合法律的产品，或对违反法律的公司或个人采取执法行动，如果某家公司没有遵守规章，FDA 可通过多种途径来促使产品符合法规要求。这些途径包括：与公司进行讨论、发出正式的 FDA 警告信、对生产设施进行检查、对市场上销售的化妆品进行检查，以及采取更加严厉的手段，如扣押化妆品并停止其销售。在此需要明确的是，化妆品生产企业仍然是产品安全性，产品成分、标签的正确性、规范性及合规性的责任主体，对上述内容负有完全的法律责任。

对于按“化妆品-药品”（Cosmetics-Drugs）进行管理的产品，如果该产品能严格符合 OTC 专论中关于活性成分、标签等的要求，则可无须经过 FDA 的审批，而像化妆品一样直接上市。如果不符合 OTC 专论的要求，则需要经过新药审批流程方能上市。

OTC 专论涵盖了许多非处方药品类别，包括头屑/脂溢/牛皮癣治疗产品、痤疮类等产品以及防晒品，以上均按照非处方药品进行管理。还有一些存在同时作为化妆品和药品进行管理的产品（化妆品-药品），对于该类具有双重使用目的的产品，需要同时符合化妆品和药品的定义，如具有清洁作用及治疗头屑的洗发水、含氟牙膏、具有止汗功能的除臭产品等。另外，虽然 FDA 规定了上述

“化妆品–药品”这一类别产品的定义及相关要求，但值得注意的是，美国法案并不承认“药妆品”（Cosmeceuticals）这一概念。

3. 日本化妆品注册备案管理

日本的化妆品按照产品的功效分为化妆品（防晒产品在日本按照化妆品管理）和医药部外品（宣称美白功效的产品、染发产品、烫发产品等）来进行管理。与中国的化妆品管理模式类似，日本的化妆品以备案形式管理（类似我国的普通化妆品管理模式），医药部外品以注册形式管理（类似我国的特殊化妆品管理模式）。

日本的化妆品和医药部外品的管理机构是厚生劳动省，该机构同时也负责管理药品、医药器械等项目。主要参考的法规是《药机法》和《医药品、医疗器械等品质、功效性及安全性保证等有关法律实施规则》（以下简称《药机法实施规则》）。化妆品的备案由厚生劳动省授权各都道府县的知事管辖，化妆品的制造销售责任人直接向所在地的都道府县相关机构提交备案申请，资料完备的情况下通常只需 1 天即可完成产品备案。医药部外品的注册申请由厚生劳动省授权医药品医疗总合机构（Pharmaceuticals and Medical Devices Agency，PMDA）进行注册资料的评审，产品审评结果提交至厚生劳动省，由厚生劳动省最终许可，通常新产品从提交申请到最终取得承认书需要 7 个月左右的时间。另外，目前染发类产品、烫发类产品的注册审批权限也已经授权给都道府县的知事。进口产品（化妆品和医药部外品）的备案或注册申请直接向 PMDA 提交。

对于化妆品的备案，日本的监管机构不做评审，但如果产品名称、功效宣称超出化妆品的范围，则资料会不予被受理。对于医药部外品，由 PMDA 内部的评审人员进行审核，如果评审人员对企业提交的申报资料有疑问，会要求企业补充相关资料。对于宣称新的特殊功效成分的申请、新功效产品的申请则会请外部的相关专家（医学、药学等专业教授、专家）来进行审查。

4. 韩国化妆品分类准入管理

韩国将化妆品分成：一般化妆品（与我国普通化妆品概念相似）和功能性化妆品（与我国特殊化妆品概念相似）两大类进行管理。

韩国的《化妆品法施行规则》明确了功能性化妆品的定义和分类。

（1）具有防止肌肤黑色素沉淀，抑制黄褐斑和雀斑的生成，有助于肌肤美白功能的化妆品。

（2）具有淡化沉淀到肌肤的黑色素，有助于肌肤美白功能的化妆品。

（3）具有提升肌肤弹力、舒缓肌肤皱纹或改善皱纹功能的化妆品。

（4）具有既可以抵御强烈阳光，又可以使肌肤均匀晒黑功能的化妆品。

（5）具有阻挡或散乱紫外线功能，保护肌肤免受紫外线侵害的化妆品。

（6）具有改变毛发颜色（包括脱染、脱色）功能的化妆品。暂时改变毛发颜色的产品除外。

（7）具有除去体毛功能的化妆品。以物理方式除去体毛的产品除外。

（8）有助于缓解脱毛症状的化妆品。以物理方式使毛发看起来粗的产品除外。

（9）有助于缓解粉刺型肌肤的化妆品。但仅限于清洗类产品。

（10）有助于恢复皮肤屏障（皮肤最外存在的角质层的表皮）功能，改善瘙痒等的化妆品。

（11）有助于淡化红色膨胀纹的化妆品。

韩国对化妆品实施分类准入制度。根据《化妆品法》第 5 条，化妆品责任销售企业应在化妆品流通、销售前向食品医药品安全部报告化妆品制造过程中使用的原料目录；定制化妆品销售企业应每年向食品医药品安全部报告原料目录。韩国境内生产的产品的原料目录应通过大韩化妆品协会向食品医药品安全部报告，进口产品应通过韩国医药品进出口协会向食品医药品安全部报告。

一般化妆品上市前不需要进行任何备案或许可。《化妆品法》第 4 条规定，功能性化妆品在上市前需向食品医药品安全部申请审查或者报告。审查或者报告的对象以及流程由总理令即《化妆品法施行规则》规定。《化妆品法施行规则》第 10 条规定，功能性化妆品中可以采取报告制的产品范围包括：（1）与告示的功效原料的种类、含量、功效、效果、用法、用量和标准及试验方法相同的功能性化妆品；（2）与已经审核过的功能性化妆品（相同制造销售者或制造者）功效原料的种类、规格、含量、功效效果、标准及试验方法、用法用量、剂型各项相同的功能性化妆品。

5. 中外化妆品注册备案管理比较

中外各国家（地区）化妆品注册备案管理情况对比如表 4－11 所示，除了欧盟没有对化妆品进行分类管理外，中国、美国、日本和韩国都采取分类管理方式。对于不同分类产品的上市前注册备案管理，中国同日本基本一致，特殊化妆品或医药部外品需要注册管理并需要行政审批，普通化妆品需要备案管理。韩国的功能性化妆品上市前需要行政审批和提交报告，而一般化妆品则无须上市前监管。另外，欧盟虽然没有对化妆品进行分类，但所有的化妆品都需要上市前备案管理，无须行政审批。与以上各国家（地区）的管理体系有所不同，无论符合 OTC 专论，还是一般化妆品，在美国都没有上市前监管环节，也无须行政审批。值得特别关注的是，美国总统在 2022 年 12 月签署了《2022 化妆品监管现代化法案》，其中明确规定实施生产企业注册和产品登记制度，并指定主管机构在该法案出台 3 年内颁布相关具体配套措施。法案中提及需要提交的产品信息包括化妆品的类别和化妆品成分清单。这将是美国化妆品监管的一项重要法规改革。

表 4-11　中外各国家（地区）化妆品注册备案管理情况对比

	是否分类管理	是否要求上市前注册/备案	是否需要审批
中国	特殊化妆品	注册	是
	普通化妆品	备案	否
欧盟	否	备案	否
美国	符合 OTC 专论	否	否
	一般化妆品	否	否
日本	医药部外品	注册	是
	化妆品	备案	否
韩国	功能性化妆品	是	是
	一般化妆品	否	否

4.4.2　各国家（地区）化妆品注册备案流程

1. 欧盟化妆品备案流程

化妆品投放市场前，化妆品责任人应当通过 CPNP 向欧盟委员会提交产品信息资料。

2. 美国化妆品登记流程

无事前许可注册程序，企业自愿通过 VCRP 登记信息。

3. 日本化妆品注册备案流程

化妆品的备案由厚生劳动省授权各都道府县的知事管辖，化妆品的制造销售责任人直接向所在地的都道府县相关机构提交备案申请，医药部外品的注册申请由厚生劳动省授权 PMDA 进行注册资料的评审，产品审评结果提交至厚生劳动省，由厚生劳动省最终许可。

4. 韩国化妆品准入流程

韩国对化妆品实施分类准入制度。一般化妆品上市前不需要进行任何备案或许可。

5. 各国家（地区）化妆品注册备案申请时限对比

各国家（地区）化妆品注册备案申请时限对比如表 4－12 所示。

表 4－12 各国家（地区）化妆品注册备案申请时限对比

	是否分类管理	新申请审核时限	补充资料次数	补充资料审核时限	提出异议复核时限	延续申请时限
中国	特殊化妆品	127 个工作日	1 次	90 个工作日	20 个工作日	注册证到期前 30 ~ 90 个工作日
	普通化妆品	—	1 次	根据情况而定	—	—
欧盟	否	—	—	—	—	—
美国	符合 OTC 专论	—	—	—	—	—
	一般化妆品	—	—	—	—	—
日本	医药部外品	7 个月	不限			—
	化妆品	1 个工作日	—	—	—	—
韩国	功能性化妆品	60 个工作日	2 次	第一次 30 个工作日，第二次 10 个工作日	90 个工作日	—
	一般化妆品	—	—	—	—	—

4.4.3 各国家（地区）化妆品注册备案资料要求

1. 欧盟化妆品备案资料要求

1）通过 CPNP 向欧盟委员会提交产品信息资料，具体包括：

（1）化妆品的种类及其名称、独特标识；

（2）化妆品责任人的姓名和地址；

（3）进口产品的原产国；

（4）化妆品将要上市销售的成员国；

（5）以纳米形式出现的物质的鉴别特征及合理可预见的暴露条件；

（6）1A 和 1B 类致癌、致突变或生殖毒性物质的名称和编号；

（7）原始标签及相应的合法包装照片。

2）要求保留的产品信息包括：

（1）化妆品信息描述和用途；

（2）制造流程（配方、化学和微生物参数、进行良好生产管理的情况）；

（3）化妆品安全报告，包括所有相关数据及安全评估；

（4）能够证明化妆品功效或化妆品性质的证据；

（5）为评估而进行的动物试验相关资料。

化妆品责任人应当根据实际情况对这些信息和数据加以更新。

2. 美国化妆品登记信息要求

企业自愿通过 VCRP 登记信息，根据登记的类别，分为企业登记和配方登记。具体提供的信息如下所示。

1）企业登记，应在化妆品开始投产后 30 天内注册，具体包括：

（1）企业类型［生产商、包装商、其他（如经销商、零售商等）］；

（2）企业名称；

（3）母公司名称（如有）；

（4）企业地址；

（5）产品实际生产地址；

（6）设施所有者或经营者；

（7）其他商业名称；

（8）企业授权人。

2）配方登记，应在化妆品首次进入市场后 60 天内将新产品说明报告提交系统，具体包括：

（1）标签上所示的企业的类型（如生产商、包装商、经销商等）；

（2）生产商/委托加工商的信息；

（3）包装商信息；

（4）商业分销（该产品是否在美国商业分销的说明）；

（5）产品信息（含产品分类编码、产品名称等）；

（6）产品配方成分；

（7）填报该产品企业的身份（如生产商、包装商、经销商等）；

（8）授权人姓名；

（9）产品配方。

3. 日本化妆品备案、医药部外品注册资料要求

1）按照《药机法实施规则》的要求，日本化妆品备案所需要提交的资料包括：

（1）制造销售业许可的种类；

（2）制造销售业的许可证号；

（3）产品名称，即一般的名称/销售名称；

（4）成分及含量（具体配方无须提交）；

（5）制造方法；

（6）产品使用方法和用量；

（7）产品功效；

（8）保存方式及有效期；

（9）规格及试验方法；

（10）生产厂商信息；

（11）其他。

2）按照《药机法实施规则》的要求，日本医药部外品所需要提交的资料包括：

（1）产品名称，即一般的名称/销售名称；

（2）成分及含量（具体配方及原料规格）；

（3）制造方法；

（4）产品使用方法和用量；

（5）产品功效；

（6）保存方式及有效期；

（7）规格及试验方法；

（8）生产厂商信息；

（9）其他。

4. 韩国功能性化妆品审查资料要求

韩国《化妆品法施行规则》规定，功能性化妆品审查需要提交以下资料。

1）起源及开发背景的相关资料。

2）安全性相关资料：

（1）单剂量毒性试验数据；

（2）1 次皮肤刺激试验资料；

（3）眼黏膜刺激或者其他黏膜刺激试验资料；

（4）皮肤敏感性试验资料；

（5）光毒性和光敏感性试验资料；

（6）人体皮肤斑贴试验资料。

3）有效性或功能性相关资料：

（1）效力试验资料；

（2）人体适用试验资料。

4）防晒指数和紫外线 A 防晒等级设定的根据资料（只适用于隔离紫外线或散射紫外线从而保护皮肤的，具有此功能的化妆品）。

5）标准和试验方法相关资料。

当使用《功能性化妆品审查相关规定》附表 4 中的功效原料，且符合其规格、含量、用法用量等要求时，可以省略提交第 1 号到第 4 号资料；与已经审核过的功能性化妆品（相同制造销售者或制造者）功效原料的种类、规格、含量、功效效果、用法用量各项相同的功能性化妆品，可以省略提交第 1 号到第 4 号资料；符合《功能性化妆品标准及试验方法》中告示标准及试验方法时，可以省略提交第 5 号资料。

欧盟、美国、日本、韩国是化妆品产业较为发达的经济体，由于法律制度、文化环境、产业水平不同，不同国家（地区）化妆品监管制度也不尽相同，但在化妆品注册备案的法律法规、资料要求、办理流程等方面，总体制度设计上有很多相似之处，即都是按照产品风险高低进行分类管理；不同国家（地区）产品的分类规则不同，相应的管理要求也不同。加强国际交流合作，互相取长补短，促进我国化妆品注册备案管理制度不断完善，也是中国化妆品走向世界的必然之路。

第 5 章　化妆品生产管理

5.1　中国化妆品生产管理要求

化妆品生产环节是化妆品产业链中极为重要的一环，对产品的质量安全起着关键作用。加强对化妆品生产企业的监管，督促企业落实主体责任，提高企业质量安全意识，引导企业合规生产，继而推进化妆品产业高质量发展，是中国化妆品生产监管不断追求的目标。《化妆品监督管理条例》《化妆品生产经营监督管理办法》《化妆品生产质量管理规范》《化妆品生产质量管理规范检查要点及判定原则》《企业落实化妆品质量安全主体责任监督管理规定》等法规文件包含了从事化妆品生产活动必须遵循的合规要求。

5.1.1　中国化妆品生产管理基本要求

《化妆品监督管理条例》《化妆品生产经营监督管理办法》规定了从事化妆品生产活动应当履行的法律义务，主要包括申请生产许可、建立生产质量管理体系、设定质量安全负责人、对原料和产品实施质量安全控制等要求。

1. 生产许可要求

企业在开展化妆品生产活动前，应当向所在地省级药品监督管理部门提出申请。省级药品监督管理部门依照法定程序进行审核，符合规定条件的，准予许可并制发化妆品生产许可证。化妆品生产许可证上载明许可证编号、生产企业名称和住所、生产地址、统一社会信用代码、法定代表人或者负责人、生产许可项目、有效期、发证机关、发证日期等信息，有效期为 5 年。生产许可项目包括一般液态单元、膏霜乳液单元、粉单元、气雾剂及有机溶剂单元、蜡基单元、牙膏单元、皂基单元和其他单元。具备儿童护肤类、眼部护肤类化妆品生产条件的，在生产许可项目中需要特别标注。另外需要注意：一是化妆品生产许可证不得伪造、变造、出租、出借或者转让；二是化妆品生产企业生产的化妆品不属于化妆品生产许可证上载明的许可项目划分单元的，或者未经许可擅自迁址的，或者化妆品生产许可有效期届满且未获得延续许可的，均视为未经许可从事化妆品生产活动；三是配制、填充、灌装化妆品内容物的企业，应当取得化妆品生产许可证。

2. 生产质量管理体系要求

化妆品注册人、备案人既可以自行生产化妆品，也可以委托其他企业生产化妆品。化妆品注册人、备案人、受托生产企业均应当按照《化妆品生产质量管理规范》的要求组织生产化妆品，建立化妆品生产质量管理体系，建立并执行供应商遴选、原料验收、生产过程及质量控制、设备管理、产品检验及留样等管理制度。国家药品监督管理局制发的《化妆品生产质量管理规范》是企业建立化妆品生产质量管理体系的依据。该规范将《化妆品监督管理条例》《化妆品生产经营监督管理办法》中有关化妆品生产许可条件、机构与人员、质量保证与控制、厂房设施与设备管理、物料与产品管理、生产过程管理、产品销售管理以及委托生产双方的义务等要求，细化为生产质量管理的具体规定，于 2022 年 7 月 1 日起施行。

3. 质量安全负责人要求

化妆品注册人、备案人、受托生产企业应当建立化妆品质量安全责任制，落实化妆品质量安全主体责任，不仅法定代表人要对化妆品质量安全工作全面负责，还要设立专门的质量安全负责人，具体承担产品质量安全管理和产品放行等职责。《化妆品生产经营监督管理办法》《化妆品生产质量管理规范》等相关法规、规范性文件均对质量安全负责人提出了明确要求。

1）质量安全负责人的条件

质量安全负责人应当具备化妆品、化学、化工、生物、医学、药学、食品、公共卫生或者法学等化妆品质量安全相关专业知识，熟悉相关法律法规、强制性国家标准、技术规范，并具有 5 年以上化妆品生产或者质量安全管理经验。对于“化妆品生产或者质量安全管理经验”的认定，在具备化妆品质量安全相关专业知识的前提下，化妆品质量安全负责人所具有的药品、医疗器械、特殊食品生产或者质量管理经验视为具有化妆品生产或者质量安全管理经验。

2）质量安全负责人的职责

质量安全负责人应当协助法定代表人承担下列相应的产品质量安全管理和产

品放行职责：一是建立并组织实施本企业质量管理体系，落实质量安全管理责任，定期向法定代表人报告质量管理体系运行情况；二是产品质量安全问题的决策及有关文件的签发；三是产品安全评估报告、配方、生产工艺、物料供应商、产品标签等的审核管理，以及化妆品注册、备案资料的审核（受托生产企业除外）；四是物料放行管理和产品放行；五是化妆品不良反应监测管理。

3）质量安全负责人职责的履行

质量安全负责人应当独立履行职责，不受企业其他人员的干扰。根据企业质量管理体系运行需要，经法定代表人书面同意，质量安全负责人可以指定本企业的其他人员协助履行其部分职责。被指定人员应当具备相应资质和履职能力，且其协助履行上述职责的时间、具体事项等应当如实记录，确保协助履行职责行为可追溯。另外需要注意：一是建立并组织实施本企业质量管理体系，落实质量安全管理责任，定期向法定代表人报告质量管理体系运行情况，产品质量安全问题的决策及有关文件的签发职责不能指定其他人员代为履行；二是质量安全负责人应当对协助履行职责情况进行监督，且其应当承担的法律责任并不转移给被指定人员。

4. 原料和产品质量安全控制要求

企业应当保证化妆品原料、直接接触化妆品的包装材料和产品符合法律法规、强制性国家标准、技术规范的要求。

在原料管理方面，要注意国家药品监督管理局制定的禁止用于化妆品生产的原料目录。企业应当建立并执行原料和直接接触化妆品的包装材料进货查验记录制度，保证其符合强制性国家标准、技术规范；组织生产时，应当按照强制性国家标准或者技术规范使用原料，产品配方、生产工艺等应当符合注册、备案资料载明的技术要求。

在产品管理方面，要对化妆品生产全过程实施质量控制，化妆品经出厂检验且检验合格后方可上市销售。应当注意：特殊化妆品必须先注册、后生产；普通化妆品要在上市销售前完成备案。应保证产品质量既符合企业自定的出厂检验要求，也符合国家法律、法规、强制性国家标准和技术规范的要求。

为保证贮存、运输过程中的化妆品质量安全，企业应当依照有关法律、法规的规定和化妆品标签标示的要求贮存、运输化妆品，定期检查并及时处理变质或者超过使用期限的化妆品。

5.1.2　中国化妆品生产许可制度的具体规定

1. 从事化妆品生产活动应当具备的条件

《化妆品监督管理条例》对化妆品生产许可条件做出了原则性规定，《化妆品生产经营监督管理办法》对该条件予以了细化，具体包括以下几个方面：

（1）是依法设立的企业；

（2）有与生产的化妆品品种、数量和生产许可项目等相适应的生产场地，且与有毒、有害场所以及其他污染源保持规定的距离；

（3）有与生产的化妆品品种、数量和生产许可项目等相适应的生产设施设备且布局合理，空气净化、水处理等设施设备符合规定要求；

（4）有与生产的化妆品品种、数量和生产许可项目等相适应的技术人员；

（5）有与生产的化妆品品种、数量相适应，能对生产的化妆品进行检验的检验人员和检验设备；

（6）有保证化妆品质量安全的管理制度。

2. 化妆品生产许可申请资料要求

依照《中华人民共和国行政许可法》，申请化妆品生产许可需要企业提交的资料要求，均在行政许可受理部门的官方网站、办公场所等公示。化妆品生产许可申请资料包括：

（1）申请表；

（2）厂区总平面图（包括厂区周围 30 米范围内环境卫生情况），生产车间（含各功能车间布局）、检验部门（含检验设备配置布局）、仓库的建筑平面图，生产设备配置图；

（3）企业质量管理文件；

（4）工艺流程简述及简图；有工艺相同但类别不同的产品共线生产行为的，需提供确保产品安全的管理制度和风险分析报告；

（5）施工装修说明；

（6）生产车间空气、照度和生产用水卫生检测报告等证明生产环境条件符合需求的检测报告；

（7）质量安全负责人简历。

随着“放管服”改革的深入和行政管理信息化水平的提高，行政许可资料会越来越简化，行政许可效率会越来越高。目前，企业的工商营业执照、生产场所合法使用的证明材料、法定代表人身份证等已经能够在关联系统中调取，避免企业重复提交，未来还会有一些申请资料简化提交、免于提交。

3. 化妆品生产许可办理流程

1）首次申请

企业在网上提交生产许可申请后，如符合形式审查要求，则予以受理；如不符合形式审查要求，则会给企业开具补正通知书，要求企业对申请材料及时补正。申请资料齐全、符合法定形式的，监管部门会依照法规要求在规定的时间内进行资料审查和企业现场核查。如现场核查未发现需企业进行整改的问题，则进入许可决定环节；如现场核查发现企业存在缺陷问题，需要进一步整改，则进入企业整改环节，待企业整改完成后依据整改情况再作出许可或者不予许可决定。省级药品监督管理部门应当自受理化妆品生产许可申请之日起30个工作日内作出决定，对符合规定条件的，自作出决定之日起5个工作日内向申请人颁发化妆品生产许可证。

2）许可变更

生产许可项目发生变化，可能影响产品质量安全的生产设施设备发生变化，或者在化妆品生产场地原址新建、改建、扩建车间的，同一个化妆品生产企业在同一个省级行政区域申请增加化妆品生产地址的，化妆品生产企业应当在投入生产前向原发证的药品监督管理部门申请变更。因生产许可项目等的变更需要进行全面现场核查，经核查符合要求的，颁发新的化妆品生产许可证，许可证编号不变，有效期自发证之日起重新计算。

生产企业名称、住所、法定代表人或者负责人等发生变化的，化妆品生产企业应当自发生变化之日起30个工作日内向原发证的药品监督管理部门申请变更，并提交与变更有关的资料。原发证的药品监督管理部门应当自受理申请之日起3个工作日内办理变更手续。质量安全负责人、预留的联系方式等发生变化的，化妆品生产企业应当在变化后10个工作日内向原发证的药品监督管理部门报告。

3）期满延续

化妆品生产许可证有效期届满需要延续的，申请人应当在生产许可证有效期届满前90个工作日至30个工作日期间向所在地省、自治区、直辖市药品监督管理部门提出延续许可申请，并承诺其符合《化妆品生产经营监督管理办法》规定的化妆品生产许可条件。逾期未提出延续许可申请的，药品监督管理部门不再受理其延续许可申请，企业如果继续从事化妆品生产活动，应当重新申请化妆品生产许可。

省级药品监督管理部门自收到延续许可申请后 5 个工作日内对申请资料进行形式审查，符合要求的予以受理，并自受理之日起 10 个工作日内向申请人换发新的化妆品生产许可证。省级药品监督管理部门应当对已延续许可的化妆品生产企业的申报资料和承诺进行监督，发现不符合化妆品生产许可条件的，依法撤销化妆品生产许可。

5.1.3　化妆品生产质量管理体系要求简述

企业建立化妆品生产质量管理体系的主要依据是《化妆品生产质量管理规范》。需要注意的是，无论化妆品注册人、备案人是否从事化妆品生产活动，均应当符合《化妆品生产质量管理规范》的要求。对化妆品生产企业来说，当其身份为委托生产的注册人、备案人时，应当特别注意《化妆品生产质量管理规范》第七章"委托生产管理"中对委托方的要求；当其身份为自行生产的注册人、备案人或者受托生产企业时，应当特别注意《化妆品生产质量管理规范》第二章至第六章中对企业的要求；无论是委托生产还是自行生产，在产品销售管理方面，均应符合《化妆品生产质量管理规范》第八章的要求。

1. 机构与人员要求

从事化妆品生产活动的化妆品注册人、备案人、受托生产企业应当建立与生产的化妆品品种、数量和生产许可项目等相适应的组织机构，明确质量管理、生产等部门的职责和权限，配备与生产的化妆品品种、数量和生产许可项目等相适应的技术人员和检验人员。企业应当加强人员的培训、考核和从业人员健康管理，建立并执行进入生产车间卫生管理制度。

2. 质量保证与控制要求

在质量保证方面，主要从建立健全化妆品生产质量管理体系文件、强化文件管理和记录管理、实施批次生产追溯管理、落实质量管理体系自查制度等方面提出要求；在质量控制方面，主要从企业实验室能力、实验室管理和检验管理等方面提出要求。另外需要注意：一是从鼓励企业信息化管理的角度出发，明确采用计算机（电子化）系统进行生产管理的要求；二是强调企业实际执行的质量控制措施与注册、备案资料载明的技术要求的符合性；三是对实验室能力提出最低要求，即至少具备菌落总数、霉菌和酵母菌总数等微生物检验项目的检验能力；四是对留样数量、留样包装、留样期限、留样观察等做出相对明确的规定。

3. 厂房设施与设备管理要求

企业厂房的选址应当不受有毒、有害场所以及其他污染源的影响，建筑结构、生产车间和设施设备应当便于清洁、操作和维护。在进行生产时，应当按照生产工艺流程及环境控制要求设置生产车间，生产车间不得有污染源，物料、产品和人员流向应当合理，避免产生污染与交叉污染。企业应当按照产品工艺环境要求，在生产车间内划分洁净区、准洁净区、一般生产区。生产车间应当配备防止蚊蝇等昆虫、鼠和其他动物进入、孳生的设施，并做到有效监控。

4. 物料与产品管理要求

物料与产品管理是化妆品生产全过程管理的重中之重。在物料管理方面，主要从供应商管理、物料审查、进货查验、关键原料留样、物料放行等方面提出要求；在产品管理方面，主要从生产用水的质量监控，最终产品符合法律法规、强制性国家标准、技术规范、化妆品注册和备案资料载明的技术要求，以及标签、标注等方面做出规定。此外，还规定了物料和产品的贮存条件、标示方法等。强调“产品销售包装上标注的使用期限不得擅自更改”，是针对个别化妆品生产企业存在对产品保质期随意更改的问题做出的规定，体现出严格产品追溯管理、防范化妆品质量安全隐患、保护消费者身体健康的理念。

5. 生产过程管理要求

企业应当按照化妆品注册、备案资料载明的技术要求建立并执行产品生产工艺规程和岗位操作规程，确保按照化妆品注册、备案资料载明的技术要求生产。企业应当明确生产工艺参数及工艺过程的关键控制点，主要生产工艺应当经过验证，确保能够持续稳定地生产出合格的产品。企业的生产记录应当至少包括生产指令、领料、称量、配制、填充或者灌装、包装、产品检验以及放行等内容。企业还应当注意物料平衡管理，因为在《化妆品生产质量管理规范》中，首次将企业“在生产后检查物料平衡，确认物料平衡符合生产工艺规程设定的限度范围。超出限度范围时，应当查明原因，确认无潜在质量风险后，方可进入下一工序”列入法定义务要求。

6. 委托生产管理要求

近年来，委托生产已经成为主要的生产模式。在《化妆品监督管理条例》施行前，化妆品委托生产存在以下问题：一是委托方掌握销售渠道，但其质量标准不一，受托方掌握生产质量，但受制于委托合同时限和短期利益诱因；二是委托方提供的原料、包材、配方安全性难以控制，因此产生的质量纠纷难以划分责任归属；三是委托方欠缺化妆品法律法规知识和质量管理能力，但在委托关系中受益多，受托方几乎需要全面掌控产品生产、质量控制、履约时间以及产品的合规性，但在委托关系中受益少；四是委托方充当注册、备案主体，但是几乎没有相应的法律责任，委托合同对委托双方的质量责任也缺少规定；五是化妆品种类丰富，新产品繁多，产品注册、备案的及时性和合规性很难满足预期，委托方常常将注册、备案的具体操作委托他人。

鉴于中国化妆品行业委托生产模式的普遍性和委托方的实际情况，《化妆品监督管理条例》明确规定，“化妆品注册人、备案人对化妆品的质量安全和功效宣称负责”，《化妆品生产质量管理规范》将“委托生产管理”设成单独章节，对于存在质量安全隐患的委托生产模式提出了较为明确的要求。该章节中要求委托方按照《化妆品生产质量管理规范》的要求建立相应的质量管理体系，并对受托生产企业的生产活动进行监督。要求委托方建立化妆品质量安全责任制，明确法定代表人、质量安全负责人以及其他化妆品质量安全相关岗位的职责。在与受托生产企业签订委托生产合同时，应当明确委托事项、委托期限、委托双方的质量安全责任，确保受托生产企业依照法律法规、强制性国家标准、技术规范以及化妆品注册、备案资料载明的技术要求组织生产。

应当注意“双留样”“双放行”制度，即注册人、备案人要依法留样，受托生产企业也要依法留样。受托生产企业对其生产的产品要实施放行管理，注册人、备案人要在受托生产企业完成产品出厂放行的基础上，确保产品经检验合格且相关生产和质量活动记录经审核批准后，方可上市放行。考虑到委托方一般租用写字楼办公，《化妆品生产质量管理规范》规定，委托方可以在其住所或者主要经营场所留样，也可以在其住所或者主要经营场所所在地的其他经营场所留样。留样地点不是委托方的住所或者主要经营场所的，委托方应当将留样地点的地址等信息在首次留样之日起20个工作日内，按规定向所在地负责药品监督管理的部门报告。

7. 产品销售管理要求

《化妆品生产质量管理规范》明确了化妆品注册人、备案人、受托生产企业要建立并执行产品销售记录制度、产品贮存和运输管理制度、退货记录制度、产品质量投诉管理制度等管理要求，细化了产品销售记录、退货记录等的具体内容，对不良反应监测和召回管理也做出了具体规定。应当注意：在化妆品不良反应监测和评价、召回管理中，化妆品注册人、备案人和受托生产企业的法定义务并不相同。由于化妆品注册人、备案人是化妆品质量安全的第一责任人，除了不良反应监测外，化妆品注册人、备案人还要对不良反应进行评价，因此需要配备不良反应评价人员；化妆品上市后发现存在质量缺陷或者其他可能危害人体健康的问题时，召回行为的发起人也是化妆品注册人、备案人。

5.2 中国化妆品生产合规性解析

《化妆品生产质量管理规范》是对化妆品生产管理的基本要求。化妆品注册人、备案人、受托生产企业应当诚信自律，按照《化妆品生产质量管理规范》的要求建立生产质量管理体系，实现对化妆品物料、生产、检验、贮存、销售和召回等全过程的控制和追溯，确保持续稳定地生产出符合质量安全要求的化妆品。

5.2.1 机构与人员

1. 机构设置

企业在机构设置方面应满足下述条件。

(1) 建立与生产的化妆品品种、数量和生产许可项目相适应的组织机构。在企业的质量管理体系文件中，应当对质量管理、生产等部门职责权限做出书面规定。

(2) 质量管理部门应当独立设置，履行质量保证和控制职责，参与所有与质量管理有关的活动。为保证质量管理部门有效开展工作，企业应当配备相应办公场所及专职人员；明确质量管理部门岗位职责和权限，并规定参与质量管理活动的内容；要求质量管理部门按照其职责范围履行质量管理职责，其他部门应当配合质量管理部门履行相应的化妆品质量安全责任。

2. 人员配置

企业应当配备与其生产的化妆品品种、数量和生产许可项目等相适应的管理人员、操作人员和检验人员。其中管理人员中质量安全负责人、质量管理部门负责人、生产部门负责人应当具备化妆品、化学、化工、生物、医学、药学、食品、公共卫生或者法学等专业教育或培训背景，具备化妆品质量安全相关专业知识，熟悉相关法律法规、强制性国家标准、技术规范。质量安全负责人应当具有5年以上化妆品生产或者质量管理经验。企业对于参与产品生产与质量管理的人员应当制订合理的培训计划，使其能够满足所从事岗位工作的需求。特别要注意：生产岗位操作人员、检验人员应当具有相应的知识和实际操作技能。

5.2.2　质量保证与控制

企业的质量保证与控制环节相当于企业合法、合规开展生产的中枢控制系统，因此，建立科学、合理、有效的质量保证体系，完善企业质量管理的“上层建筑”，对于企业开展高质量的生产活动极为重要。

第一，企业应该建立完善的质量管理体系文件，在文件制度上对企业生产过程中涉及的各个环节加以规定，根据《化妆品生产质量管理规范》《化妆品生产质量管理规范检查要点及判定原则》，企业开展生产的活动均应形成记录，包括：人员培训，健康、卫生管理，环境监控，设施、设备、仪器的清洁、消毒、监测、使用、维护管理，供应商审核评价，物料采购、验收、贮存、使用等管理，产品生产、放行管理，不合格品管理，检验管理，留样管理，实验室管理，体系自查，销售、退货、投诉、召回、不良反应监测等活动。同时，企业应在质量管理体系文件中明确质量方针、质量目标，确保设定的质量方针能够被员工理解，制定的质量目标能够被有效执行、量化考核或评估。

第二，企业应当建立并执行记录管理制度，与化妆品生产质量管理相关的所有活动均应当形成记录，记录应当真实、完整、准确，清晰易辨，相互关联可追溯。对于采用计算机（电子化）系统生成、保存记录或者数据的企业，应确保计算机系统能够满足与纸质文件相同的功能，系统的有效性和安全性经过充分的验证，能够对登录、编辑、修改、删除，以及系统的设置、校准、修改、时间戳变更等操作进行自动跟踪，追溯操作者、操作时间和操作过程。

第三，企业要持续跟进质量管理体系，确保制定的质量管理体系能够有效运行，这就要求企业定期开展自查，对于自查中发现的问题及时进行整改，不断完善自身的质量管理体系行为。尤其要注意的是，除了每年至少 1 次定期自查外，企业在出现连续停产 1 年以上，重新生产前应当进行自查，确认是否符合《化妆品生产质量管理规范》的要求；化妆品抽样检验结果不合格的，应当按规定及时开展自查并进行整改。

5.2.3　厂房设施与设备管理

1. 设备、器具和管道材质

所有与原料、内包材、产品接触的设备、器具、管道等的材质应当满足使用要求，不得影响产品质量安全。一般来说，与化妆品料体直接接触的生产设备，应当采用316不锈钢材料，密封圈/垫采用食品级的塑料/橡胶材质；与产品内料接触部分的材料，根据设备设施或者贮存需要，金属材料一般为标准不低于316不锈钢材料，非金属材料一般为无毒无害、无色无味、耐酸耐碱、与半成品不发生化学反应的材料。

2. 仪器、仪表和特种设备的检定校准

对于关键衡器、量具、仪表和仪器，以及特种设备设施，企业应当定期检定或者校准。在生产期间，应当每天及时更新设备状态标识、清洁消毒标识，做到方便读取、清晰可见。

3. 厂区环境和厂房

清洁干净的厂区环境和厂房，是化妆品生产企业从事化妆品生产最基本的前提条件。厂区周围环境应当没有化学或生物的污染源，厂房与外界之间有防虫鼠害设施，下水道有污水排放和污水处理系统。

4. 生产车间布局

一般来说，化妆品生产车间的布局按照生产工序依次为原料的配料称量间，化妆品内料的制作车间，化妆品内料的暂存间、灌装间、包装间，另外还有配套的内包材脱包间和清洁消毒间、灌装机的灌注头零配件的清洁消毒间、内料周转容器的清洁和暂存间、外包材脱包间等。

5. 洁净分区

化妆品生产车间根据不同的环境要求，划分为洁净区、准洁净区和一般生产区，各功能区要符合相应环境参数和其他参数的要求。眼部护肤类化妆品，儿童护肤类化妆品，牙膏的半成品贮存、填充、灌装，清洁容器与器具贮存等生产工序需要设置在洁净区。

6. 物流过程

原物料由生产车间人员从原料仓库领取，除尘脱包后进入称量车间，按照批量和配方称好的物料进入制作车间进行化妆品内料的制作，制作好的料体进入半成品库暂存并等待检验结果，放行后的料体进入灌装车间灌装入经清洁消毒过的内包材中，然后经流水线进入包装车间进行装盒、打包等工序，包装好的产成品入库后放置待检区。

7. 人流过程

1）进入制作车间和灌装间的流程

生产人员和生产相关人员进入制作车间和灌装间的流程依次为换鞋、一次更衣、洗手和手部消毒、二次更衣换鞋、二次洗手和手部消毒、进入洁净区。其中二次更衣室可以按照洁净区的要求进行管控。

2）进入外包装车间的流程

根据《化妆品生产质量管理规范》，外包装车间可以按照一般区进行管理，企业应做好相应的人员、环境卫生，保持包装车间的干净整洁。

8. 水、空气和加热蒸气的供应

1）水处理

化妆品生产用水的一般处理过程：市政管网来的自来水，经砂滤（石英砂）、炭滤（活性炭）后，去离子，再经 RO 膜反渗透产生一级净化水和二级净化水。其中一级净化水用作与料体接触的设备和周转容器的清洁、消毒，二级净化水作为工艺水用作配料。

2）空气和加热蒸气

（1）加热用的蒸汽处理

制料时通过乳化锅的夹套与化妆品内料进行换热，然后通过乳化锅底的疏水阀排放至下水道进入污水系统，不与料体直接接触。

（2）洁净区空气处理

进入洁净区的空气由新风系统经初效、中效和高效过滤器处理，并且经降温、除湿，以保持环境条件符合洁净区的生产要求。

（3）压缩空气（动力）处理

经空压机出来的压缩空气，先除油、除水，再经干燥机、5 μm 空气过滤器处理后，通过不锈钢密闭管道输送到制作车间和灌装间作为生产动力。

9. 污水排放和处理

生产车间产生的污水，通过不锈钢管道进入车间密闭的下水道，然后排入工厂的污水管网，经污水处理系统处理后排入市政管网。

10. 环境和设备/设施的维护保养

车间洁净区环境按照《车间清洁消毒计划》落实。每天开机/开线前确认，每天下班前进行彻底的清洁消毒，每天下班后经一定时间的臭氧熏蒸或紫外线对环境进行消毒。生产过程中应定期进行作业人员手部和流水线的消毒。每次换线、换产进行清场和设备/设施/周转容器的彻底清洁消毒，避免生产过程中形成交叉污染。

5.2.4 物料与产品管理

保证物料与产品合规，是化妆品生产质量管理的核心内容。企业在生产中应当按照《化妆品生产质量管理规范》要求，制定好物料、产品相关的质量管理文件，确保其在生产中能够按照要求得到执行。当生产过程中因生产工艺调整导致原料、产品发生变化时，应及时对相应的制度文件进行变更，保证制度与实际执行的动态更新。

第一，对于物料的采购，企业一般会由专门的采购部门执行。采购部门在采购生产所需物料时，应基于拟采购的意向，按照物料供应商遴选制度等相关要求做好供应商的遴选，做好相关评价记录的留存，建立合格供应商名录（包括供应商名称、物料名称、质量规格，以及生产企业名称、地址和联系方式等内容）。值得注意的是，按照《化妆品生产质量管理规范》要求，企业若采购的是半成品，需要关注外购半成品的生产企业是否取得相应的化妆品生产许可证，境外生产企业是否取得当地化妆品监管机构生产质量管理体系相关资质认证。这在以往的生产许可检查中并未特别要求。

第二，在物料进入企业后，企业应该按照物料验收制度对物料进行验收，确保供应商提供的物料中未包含禁用原料、未经注册或者备案的新原料，或超出使用范围、限制条件使用限用原料，确保原料、外购的半成品、内包材符合法律法规、强制性国家标准、技术规范的要求。在进行物料验收的过程中，还应关注验收的物料是否与采购合同、送货票证一致，是否达到物料质量要求，可以查看物料合格出厂证明文件、送货票证等；需要检验、检疫的进口原料应予以特别关注。

第三，对于已经验收合格的物料，企业应当按照物料标签中的贮存要求进行存放。定期由仓储人员、质量管理人员对物料进行查看，对于超过使用期限的物料应当严格按照不合格品管理。对于成品的存放，也应当制定合理的存储条件，成品的有效期应当设置科学，不能随意修改保质期。还要注意《化妆品生产质量管理规范》的要求："企业应当对关键原料留样，并保存留样记录。留样的原料应当有标签，至少包括原料中文名称或者原料代码、生产企业名称、原料规格、贮存条件、使用期限等信息，保证可追溯。留样数量应当满足原料质量检验的要求。"这是一项新的要求，企业应当按规定予以落实。

5.2.5　生产过程管理

1. 生产流程管理

企业生产部门一般包括生产计划部门、物料管理部门、技术部门、仓储部门和生产车间。

生产计划部门和物料管理部门在接收到市场销售部门的季度和月度需求订单后，要核算原料和包材的需求数量，提报采购申请，然后根据物料的到货进度、产品的交货日期和生产线产能等实际情况安排生产周计划和日计划等生产计划。

技术部门提供标样和工艺操作规程作为生产的依据，按照生产周计划和日计划提前准备好化妆品内料的生产配料单和生产工艺规程，并提前准备好灌包的标样和灌包作业指导书。在这个环节中，要确保实际生产的工艺和配方与注册或备案资料中的产品执行的标准一致。

仓储部门要按照物料需求计划，根据原料和包材批次“先进先出”的原则将质量部门检验放行的物料发放至生产车间，并与生产车间对应的物料人员做好交接手续。生产剩余的物料应当及时退回仓库。

生产车间按照产品配方和生产工艺规程、产品标样、生产作业指导书的要求生产。在生产过程中，要保证人、机、料、法、环、测等生产要素满足工艺技术要求。

质量管理部门应当保证进入生产车间的物料经检验放行，保证生产过程的质量状态受控，保证产成品经检验放行。

2. 生产过程作业标准化管理

生产过程作业标准化管理包括建立产品标准和标样、技术规范、工艺规程、配制和灌包作业指导书、在制品检验方法、岗位操作规程等，作为各岗位作业和生产管理的依据。

企业可以在生产现场和质量管理部门陈列原料和半成品料体的标样，作为感官判断的依据。企业可以在内包材存放的现场，放置内包材清洁、消毒的操作标准，作为相关作业的依据。企业可以在生产现场，放置相关物料、中间产品、产品的检验方法和评判标准，作为现场质量管理的依据；放置“车间清洁消毒计划”和“车间清洁消毒作业指导书”，作为现场环境、设施、设备的清洁卫生工作的依据；放置生产中途换线、换产的清场作业标准，作为相关操作的依据。

应当注意：操作过程形成的生产记录，要及时归档保存。

3. 生产计划及物料控制管理

计划部门的工作，就是围绕物料的采购需求（品名、规格、数量、到货时间）、生产安排（品名、规格、数量、交货日期）做统一的安排。其他各支持部门及执行部门在整个生产过程中，围绕这些需求开展自己的工作，履行自己的职责。在整个生产过程中，各部门应当按要求填写与自己工作相关的表单记录，做好交接的同时，保证产品的可追溯性。

为了保证生产有序开展，计划部门需要制订月度计划、周计划和日计划。

（1）月度计划的制订，是为下个月的整体工作做安排，对原辅材料的采购到位的时间段、人力需求、产能进行整体衡量；月度计划一般是由计划部门和市场需求部门、采购部门进行沟通后制订的，主要考虑的是产品的需求时间、需求数量等。涉及采购部门的内容是配套的原辅材料的到货信息（品名、规格、数量、到货日期等）。

（2）周计划是围绕下周工作的安排来制订的，一般由计划部门和生产部门沟通后落实，主要考虑原辅物料的到货情况、市场需求部门的订单是否有变动，以及生产部门人力资源、设备情况能否满足交货需求，如果没有变化，按照计划实施，如果有变化，就需要及时调整。

（3）日计划主要是为第二天的生产所制订的计划，企业应当根据生产计划下达生产指令。生产指令应当包括产品名称、规格、数量、生产批号、产品物料清单（BOM）表、乳化配制表、生产工艺单等内容，并将相关的信息给仓储部门和生产部门。各仓储部门（包材库、原料库、半成品库）根据领料单提前准备物料，车间的领料人应当核对所领用物料的相关信息，填写领料单据并签收，将物料转运至相应的区域待用，同时将相应的物料信息给使用部门，单据流转给车间管理人员。生产部门应当根据生产指令进行生产。

4. 产品生产管理

《化妆品生产质量管理规范》《化妆品生产质量管理规范检查要点及判定原则》对化妆品整个生产过程都提出了管控要求，对所有与化妆品生产质量管理有关的活动均提出了记录要求，并明确要求企业对原料、内包材、半成品、成品制定批号管理规则，保证与每批产品生产相关的所有记录相互关联，保证物料采购、产品生产、质量控制、贮存、销售和召回等全部活动可追溯。

1）领料、退料管理

（1）生产领料

每天下班前，仓库的相关人员应根据生产车间开具的“领料单”，把第二天生产所需的、经质量部来料检验放行的、在保质期内的原料和包装材料，按照物料批次和“先进先出”原则，发放到生产车间指定区域。仓库发料人员与各车间物料人员要做好交接工作，交接内容包括但不限于品名、物料代码、数量、批号。

开封后不能一次性使用完毕的桶装原料，应当在桶上配备一张“物料周转卡”，卡上信息包含每次取用的数量、批号、取用时间，直至该桶原料消耗完毕。对于个别开封后贮存条件（温度、湿度、光照等）和使用期限有特殊要求的原料，要严格按照其所需的条件进行贮存，如避光、冷藏等。

（2）原料退料

每天的配料称量工作结束后，配料称量间物料人员应当将剩余的原料包装完整后退回到原料仓库储存，配料称量间物料人员与原料仓库管理人员要做好交接手续。

（3）包材退料

产品的每个生产周期结束，车间剩余的包材（合格包材）退回包材仓库存放（内包材、外包材须分开），包装车间物料人员统计好不良包材（分为来料不良包材和作业产生的不良包材）一并退回仓库处理。

（4）物料平衡

每次退料时，车间物料人员要根据领料的数量、成品数量和退料数量做一次物料平衡，计算出各种物料的盈亏情况。出现异常盈亏（超出允许的范围）的，要查明原因。

2）原料称量过程管理

称量前，要做好现场物料的定置管理和标签标识管理，保证各种原料都放置在指定的位置，每次称量结束后应迅速归位，以方便下一次或下一个人取用。

称量用的周转容器，事先做好标签标识、清洁和干燥工作。量小的原料可以使用食品级称量袋称量，做到一份原料一个周转容器，避免原料间的交叉污染。

称量时要依据生产配方表，选用正确精度的电子秤，按照批次逐个称取原料，每次拿取原料桶时要核对桶上标签，避免错拿错用。

有条件的企业可以使用防差错称量系统，先给原料赋码，再在取料称量时扫码，对于称好的物料再赋码，乳化投料时再扫码。这样可以防止称量和配制投料过程的错拿错用。

已称量好的物料，要按照批次放置成一组，与乳化配制车间人员做好复核清点工作。

每天所有称量配料工作结束，要对每份原料做好进、用、退数量的平衡工作。一旦发现平衡异常，立即查找原因。

3）内料配制过程管理

投料前，要确保乳化设备和所用的工器具处于清洁、消毒和干燥（如有必要）状态；按照工艺规程规定的相次和各相中原料的顺序投料、预溶解、合相，严格执行时间、温度、搅拌/均质速度、压力等工艺参数指标。配制时，一定要注意在制品料体的状态、色泽的变化。每批次料体做好后，在出料前要做好 pH、黏度等理化指标的检测，将料体的感官指标与标样进行比对。在出料过程中，要做到避免料体被污染。在配制环节，应当按照企业检验制度，取样、送样至实验室做微生物和理化检验，作为该批料体放行的依据。出好的料体，应当转移到半成品暂存库存放，并做好标签标识，等质量管理部门检验放行后，进入灌装工序。

4）灌装过程管理

灌装车间接到日计划后，会提前做好原料、包材的领用，作业指导书、标样的确认等工作。如果是新产品，在生产前还需要提前对作业人员进行操作工艺培训，确保正式生产时相关人员都了解作业方法和关键控制点。

内包材按照批号分类进入脱包间进行脱包，并根据内包材的实际情况及要求，进入清洁、清洗、烘干、消毒等各类预处理工序。处理完成后，也按照批号分类进入消毒包材暂存间。产品灌装前，灌装车间的物料人员要核对半成品的名称、批号、重量，核对内包材各配件的批号，并实时填写到生产灌装记录上，确保产品的可追溯性。灌装生产前，除了做好原物料半成品的核对外，还要对设备进行消毒。在灌装过程中，要经常对灌装量进行称重检查，核对是否在灌装范围内，确保灌装量不出现负偏差。

5）包装过程管理

灌装完的产品，经密封后通过流水线、输送带或者以其他方式进入包装车间。操作人员根据作业指导书、标样进行生产，线长或在线检验员要做好首件的复核与确认，核对名称、规格、批号（喷码）信息。确定包装方式与作业指导书、标样一致后，方可批量正式生产。生产完工的产品，要按照批号进行码垛，并在外箱指定位置粘贴或者标注相关信息；然后由车间负责人做好入库手续，填写产品相关信息（名称、规格、批号、数量等），交由物料人员与成品仓库人员进行交接；转运至成品仓库的待检区后，要做好标识；成品检验员要按照检验需求和留样需求，依照企业抽样规定抽取样品。如果成品检验有异常或者不合格，则转运至成品库的不合格品区域，质量部门要标注醒目的标识加以区别。该批次异常情况的信息应当同步传达给相关部门，各部门应当按照不合格品处理流程做好相关工作。只有成品检验合格后，才能转运到成品仓库的合格品区域。市场部门提出出货需求，以及成品仓库出货过程中也要按照要求登记车辆信息。

根据生产经验，企业需要注意以下关键控制点。(1) 灌装控制点：脱包间内包材的异物控制，灌装的净含量在线检测，密封性和旋盖扭力矩在线检测等，其中净含量和密封性要作为关键控制点进行重点管控。(2) 包装控制点：瓶身和花盒上的喷码，企业应当对装好的花盒全检，装好的中盒检重，装好的外箱检重。(3) 开线时的控制点：首件检验、确认，企业应当将开线的首件产品与标样进行比对，只有当所有质量管控项目都与标样一致并经现场检验人员确认后，才可以正式开始生产。

6）批次管理、标签标识和追溯管理

一般地，企业会在化妆品内料配制过程中，按照乳化配制的生产日期和锅次赋予化妆品一个批号，并将这个批号作为产品在企业生产和市场流通中批次管理和可追溯性管理的唯一依据。如果企业采取这一方式制作批号，应当将这种批次管理方式列入批次管理规则。

在包材的批次管理方面，企业可以按照包材到货日期，由仓储部门赋予批号。仓库管理人在发货时，应当将包材批号传递给生产车间的物料人员，并进一步传递到各使用岗位。灌装工序用到的所有内包材，只要其中的一种包材批号发生切换，其他尚未切换批号的包材就需要标注。可以在其批号后面增加“A、B、C…”用以识别，并记录到灌包记录上，以确保后续的可追溯性。

关于化妆品限用日期的赋码，企业应当注意：内包装瓶身和外包装花盒上都需喷码。

7）生产过程记录管理

生产记录至少包含《领料和称量配置记录》《乳化批记录》《灌装/包装记录》，以及质量管理体系要求做好的现场管理记录（如环境清洁消毒记录等）。

生产记录归档保留应满足《化妆品生产质量管理规范》要求，作为产品后续在流通环节直至产品生命周期结束的可追溯性的依据。

8）产成品质量管理

每个生产批次的产成品，由各生产线的负责人报验，经现场检验员抽样并检验其各项感官指标，并随机在线留样、送检，经实验室微生物和理化检验合格后，放行入库。

9）留样管理

企业应当对每个生产批次的产品按要求留样，送留样室保存。

《化妆品生产质量管理规范》将物料平衡管理作为保障化妆品质量安全、提高企业质量管理效益的重要手段。企业应当对这个要求提高认识，对原料、包材、在制品和产成品等均实施监控。原料的每次领、用、存，都要保持物料平衡。一旦超过规定的物料平衡限定范围，就要找到物料的去处。生产投料和配制过程也要处于实时监控状态，每批生产（包括配制和灌装）结束后都要将相关的设备、周转容器和使用过的工器具彻底清洁消毒干净。生产过程要通过标签标识和专桶专用等方法避免混淆和交叉污染。

5.2.6 产品销售管理

产品检验合格后出厂，对于生产企业来说，并不意味着质量管理的结束。虽然化妆品有别于药品、医疗器械等产品，对于运输管理无特殊要求，但是企业仍须做好运输过程中的车辆卫生管理，保证包装产品贮存条件满足要求，不被污染。

企业应当注意出厂产品的销售记录要求，记录至少包含产品名称、特殊化妆品注册证编号或者普通化妆品备案编号、使用期限、净含量、数量、销售日期、价格，以及购买者名称、地址和联系方式等内容，确保产品在上市销售中出现不良反应或抽检不合格时，可以快速召回相关产品，避免因召回不及时引起重大群体安全事件。

企业还应当做好销售退货的相关处理措施。退货记录应包括退货单位、产品名称、净含量、使用期限、数量、退货原因以及处理结果等内容，并注意区分因产品质量安全问题、非产品质量安全问题退货的产品处理措施。

需要说明的是，有的企业在依照《化妆品生产质量管理规范》建立化妆品生产质量管理体系之前，已经按照 ISO 9001、ISO 22716、GMPC① 等国际标准建

① Guideline for Good Manufacture Practice of Cosmetic Products，化妆品良好生产规范。

立了生产质量管理体系。这两个体系要求并不矛盾，企业可以结合实际统筹考虑体系的建立和运行。化妆品生产质量管理体系得到良好的运行，不断提高企业质量管理水平，保证化妆品质量安全，是《化妆品生产质量管理规范》制定的初衷。按照《化妆品生产质量管理规范》建立的体系，每年要进行体系运行情况自查，确保企业的质量方针、目标得以贯彻落实；企业应当定期对各部门质量指标达成情况进行数据的收集和统计分析，保证全年质量目标的达成；生产出口产品的化妆品企业，还要注意目的地国家（地区）的特殊要求，要建立起目的地国家（地区）要求的质量管理体系，保证产品达到目的地国家（地区）的标准要求。

5.3 国外化妆品生产管理制度简介

化妆品生产环节管理对化妆品质量安全起着至关重要的作用，各国（地区）对化妆品的生产都有一定的管理要求，具体采取强制要求还是推荐性指引的方式，与化妆品的风险等级、所在国家（地区）的化妆品行业发展水平有关。本节简要介绍欧盟、美国、日本、韩国对化妆品生产管理方面的法规要求，并将这些国家（地区）的要求与中国的要求进行比较。

5.3.1 欧盟化妆品生产管理

根据欧盟《化妆品法规 1223/2009》，每种化妆品产品投放欧盟市场时，必须明确指定满足一定条件的“责任人”，化妆品责任人必须确保产品符合欧盟法规的相关要求。

在生产管理方面，欧盟并没有针对化妆品生产企业的生产许可制度，也不颁发生产许可证。然而，根据欧盟《化妆品法规 1223/2009》第 8 条，化妆品生产必须符合良好生产规范，以确保产品满足该法规中第 1 条所规定的立法目的，即保证欧盟内部市场的正常运作和更好地保护消费者健康。符合良好生产规范的判定标准：化妆品生产符合相关通用标准，其具体要求可参见发表于欧盟官方期刊关于化妆品良好生产规范的规定。化妆品生产企业也可以遵照其他标准，但必须证明该标准不低于良好生产规范的要求。同时，根据欧盟《化妆品法规 1223/2009》，化妆品责任人需在提交产品信息资料时，附上化妆品良好生产规范的自我声明。

2011 年 4 月 21 日，欧盟官方期刊发布了《化妆品—良好生产规范—良好生产规范指南》(ISO 22716)。该指南正式成为欧盟《化妆品法规 1223/2009》的良好生产规范协调标准，也就是说，符合 ISO 22716 即表示符合欧盟《化妆品法规 1223/2009》的良好生产规范要求。

ISO 22716 为从事化妆品产品制造、包装、检测、贮存和运输的人员提供了建立全面质量管理体系的指南。ISO 22716 结合了良好生产规范的优点，将化妆品安全与整体业务改进相联系，使其能够满足全球消费者对化妆品安全认证的需求。ISO 22716 由以下五大核心要素组成：化妆品质量管理体系和组织，场地和设备，产品实现和物料管理，偏差、投诉和召回，持续改进。ISO 22716 基本涵盖了化妆品生产过程的各个环节，其主要内容包括：适用范围、用语及定义、人员、厂房、设备、原料及包装材料的管理、生产过程、终产品、品质管理实验室、次品的处理、报废、分包、差异、投诉及召回、变更管理、内部审核以及文件管理等。

5.3.2 美国化妆品生产管理

在美国 FDA 执行的化妆品相关法规中，对于化妆品生产企业，主要强调企业自我约束，并不实施生产许可证等制度，也没有强制要求化妆品生产必须遵守 GMP。在美国个人护理产品协会的《消费者承诺规范》中，声明化妆品生产应遵循 GMP，以保证化妆品的质量安全。但是按照 OTC 管理的防晒、止汗、抗龋等产品生产，必须按照美国 FDA 的要求，符合 GMP。不遵循 GMP 的此类产品将被认为是伪劣产品。

美国 FDA 在制定《化妆品 GMP 指南草案》时，充分借鉴了 ISO 22716 标准中的有关要求，并基于自身的监管需求和经验，决定采纳、修改或排除 ISO 22716 在某些方面的规定。该指南修订之后，主要内容包括简介、背景、讨论三个部分。其中在讨论部分，进行了概述和定义的解释，并详述了与化妆品生产相关的特定指南，涉及文档、记录、厂房和设备、人员、原材料、水、着色剂、禁用和限用的化妆品成分、生产、实验室控制、内部审查、投诉、不良反应事件以及召回等方面的要求。

值得注意的是，《化妆品 GMP 指南草案》不是强制性标准，只是一个鼓励实施的指引。因此，化妆品生产企业通常会先通过第三方的认证审核，获得证书后向美国个人护理产品协会或者州政府的相关部门提交申请，以获得 GMP 的担保证书。

在美国总统于2022年12月签署的《2022化妆品监管现代化法案》中，要求主管机构在该法案出台3年内颁布化妆品良好生产规范的实施条例，该条例将使主管机构拥有法律依据，开展对化妆品生产企业必要记录的检查，以证明生产符合本条例规定的良好生产规范。法案中要求实施条例原则上在可行的范围内，应与国家标准和国际标准保持一致。同时，主管机构应考虑化妆品生产企业的规模和范围，以及此类化妆品对公众健康构成的风险，并为适用该条例的所有规模和类型的生产企业提供足够的灵活性。实施条例应包括对小型企业酌情简化的要求，以确保此类法规不会对小型企业造成不适当的经济困难，并使小型企业有更长的过渡时间。未来该化妆品良好生产规范的实施条例将成为正式的法规要求。

5.3.3　日本化妆品生产管理

日本《药机法》规定，医药品、医药部外品、化妆品及医疗器械的制造销售企业和制造企业，须首先取得制造销售业许可或制造业许可。制造销售业许可体系的正式建立，旨在明确产品上市后的品质安全责任由制造销售企业负责，以加强产品的安全管理。制造销售企业需要符合GVP和GQP的要求，制造企业需要符合GMP的要求。制造销售企业或制造企业应当向公司所在地的地方监管部门提交许可申请，许可有效期为5年。日本的GMP管理是推荐性要求，其适用范围包括化妆品、医药部外品、口腔清凉剂、杀虫剂、医用棉类产品等。在这些产品中，生产医药部外品需要取得行政许可，并且应当符合《医药品、医药部外品、化妆品及医疗器械的品质管理标准之有关省令》（2004年12月24日厚生劳动省令第179号）中的有关要求。生产化妆品及医药部外品，在取得制造业许可或制造销售业许可时，GMP不作为许可的必要条件。

5.3.4　韩国化妆品生产管理

韩国《化妆品法》自1999年颁布以来进行了若干次修订。在2000年、2011年、2018年的修订中，逐步增加了化妆品制造企业、化妆品责任销售企业、定制化妆品销售企业的登记制度。

韩国《化妆品法》第3条规定，化妆品制造企业、化妆品责任销售企业、定制化妆品销售企业应当按规定各自向食品医药品安全部登记，获得许可后方可从事相关活动。化妆品制造企业应当按照规定的设施标准配备相应设施并符合相关规定。制造化妆品部分工序的，只需要具备相应的设备。化妆品责任销售企业应当符合化妆品品质管理标准和制造销售安全管理标准的规定，并设置能够进行管理的“责任销售管理人”。定制化妆品销售企业应当具备法规要求的设施标准，并设置从事定制化妆品品质及安全管理的“定制化妆品调制管理人”。化妆品制造企业、化妆品责任销售企业、定制化妆品销售企业应当向公司所在地的食品医药品安全部门提出登记申请，地方食品医药品安全部门应在受理后 15 日内作出决定。登记完成后并没有有效期限，当企业情况发生变更或需要注销时，企业应当主动进行申请。

《化妆品法施行规则》第 12 条规定，韩国鼓励化妆品制造企业遵循化妆品良好生产规范。2009 年，韩国颁布了《化妆品良好生产和质量控制规范》（Cosmetic Good Manufacturing Practice，CGMP），随后进行了多次修订，最新版本于 2020 年发布。《化妆品良好生产和质量控制规范》规定了化妆品生产的设备要求、原辅料管理、制造管理、品质管理、认证检查等内容。

《化妆品良好生产和质量控制规范》并非强制性要求，化妆品制造企业可以按照该规范的要求，自愿向韩国食品医药品安全部提出认证申请。为了鼓励企业遵循《化妆品良好生产和质量控制规范》，韩国食品医药品安全部对获得认证的企业给予一定的优惠政策，如可以在广告或产品上标注 CGMP 的标识，免除日常的抽检等。

化妆品 GMP 认证的主管部门为韩国食品医药品安全部化妆品政策科。化妆品制造企业提出申请后，食品医药品安全部化妆品政策科组织开展资料审查和现场审核，判定合格后颁发化妆品 GMP 证书。食品医药品安全部对于获得 GMP 的企业，每 3 年进行一次现场审核。

5.3.5 中外化妆品生产管理比较

从上述对各国家（地区）化妆品生产管理法规的介绍可以看到，日本和韩国具有类似中国的生产许可制度，化妆品制造企业需要具备相应的软硬件条件并进行事前登记。同时，日本和韩国也具有非强制性的 GMP 要求。欧盟和美国没有生产准入制度，欧盟要求化妆品生产企业遵从 GMP，而美国由企业自主选择是否遵循 GMP 的要求。表 5－1 简要对比了中国和不同国家（地区）关于 GMP 的法规和要求。

表 5-1　中国和不同国家（地区）关于 GMP 的法规和要求

	生产准入制度	GMP 要求	GMP 相关法规	GMP 管理机构
中国	生产许可	须符合《化妆品生产质量管理规范》	《化妆品生产质量管理规范》《化妆品生产质量管理规范检查要点及判定原则》	国家药品监督管理局
欧盟	无	须符合 GMP	采用 ISO22716	无
美国	无	药品须符合 GMP，化妆品可自主选择是否遵守 GMP	《化妆品 GMP 指南草案》	美国 FDA
日本	制造企业许可、制造销售企业许可	鼓励遵循 GMP，非强制性	采用 ISO22716	无
韩国	化妆品制造企业、化妆品责任销售企业、定制化妆品销售企业登记	鼓励遵循 GMP，非强制性	《化妆品良好生产和质量控制规范》	韩国食品医药品安全部

随着全球经济日趋一体化，化妆品生产体系的法规要求也逐渐趋同。但是由于各国家（地区）化妆品行业的现状和法规、监管的历史沿革不同，中国化妆品 GMP 的要求和其他国家（地区）相比又各有其特点。

1. 化妆品 GMP 的定位

中国化妆品 GMP 即《化妆品生产质量管理规范》（以下简称“中国 GMP”）是我国化妆品行业生产体系的基本要求，属于强制性要求；而 ISO 22716、《化妆品 GMP 指南草案》和《化妆品良好生产和质量控制规范》都属于推荐或者鼓励执行的体系要求。中国 GMP 和 CGMP 文件都是根据相关上位法规所制定的配套文件，而 ISO 2716 和《化妆品 GMP 指南草案》是独立的准则或指南性文件。

2. 化妆品 GMP 中关于机构与人员的要求

在组织机构方面，除《化妆品 GMP 指南草案》未明确提及，中国 GMP、ISO 22716 和 CGMP 都有明确的要求。尤其是在中国 GMP 中创新性地引入了质量安全责任制，明确法定代表人对化妆品的质量安全工作全面负责，为实现质量目标提供必要的资源等，质量安全负责人独立履职，协助法定代表人承担相应的产品质量安全管理和产品放行的职责。在人员健康卫生方面，中国 GMP 对健康的要求更加具体，并明确了患有痢疾、伤寒、病毒性肝炎、活动性肺结核、手部皮肤病（手癣、指甲癣、手部湿疹、发生于手部的银屑病或者鳞屑）和渗出性皮肤病等疾病的人员不得直接从事化妆品生产活动。而 ISO 22716、《化妆品 GMP 指南草案》和 CGMP 更关注开放性伤口与车间内部人员卫生的要求。

3. 化妆品 GMP 中关于质量保证与控制的要求

中国 GMP 对于质量管理体系文件的要求更加具体、直观，尤其是新增了关于电子化记录的要求，更加贴合产业发展现状。在产品检验方面，中国 GMP 比另外三个体系多了检验要求、与注册备案资料一致性的要求以及具体的留样时间要求，尤其是关于物料质量控制采用检验方式的，其检验项目、检验方法和检验频次应当与化妆品注册、备案资料载明的技术要求一致，这有助于提升注册申报资料的真实性，为促进化妆品生产企业规范生产奠定了基础，也为监管部门高效监管提供了有力的政策依据。

4. 化妆品 GMP 中关于厂房设施与设备管理的要求

中国 GMP 较为细化，其对不同单元、不同环节的生产环境有着明确的要求，方便化妆品生产企业更好地开展环境监测。在虫害控制方面，除《化妆品 GMP 指南草案》外，其他三个体系均有相关要求，中国 GMP 更是对共线生产以及对易产生粉尘、使用挥发性物质、不易清洁的工序的控制作出具体规定。

5. 化妆品 GMP 中关于物料与产品管理的要求

中国 GMP 强调全过程的控制与管理，并结合相关法律法规、强制性国家标准和技术规范提出了细致的要求。在留样管理方面，除 CGMP 外其他三个体系都有相关类似的要求，且中国 GMP 和《化妆品 GMP 指南草案》对于原料留样也有明确要求，中国 GMP 还要求关键原料留存满足原料质量检验要求的样品。在产品放行管理方面，中国 GMP 和 ISO 22716 有相关要求。在产品标签管理方面，中国 GMP 和《化妆品 GMP 指南草案》有相关要求，中国 GMP 更强调了对使用期限的要求。

6. 化妆品 GMP 中关于生产过程管理的要求

相较于其他标准，中国 GMP 中强调企业实际生产的工艺规程应与产品注册载明的技术要求一致，较好地规避了新法规实施以前注册备案资料与实际生产存在部分脱节的情形；此外，中国 GMP 提出了企业要对主要生产工艺开展验证，进行物料平衡计算，为企业持续生产质量可控的产品提供技术保障。

7. 化妆品 GMP 中关于产品销售管理的要求

在产品销售记录方面，中国 GMP 和《化妆品 GMP 指南草案》对产品销售管理均有相关要求，且中国 GMP 对产品销售记录有更加细致的要求。在产品贮存和运输管理方面，四个体系均有类似的要求，中国 GMP 和 ISO 22716 对于退货也有具体要求。在投诉和召回管理方面，除《化妆品 GMP 指南草案》外的三个体系都有相关要求。中国 GMP 对化妆品不良反应监测工作还作出明确规定。

8. 化妆品 GMP 中相关定义及其他要求

除《化妆品 GMP 指南草案》外的三个体系中都对体系相关术语做了解释，各个术语的解释根据体系管理的内容不同而不同。中国 GMP 根据中国实际情况，对仅从事半成品配制的企业和牙膏生产企业，也提出了和化妆品管理一致性的要求。

从总体上来看，中国化妆品生产相关的要求更重视细节管理，每一项要求都很具体，可操作性强，便于企业执行。其他国家（地区）的 GMP 更重视方向性的管理，强调落实企业主体责任。

第6章　化妆品经营管理

6.1　中国化妆品经营管理要求

在化妆品产业链条上，化妆品经营者架起了化妆品生产企业与消费者的桥梁，为消费者及时获取丰富多样的化妆品提供了重要渠道。明确化妆品经营者的法律义务，规范化妆品经营活动，是化妆品全产业链监管中的重要一环。

6.1.1　中国化妆品经营管理基本要求

《化妆品生产经营监督管理办法》明确规定，在中华人民共和国境内从事化妆品生产经营活动及其监督管理，应当遵守本办法。一直以来，化妆品经营者和生产企业的管理理念是各有侧重的，由于化妆品经营者并未直接参与产品生产过程管控，在产品质量安全管理上势必存在盲点和缺失。《化妆品监督管理条例》则明确了化妆品注册人、备案人对化妆品的质量安全负责，《化妆品生产经营监督管理办法》《化妆品生产质量管理规范》对仅开展委托生产的化妆品注册人、备案人的责任与义务作了明确具体的规定。中国相关法规对化妆品经营活动的约束内容广泛，既包括向消费者销售化妆品的行为，也包括借化妆品提供美容美发等形式的服务行为；既包括线下经营活动，也包括线上经营活动；既包括对化妆品经营者的要求，也包括对为化妆品经营活动提供交易场所等服务的市场开办者的要求。

1. 对化妆品经营企业的基本要求

《化妆品生产经营监督管理办法》在《化妆品监督管理条例》规定的化妆品经营者的进货查验制度的基础上进行细化，要求化妆品经营者应当建立并执行进货查验记录制度，查验直接供货者的市场主体登记证明、特殊化妆品注册证或者普通化妆品备案信息、化妆品的产品质量检验合格证明并保存相关凭证，如实记录化妆品名称、特殊化妆品注册证编号或者普通化妆品备案编号、使用期限、净含量、购进数量、购进日期，以及供货者名称、地址和联系方式等内容。

实行统一配送的化妆品经营者，可以由经营者总部统一建立并执行进货查验记录制度，按照《化妆品生产经营监督管理办法》的规定，统一进行查验记录并保存相关凭证。经营者总部应当保证所属分店能提供所经营化妆品的相关记录和凭证。

应当注意，《化妆品生产经营监督管理办法》明确了以免费试用、赠予、兑换等形式向消费者提供化妆品，应当依法履行化妆品经营者义务。化妆品经营者不能以消费者没有承担化妆品价款为由而免除产品质量责任。

《化妆品生产质量管理规范》对化妆品委托生产活动作出了具体规定，即使化妆品经营者不从事化妆品生产活动，仅委托化妆品生产企业生产化妆品，只要其是化妆品的注册人、备案人，就必须满足《化妆品生产质量管理规范》中对注册人、备案人的要求。

1）组织机构方面

建立与所注册或者备案的化妆品和委托生产需要相适应的组织机构，明确注册备案管理、生产质量管理、产品销售管理等关键环节的负责部门和职责，配备相应的管理人员。建立化妆品质量安全责任制，明确委托方法定代表人、质量安全负责人以及其他化妆品质量安全相关岗位人员的职责，各岗位人员应当按照岗位职责要求，逐级履行相应的化妆品质量安全责任。

2）人员设置方面

设定质量安全负责人，承担相应的产品质量安全管理和产品放行职责。质量安全负责人的要求应符合《化妆品生产质量管理规范》的相关要求。

3）管理制度方面

建立并执行化妆品注册备案管理、从业人员健康管理、从业人员培训、质量管理体系自查、产品放行管理、产品留样管理、产品销售记录、产品贮存和运输管理、产品退货记录、产品质量投诉管理、产品召回管理等质量管理制度，建立并实施化妆品不良反应监测和评价体系。

需要特别注意的是，委托生产的注册人、备案人应当按要求留样，留样地点可以是其住所、主要经营场所，也可以是其住所或者主要经营场所所在地的其他经营场所。

所有化妆品经营者都应当建立并执行进货查验记录制度，查验供货者的市场主体登记证明、化妆品注册或者备案情况、产品出厂检验合格证明，如实记录并保存相关凭证。记录和凭证保存期限不得少于产品使用期限届满后 1 年；产品使用期限不足 1 年的，记录保存期限不得少于 2 年。

2. 对特殊经营主体的基本要求

1）美容美发机构、宾馆

美容美发机构、宾馆等如在经营服务中使用化妆品或者为消费者提供化妆品，应当依法履行《化妆品监督管理条例》和《化妆品生产经营监督管理办法》规定的化妆品经营者义务，其提供的化妆品应符合最小销售单元标签的规定，并且应当在其服务场所内显著位置展示其经营使用的化妆品的销售包装，方便消费者查阅化妆品标签的全部信息，并按照化妆品标签或者说明书的要求，正确使用或者引导消费者正确使用化妆品。

化妆品的最小销售单元应当有中文标签。标签内容应当与化妆品注册或者备案资料中产品标签样稿一致。化妆品的名称、成分、功效等标签标注的事项应当真实、合法，不得含有明示或者暗示具有医疗作用，以及虚假或者引人误解、违背社会公序良俗等违反法律法规的内容。化妆品名称使用商标的，还应当符合国家有关商标管理的法律法规规定。

2）化妆品集中交易市场开办者、展销会举办者

化妆品集中交易市场开办者、展销会举办者应当建立保证化妆品质量安全的管理制度，承担入场化妆品经营者管理责任，建立入场化妆品经营者档案、化妆品检查制度。其应定期对入场化妆品经营者进行检查；发现入场化妆品经营者有违反《化妆品监督管理条例》规定行为的，应当及时制止并报告所在地县级人民政府负责药品监督管理的部门。具体要求包括以下三点。（1）建立保证化妆品质量安全的管理制度，并有效实施，承担入场化妆品经营者管理责任，督促入场化妆品经营者依法履行义务，每年或者展销会期间至少组织开展一次化妆品质量安全知识培训。（2）建立入场化妆品经营者档案，审查入场化妆品经营者的市场主体登记证明，如实记录经营者名称或者姓名、联系方式、住所等信息。入场化妆品经营者档案信息应当及时核验更新，保证真实、准确、完整，保存期限不少于经营者在场内停止经营后 2 年。（3）建立化妆品检查制度，对经营者的经营条件及化妆品质量安全状况进行检查。发现入场化妆品经营者有违反《化妆品监督管理条例》《化妆品生产经营监督管理办法》规定行为的，应当及时制止，依照集中交易市场管理规定或者与经营者签订的协议进行处理，并向所在地县级人民政府负责药品监督管理的部门报告。

3）化妆品电子商务平台经营者

化妆品电子商务平台经营者应当在其经营活动主页面全面、真实、准确披露与化妆品注册或者备案资料一致的化妆品标签等信息；收到涉及产品质量安全的重大信息，应当及时报告所在地省级人民政府负责药品监督管理的部门；发现有严重违法行为的，应当立即停止向平台内化妆品经营者提供电子商务平台服务。

化妆品电子商务平台经营者应当履行对平台内化妆品经营者的管理义务，具体包括以下内容。（1）对申请入驻的平台内化妆品经营者进行实名登记，要求其提交身份证明、地址、联系方式等真实信息，进行核验、登记，建立登记档案，并至少每 6 个月核验更新一次。化妆品电子商务平台经营者对平台内化妆品经营者身份信息的保存时间自其退出平台之日起不少于 3 年。（2）应当设置化妆品质量管理机构或者配备专兼职管理人员，建立平台内化妆品日常检查、违法行为制止及报告、投诉举报处理等化妆品质量安全管理制度并有效实施，加强对平台内化妆品经营者相关法规知识的宣传。（3）依法承担平台内化妆品经营者管理责任，对平台内化妆品经营者的经营行为进行日常检查，督促平台内化妆品经营者依法履行《化妆品监督管理条例》《化妆品生产经营监督管理办法》规定的义务。发现违法经营化妆品行为的，应当依法或者依据平台服务协议和交易规则采取删除、屏蔽、断开链接等必要措施及时制止，并报告所在地省、自治区、直辖市人民政府药品监督管理部门。

6.1.2　中国化妆品经营活动合规性解析

《化妆品监督管理条例》和《化妆品生产经营监督管理办法》根据化妆品经营活动的实际情况，规定了化妆品经营者的法律义务，规范了进货查验、运输贮存、广告宣传、销售管理等经营行为。以下对化妆品经营各环节的实际操作进行解析，以确保经营的合规性，保障化妆品的质量安全。

1. 采购、入库环节

1）索证索票和进货查验

应当索取并查验供货商市场主体登记证明、特殊化妆品注册证或者普通化妆品备案信息、化妆品的产品质量检验合格证明等证明文件，签订采购合同，并做好记录。

建议安排专人负责检查每批次化妆品的索证索票资料，同时从感官、包装标识方面同步核验所购化妆品与资料中的信息是否相符。采购的化妆品应当质量合格、包装完整、标识齐全。收货时至少应对各批次产品进行抽检，确认外观性状与同批次检验报告一致。若涉及进口化妆品，在完成入境报关后，还应及时在仓库内验收、理货。对需加贴标签的进口化妆品，还应完成贴标。对验收不合格的化妆品，应做好登记，实行退货或销毁处理。

2）进货台账登记

应当按照法律规定做好对产品名称、特殊化妆品注册证编号或者普通化妆品备案编号、使用期限、净含量、数量、销售日期、价格，以及购买者名称、地址和联系方式等内容的记录工作。目前电子记录已基本普及，有一定规模的化妆品经营公司已形成公司内部货管系统的电子化和数字化，用电子记录实现登记和追溯。

上述采购、入库环节中的资料留档记录都应当真实、完整、可追溯。留档资料保存的期限大于产品使用期限届满后 1 年；产品使用期限不足 1 年的，记录保存期限不得少于 2 年。

2. 仓储、物流环节

在仓储、物流环节，除了做好货物管理，还要保证货物按照物质属性、法律规定及标签标识的要求做好存储工作，确保货物不变质、不超期。因此，应当遵循“先进先出”原则发货，定期检查并处理变质或者超过使用期限的产品，发现不合格品时不准投入使用，并隔离堆放。在产品包装、运输方面，要注意符合标签说明等要求。

随着线上经营渠道的拓展和消费理念的升级，企业对消费者体验的重视程度越来越高，给化妆品仓储和物流带来了一定的挑战，对仓储和物流的发货速度和应急反应能力等服务要求也越来越高。减少流程，缩短时长，提高包装的审美效果，提升拆箱便利化等，成为化妆品经营的新竞争点。

对于一般的化妆品经营企业来说，仓储、物流环节多为外包，建议企业将合规的要求写入合同约定，也建议企业对外包仓设置关键绩效指标（KPI）考核标准，提出明确的服务、赔付要求。基于风险防控的考虑，企业也可以积极投保，保额至少覆盖货物在外包仓库的储存峰值。

3. 销售、推广环节

1）功效核验

《化妆品监督管理条例》规定，化妆品注册人、备案人要通过文献资料调研、研究数据分析或者人体功效评价试验等手段，对其在国内生产经营的化妆品的功效宣称进行科学测试和合理评价，对化妆品功效宣称的科学性、真实性负责，并按要求编制产品功效宣称依据的摘要，在国家药品监督管理局指定的专门网站上公布，接受社会监督。

化妆品经营企业若想突出宣传化妆品的某种功效时，一定要把对应的功效宣称评价报告纳入宣传材料的支持文件里。支持文件一般涉及人体功效评价试验、消费者使用测试、实验室试验、文献资料/研究数据以及其他在指定网站上公开的宣称依据的摘要截图。化妆品经营企业尤其是委托经营企业对于产品功效材料核验要遵循真实、客观、严谨的原则，以及与注册、备案信息保持一致性的原则。

2）信息展示

电子商务平台内化妆品经营者，以及通过自建网站、其他网络服务经营化妆品的电子商务经营者，除了要保证产品标题、产品基础信息展示界面准确、及时更新外，还要依照《化妆品监督管理条例》等法规制度要求，在其经营活动页上全面、真实、准确、及时地披露与化妆品注册或者备案资料一致的化妆品标签等信息。《化妆品标签管理办法》也规定化妆品最小销售单元要有标签。这些制度规定在进一步保障消费者知情权的同时，要求电子商务经营者加强其经营活动合规性的自律。化妆品电子商务经营者可以自建标签查询链接，或者如实公开产品标签拍摄图，并对化妆品的类别、功效等进行更为准确、更为透明、更为真实的介绍。

3）货物流向

法规要求化妆品经营者做好销售台账记录。销售记录一般应当包括产品名称、价格、数量、生产日期、使用期限、销售日期，以及购买者名称、地址和联系方式等内容。企业还要按照法规要求保存销售票据，票据保存期限为 3 年。从最初的台账录入到系统形成留存记录应当完整，确保产品可追溯。

4. 售后风险控制环节

1）不良反应监测

化妆品经营者应当配合化妆品不良反应监测机构、负责药品监督管理的部门开展化妆品不良反应调查。因此，企业应当设置专岗，收集、分析、监测和上报正在经营的化妆品的不良反应信息，对可能与使用化妆品有关的不良反应，应当通过国家化妆品不良反应监测信息系统报告。对于消费者反馈的不良反应信息，专岗人员应当在第一时间核实信息，通过订单信息、产品批号等查验是否为本公司经营的产品，判断消费者提供的证明材料与问题产品是否具有直接关联性。核实以上信息后，若发现或者获知经营的化妆品存在安全风险、可能危害人体健康的，应当立即停止生产、经营，并同时告知化妆品注册人、备案人、境内责任人，配合其采取措施控制风险。上报时限应当符合现行法律规定，属于一般化妆品不良反应的，应当自发现或者获知化妆品不良反应之日起 30 日内报告；属于严重化妆品不良反应的，应当自发现或者获知化妆品不良反应之日起 15 日内报告；属于可能引发较大社会影响的化妆品不良反应的，应当自发现或者获知化妆品不良反应之日起 3 日内报告。

在保证经营活动合规的前提下，化妆品经营者也要依法保护自己，对于消费者反映的“过敏”“不良反应”等问题，应当请对方提供有关过敏的照片、相应的医院检查记录等证据材料。

2）产品召回

化妆品经营企业获悉化妆品存在质量缺陷或者其他问题，可能危及消费者健康安全时，应当立即停止经营，通知和配合相关化妆品注册人、备案人实施召回。此类问题包括但不限于：化妆品抽样检验结果不合格，化妆品中含有禁止用于化妆品生产的原料、应当注册但未经注册的新原料、可能危害人体健康的物质，化妆品不符合强制性国家标准、技术规范或者不符合化妆品注册、备案资料载明的技术要求，化妆品标签标注虚假的注册、备案、生产等信息实际上存在质量安全问题等。若存在上述情形，企业应当依法向政府部门报告，及时通知消费者，并从市场和消费者手中收回问题化妆品。企业应制定全面的召回方案，召回方案包括但不限于对消费者的补偿方案、对缺陷化妆品进行销毁或更换等，以有效避免或减少流入市场的缺陷化妆品对公众的健康损害，维护消费者的利益。同时，与化妆品注册人、备案人以及生产企业进行有效沟通，分清问题化妆品的质量安全责任。

在化妆品经营环节，做好以上管理十分重要。为保证相关职责的履行和相关制度的落实，化妆品经营单位应当保证必需的资源，在机构设置、人员能力、资金保障等方面实实在在地为质量安全管理提供条件。经营企业一般会设置业务负责、单证审核、产品质控、物流仓储、销售管理、产品召回、不良反应监测等职能岗位，尽管在实践中，有些企业会对这些岗位进行合并处理，但确保链路不缺失是保证经营合规的基本要求。

6.2　中国化妆品经营新模式合规性解析

化妆品的经营模式是伴随着化妆品消费市场的发展而不断变化的。近年来，互联网的发展、社交媒体的普及，不断改变着人们的消费习惯，由此带来了化妆品经营新模式的层出不穷，给化妆品监管带来了新的挑战。随着数字技术的创新应用和智能终端的普及，新的网络营销方式不断涌现，如微商、小视频、电子商务平台直播等，这些营销方式可能会带来一定的合规风险。本节将重点介绍中国化妆品经营新模式，并对化妆品经营新模式的合规性进行解析。

6.2.1　化妆品经营新模式简介

1. 化妆品经营新模式分类

随着中国人民生活水平的提高，消费者需求的多元化、个性化，以及经济数字化转型的加速，电子商务已经成为人们消费的主要方式。在化妆品行业，化妆品经营新模式主要体现在电子商务上。电子商务可分为传统电子商务、社交电子商务，此外，还有为电子商务提供服务的网络经营平台服务商。

1）传统电子商务

传统电子商务是指利用互联网实现交易和服务，即将线下的购物和支付转移到网上，可以为用户和商家节省交易时间、提高交易效率。传统电子商务按销售地域可分为两类：(1) 国内电子商务平台，是指只面向国内用户的电子商务，如淘宝等；(2) 跨境电子商务平台，如亚马逊、阿里速卖通、环球易购等。按交易双方性质不同，传统电子商务可分为以下 4 类：(1) B2C（Business-to-Customer），即商家对消费者，如国内的天猫、京东，国外的亚马逊等；(2) B2B（Business-to-Business），即双方都是企业性质，如阿里巴巴的 1688 等；(3) C2C（Consumer-to-Consumer），即个人对个人，如淘宝（非天猫）等；(4) O2O（Online-to-Offline），即线上线下结合，如在美团、盒马这些 O2O 电子商务平台上，消费者可以直接在线上进行产品和服务的筛选并支付，线下进行消费验证和消费体验。

与线下经营模式相比，传统电子商务通过网络平台能够使消费者足不出户就买到自己心仪的产品，十分方便。由于电子商务销售减少了中间零售商，使得产品的价格更加“美丽”。此外，消费者通过相关信息的浏览、查阅，能够改善传统销售模式中信息不对称的问题。

2）社交电子商务

有别于传统电子商务，社交电子商务是电子商务和社交媒体相结合的产物，即通过微信、微博、社交网站等途径，将关注、分享、互动等社交活动应用于电子商务交易过程，使消费者更好地获得店铺选择、商品比较、与商家交流等体验，既能起到导购的作用，又能增加顾客的黏性。社交电子商务具体包括微商、内容电子商务、直播电子商务等类型。

微商，是指以微信的朋友圈、公众号、小程序为依托，发布消息宣传，进行产品的销售。微信平台上存在三类经营模式：（1）平台微商，即通过标准化平台开展微商交易活动的模式，由平台微商提供完整的零售解决方案，如口袋微店、微盟萌店等，是目前微商的主流模式；（2）品牌微商，即品牌商借助微信、微博等渠道进行商品销售的模式；（3）个人微商，即个人基于朋友圈进行个人或代购商品销售的商业模式。

内容电子商务，是指通过优质的内容传播，将产品的体验与文化价值传递给消费者，进而引发兴趣和购买，如小红书等。

直播电子商务，是指在淘宝直播、抖音直播、快手短视频等直播平台上通过直播、短视频等形式进行产品推广销售。

与传统电子商务模式相比，社交电子商务有两个优势。一是宣传效果和购物体验感好。消费者对短视频、直播模式更加青睐，商家可以通过短视频更好地展现化妆品的品牌及产品的特性，而对于传统电子商务，消费者体验感较低，其视频拍摄的是大场景，有些照片甚至是商家精心处理过的，消费者难以辨别。二是信息量更大。消费者可以通过短视频、直播模式获取更多的有用信息，商家可以用更生动的方式全方位展示产品特点，突出产品优势，直接与客户沟通，实时掌握客户的心理需求，更好地宣传自己的产品。而对于传统电子商务，由于商家和消费者之间的信息不对称，消费者需要去搜索自己感兴趣的产品信息，消费者购买产品的信息搜索时间和购买决策时间相对较长。

3）网络经营平台服务商

社交电子商务的迅速崛起，得益于网络经营平台服务商为中小企业搭建的信息化服务，如杭州有赞科技有限公司，能够向商家提供强大的基于社交网络的、全渠道经营云服务（如 SaaS 系统、有赞微商城、有赞零售、有赞连锁、有赞美业、有赞教育、有赞小程序）和一体化新零售解决方案，并应用云服务实现个性化定制，同时提供有赞担保、有赞分销、有赞推广等延伸服务。

2. 化妆品经营新模式在中国的发展

中国化妆品经营新模式的发展主要依赖于网络科技的发展和网络技术在商业中的应用。近几年，电子商务的发展速度很快。国家统计局数据显示：2018 年全国实物商品网上零售额 7 万亿元，同比增长 25.4%；2019 年全国实物商品网上零售额 8.52 万亿元，同比增长 19.5%；2020 年全国实物商品网上零售额 9.76 万亿元，同比增长 14.8%。化妆品在电子商务贸易中增速快、形式多，主要体现在跨境电子商务进口数量的快速增长和社交电子商务经营模式的不断更迭。

1）跨境电子商务

《商务部 发展改革委 财政部 海关总署 税务总局 市场监管总局关于完善跨境电子商务零售进口监管有关工作的通知》给出了跨境电子商务的定义：跨境电子商务零售进口，是指中国境内消费者通过跨境电商第三方平台经营者自境外购买商品，并通过“网购保税进口”（海关监管方式代码 1210）或“直购进口”（海关监管方式代码 9610）运递进境的消费行为。该通知同时明确了对跨境电子商务的监管原则和向消费者履行提醒告知风险的义务，对跨境电子商务零售进口商品按个人自用进境物品监管，不执行有关商品首次进口许可批件、注册或备案要求。跨境电子商务企业会同跨境电子商务平台应当在商品订购网页或其他醒目位置向消费者提供风险告知书，消费者确认同意后方可下单购买。告知书应至少包含以下三个方面内容：一是相关商品符合原产地有关质量、安全、卫生、环保、标识等标准或技术规范要求，但可能与我国标准存在差异，消费者自行承担相关风险；二是相关商品直接购自境外，可能无中文标签，消费者可通过网站查看商品中文电子标签；三是消费者购买的商品仅限个人自用，不得再次销售。

在 2010 年以前，依托电子商务平台的发展，跨境海淘、个人代购等开始逐渐风靡。2014 年随着网购保税模式的合法化，保税模式业务为跨境电子商务发展带来了质的飞跃。2015 年，中国在杭州设立了首个跨境电子商务综合试验区，标志着中国在跨境电子商务贸易、跨境交易和支付、跨境结算、结汇、贸易便利化和贸易制度创新等领域改革的起步。截至目前，经过五次扩容，跨境电子商务综合试验区已涵盖全国 30 个省（自治区、直辖市）的 105 个城市和地区。目前，化妆品跨境电子商务贸易的具体模式有直邮、保税、集货等三种。其中直邮模式和保税模式是跨境电子商务贸易中最基本的两种模式，而集货模式就相当于直邮模式的升级版，这种模式以集运代替零散运输，从而降低成本。

2）社交电子商务

近年来，随着经济的发展和人民生活水平的提高，消费者对于产品和服务的要求也日益提高，受到新冠疫情的影响，线下经营实体门店消费受阻，化妆品经营新模式迅速得到市场认可。众多商家纷纷开发线上经营渠道，尤其是社交电子商务，成长很快，由最初的图文带货模式（如微博、美丽说、微信公众号、小红书等）发展到直播带货（如淘宝直播等），近两年来短视频带货（如抖音、快手、火山视频等）直接将中国化妆品行业带入直播经营时代。

直播电子商务通过互联网平台，使用直播技术进行商品线上展示、咨询答疑、导购销售，能够使消费者更加清楚地了解产品的特性，较传统电子商务大大增强了互动性、趣味性。在直播销售化妆品时，主播一边口头介绍产品，一边试用产品、展示使用效果，消费者可以直观地获得拟购化妆品的性状、颜色等自己关心的商品信息，主播个人的风格也会在很大程度上影响消费者购买产品。这种极具亲和力的新型经营模式出现后，迅速聚集了广大的消费群体。

3. 化妆品经营新模式的特点

目前，中国化妆品经营新模式显示出市场主体多、经营环节分工细密、互联网销售旺盛等特点。化妆品经营者（包括品牌持有人、渠道销售商等）可能从产品研发就先行介入，随时根据市场需要委托研发机构或者生产企业研发产品。一般来说，从事化妆品生产经营活动的市场主体可以分为化妆品注册人、备案人（可能是研发机构、生产企业、品牌持有人、渠道销售商）、生产企业（可能是注册人、备案人、受托生产企业）、经营者（可能是品牌持有人、渠道销售商或者两者的组合）。当自行生产时，化妆品注册人、备案人同时也是生产企业；当委托生产时，不具备生产能力的研发机构、品牌持有人、渠道销售商可以委托受托生产企业进行生产，不具备研发能力的品牌持有人、渠道销售商可能同时委托受托生产企业进行产品研发。在委托生产方面，按照受托生产企业参与程度的不同可以分为OEM（代工生产）、ODM（为客户提供从产品研发、设计制造到后期维护的全部服务）、OBM（代工厂经营自有品牌）三种类型。在品牌经销方面，按品牌持有人与渠道销售商的结合程度可以分为自营、经销、分销三种模式。而渠道销售商可能会选择线上、线下两种营销方式，采取线上营销方式时，可能还会有营销服务商（如抖音、小红书等）的介入，通过MCN（Multi-Channel Network，多频道网络）机构下属的KOL（Key Opinion Leader，意见领袖）、KOC（Key Opinion Customer，购买过某类产品或者服务、发表自己真实使用观点的消费者）植入。化妆品经营者在细密的分工中选取最看好或自身最擅长的研发、生产、销售组合，为自身的生存和发展进行战略布局，并随着经济的发展、科技的迭新、消费理念和市场需求的升级，不断进行优化变革。

2022 年 7 月 21 日，上海市第十五届人民代表大会常务委员会第四十二次会议表决通过了《上海市浦东新区化妆品产业创新发展若干规定》，于 2022 年 8 月 1 日起正式施行。这部在中国首开化妆品“个性化服务”先河的地方性法规，鼓励化妆品企业探索小批量、多品种、高灵活度的生产模式，精准研发适合消费者个性化需求的化妆品；在个性化服务方面，明确上海市化妆品备案人、境内责任人可以在浦东新区设立经营场所，根据消费者个性化需求，对其备案的普通化妆品现场提供包装、分装服务。除了个性化服务，这部法规还在化妆品创新研发、新模式新业态培育、绿色共享发展、贸易便利创新等方面提出了若干创新性举措，是化妆品产业发展的重大突破。

由以上可见，中国化妆品经营模式的合规化管理已经走在了世界同行业的前列，中国对化妆品经营行为的规制，提升了营商环境的有序化和规范化，也为中国消费者健康用妆提供了制度上的保障。

6.2.2　中国化妆品经营新模式合规性解析

1. 中国对化妆品经营新模式的监管要求概述

1）市场主体资质

《中华人民共和国市场主体登记管理条例》规定，市场主体应当依照本条例办理登记。未经登记，不得以市场主体名义从事经营活动。因此，经营化妆品的门店、商超等应当取得含有化妆品销售经营范围的营业执照。同时，《中华人民共和国电子商务法》规定，电子商务经营者（电子商务平台经营者和平台内经营者）应当依法办理市场主体登记。《网络交易监督管理办法》规定，除《中华人民共和国电子商务法》第十条规定的不需要进行登记的情形外，网络交易经营者应当依法办理市场主体登记。网络交易经营者是指组织、开展网络交易活动的自然人、法人和非法人组织，包括网络交易平台经营者、平台内经营者、自建网站经营者以及通过其他网络服务开展网络交易活动的网络交易经营者。因此，从事电子商务的化妆品经营者和电子商务平台均应办理市场主体登记。

2）从事化妆品经营活动的基本要求

《化妆品监督管理条例》和《化妆品生产经营监督管理办法》要求化妆品生

产经营者依照法律、法规、强制性国家标准、技术规范从事生产经营活动，加强管理，诚信自律，保证化妆品质量安全。

国家对普通化妆品实施备案管理，对特殊化妆品实施注册管理，从事化妆品生产活动应当办理化妆品生产许可证，因此，化妆品经营者应当查验化妆品的注册证、备案信息和化妆品生产许可证，保证所经营的化妆品合规。

除须履行与线下化妆品经营者一样的查验、记录等义务外，电子商务平台内化妆品经营者以及通过自建网站、其他网络服务经营化妆品的电子商务经营者还应当在其经营活动主页面全面、真实、准确披露与化妆品注册或者备案资料一致的化妆品标签等信息。

发现有下列严重违法行为之一的，应当立即停止向平台内化妆品经营者提供电子商务平台服务：（1）因化妆品质量安全相关犯罪被人民法院判处刑罚的；（2）因化妆品质量安全违法行为被公安机关拘留或者给予其他治安管理处罚的；（3）被药品监督管理部门依法做出吊销许可证、责令停产停业等处罚的；（4）其他严重违法行为。

因涉嫌化妆品质量安全犯罪被立案侦查或者提起公诉，且有证据证明可能危害人体健康的，化妆品电子商务平台经营者可以依法或者依据平台服务协议和交易规则，暂停向平台内化妆品经营者提供电子商务平台服务。化妆品电子商务平台经营者知道或者应当知道平台内化妆品经营者被依法禁止从事化妆品生产经营活动的，不得向其提供电子商务平台服务。

3）化妆品广告要求

《中华人民共和国广告法》规定，广告不得含有虚假或者引人误解的内容，不得欺骗、误导消费者；广告代言人不得为其未使用过的商品或者未接受过的服务作推荐、证明。互联网广告活动，包括化妆品电子商务活动，也应当遵循《中华人民共和国广告法》的要求。《化妆品监督管理条例》第四十三条明确规定，化妆品广告的内容应当真实、合法。化妆品广告不得明示或者暗示产品具有医疗作用，不得含有虚假或者引人误解的内容，不得欺骗、误导消费者。

4）化妆品网络直播要求

《网络直播营销管理办法（试行）》规定，直播营销平台应当依法依规履行备案手续；直播营销平台应当对直播间运营者、直播营销人员进行基于身份证件信息、统一社会信用代码等真实身份信息认证，并建立直播营销人员真实身份动态核验机制，在直播前核验所有直播营销人员身份信息，对与真实身份信息不符或按照国家有关规定不得从事网络直播发布的，不得为其提供直播发布服务。同时，要求直播营销平台应当加强网络直播营销信息内容管理，开展信息发布审核和实时巡查，发现违法和不良信息，应当立即采取处置措施，保存有关记录，并向有关主管部门报告。此外，对于直播间运营者要求其应当对商品和服务供应商的身份、地址、联系方式、行政许可、信用情况等信息进行核验，并留存相关记录备查。《网络交易监督管理办法》规定，直播服务提供者对网络交易活动的直播视频保存时间自直播结束之日起不少于三年，通过网络社交、网络直播等网络服务开展网络交易活动的网络交易经营者，应当以显著方式展示商品或者服务及其实际经营主体、售后服务等信息，或者上述信息的链接标识。

2. 从事化妆品经营活动应当注意有关合规性的重点内容

1）产品的合规性

在中国，特殊化妆品均须注册，并在产品标签上标注特殊化妆品注册证编号；普通化妆品均须备案，在国家药品监督管理局官网上能够查询备案信息。化妆品经营者拟采取经营新模式的，需要注意符合此项要求，产品在出售给消费者前应该保证经过注册或备案。《化妆品监督管理条例》规定，化妆品经营者不得自行配制化妆品。

2）标签的合规性

产品标签作为化妆品的重要“名片”，可以让消费者直观、全面地了解产品相关信息，判断其是否合法、是否满足自己的购买需求。化妆品经营者应当注意《化妆品监督管理条例》《化妆品注册备案管理办法》《化妆品生产经营监督管理办法》《化妆品标签管理办法》等关于化妆品标签的要求。化妆品标签应当清晰、持久，易于辨认、识读，不得有印字脱落、粘贴不牢等现象。标签标注的以下信息应当合法、真实、完整、准确，并与产品注册或者备案的相关内容一致：（1）产品中文名称、特殊化妆品注册证编号；（2）注册人、备案人的名称、地址，注册人或者备案人为境外企业的，应当同时标注境内责任人的名称、地址；（3）生产企业的名称、地址，国产化妆品应当同时标注生产企业生产许可证编号；（4）产品执行的标准编号；（5）全成分；（6）净含量；（7）使用期限；（8）使用方法；（9）必要的安全警示用语等。

3）宣称的合规性

在电子商务销售中，有关化妆品的宣称五花八门。例如，直播带货中主播会直接通过口头宣传向消费者介绍产品的功效、特点；微商会通过朋友圈等宣传途径以文字的形式向消费者介绍所售产品等。无论是主播口头介绍还是微商发朋友圈介绍，其对产品的宣传内容都需要遵循真实、客观、有支持依据的原则。随着监管部门对化妆品监管力度的不断加强、信息化手段在监管中的应用，对化妆品宣称合规性的监督越来越严格。

中国鼓励产业创新，尊重产业发展规律，但是，创新仍须遵循相关的法律法规要求。采用化妆品经营新模式时，企业在宣传环节应当尤为注意，要避免因宣称管理欠缺而出现涉嫌违规的情形。近年来市场上出现了化妆品与其他产品跨界合作的情形，将不同的文化、产品属性集合到化妆品中，如大白兔润唇膏、泸州老窖香水等。将食品与化妆品跨界混搭宣传虽然有一定的创新，但是混搭产品容易引起消费者误解，企业也有可能因此涉嫌违规宣传而受到处罚。国家药品监督管理局为了警示"跨界宣传"，专门以《"食品级"化妆品是对消费者的误导》为题开展了科普宣传，避免违规宣传导致消费者健康风险。

4）销售模式的合规性

所谓销售模式，是指将商品通过某种方式或手段，送达消费者，完成"制造→流转→消费者→售后跟进"这样一个完整的环节。除去传统的线下商场、百货商店和专卖店等销售模式，针对化妆品经营新模式，《化妆品生产经营监督管理办法》规定，化妆品网络经营者包括化妆品网络销售者和化妆品电子商务平台经营者。化妆品网络销售者，是指通过自建网站、电子商务平台或者其他网络服务经营化妆品的自然人、法人和非法人组织。化妆品电子商务平台经营者，是指在电子商务活动中为化妆品交易双方或者多方提供网络经营场所、交易撮合、信息发布等服务，供交易双方或者多方独立开展交易活动的法人或者非法人组织。化妆品电子商务通常位于化妆品产业链的中游和下游，主要包括提供品牌代运营服务的线上化妆品营销零售服务商、采取自主营销模式的品牌商以及部分下游化妆品终端渠道等。尽管化妆品销售模式呈现多样化，但仍要保证产品质量、功效宣称、售后跟踪等一系列管理的合规性，才能保证消费者使用产品的安全性以及市场竞争的公平和公正。

除了需要重点关注以上四个方面的合规性要求外，化妆品经营者还要关注法规和监管的变化。例如，跨境电子商务模式的优势，可能随着我国化妆品监管与国际接轨而逐步丧失。在《化妆品监督管理条例》及配套政策逐步实施后，跨境产品的全球配方一致性将受到挑战；中国开放通过安全评估豁免动物试验的管理措施，会使国外"无动物试验"化妆品失去独特性。不难预见，因监管政策和监管方式差异带来的商业优势，未来会日益缩小。因此，化妆品经营新模式的开拓者既要考虑现行政策，又要考虑政策的发展方向，这样才能真正达到通过创新经营模式而提升销售的目的。

面对化妆品网络经营行为带来的新挑战，对化妆品网络经营的监管方式也经历着更新和变革。《化妆品网络经营监督管理办法》的出台，将对化妆品网络经营行为产生重大影响。只有探索更为科学高效的监管方式和取证技术，建立透明公开的信息获取及维权渠道，才能保障消费者化妆品使用安全。

6.3 国外化妆品经营新模式简介

基于消费者对化妆品的需求日益提升，全球范围内均出现线下化妆品销售门店多元化销售以及线上电子商务多元化销售的模式。欧盟、美国、日本、韩国在化妆品进出口贸易中，既是中国较大的出口国（地区），也是中国较大的进口国（地区），对中国化妆品产业有巨大影响。中国化妆品产业发展得益于国外化妆品产业的发展经验，中国化妆品产业的迅速发展也在深刻地影响着全球化妆品市场。本节对国外化妆品经营新模式进行分析，为从事化妆品经营的市场主体和读者提供借鉴。

6.3.1 线下销售新模式

线下销售新模式主要是指传统的销售门店为吸引客户而采取的多元化销售手段，如在门店开展个性化服务等形式多样的销售模式，以此积聚门店的消费群体。在这些新型的销售模式中，门店个性化服务在国外较为多见，这种方式可以将消费者与产品进行深度捆绑，建立牢固的关系。此种销售模式的主要特点有以下两点。一是个性化。消费者可以从传统的固定选择化妆品模式转为根据自身需求、喜好等“量身定制”产品，这种个性化服务让消费者的体验感得到了极大提升。二是科技感。大多数门店的个性化服务都会采用数字化手段为消费者进行皮肤测试、模拟使用效果等，这种新颖的模式为消费者带来新奇感，促使消费者愿意为此买单。

目前，欧盟、美国、日本、韩国都有采取线下个性化服务销售的经营模式。在欧盟，消费者可以在某门店采用数字化的方式探寻“私人混搭系列”，其中的“分装吧”所提供的个性化服务，从高级的样品到有格调的香水包装，都可供消费者自由选择。在美国，某品牌在专柜开展个性化粉底液业务，通过专业仪器对消费者进行肤色评估分析，在框架配方的基础上进行现场调制，贴上属于消费者专有的标签，整个过程科技感十足，一经亮相，就引起了极大的反响。在日本，某品牌首先对消费者的生活饮食习惯和化妆喜好等开展问卷调查，然后现场采集消费者的角质层细胞，通过显微镜观察角质层、黑色素、皱纹和肌肤纹理情况，最后根据分析结果定制个性化的化妆品。在韩国，自 2016 年开始试点门店个性化服务，多家大型企业都参与其中，涵盖一般护肤类、彩妆类等产品，如采用 3D 打印技术的定制 3D 面膜、“我的双色唇膏”等。

6.3.2 线上销售新模式

近年来，随着信息化的快速发展，传统的化妆品销售模式已经不能满足消费者的需求，国内外的化妆品产业趁势而动，线上电子商务销售衍生出各种新型方式。目前，欧盟化妆品销售存在跨境电子商务和直播带货等形式，产品在上市前仍然需要通过 CPNP 提交产品信息。韩国顶级零售电子商务网站是 Gmarket（类似于淘宝），其次是 11street、Auction、WeMakePrice 和 Interpark，还有综合性 B2C 网上购物中心，如 GSshop、new world shopping mall、CJmall 等。此外，在韩国也存在通过 Instagram、Facebook、YouTube 等社交平台进行广告宣传，消费者基于这些平台在不同品牌公司官网购买产品的电子商务销售形式。

对于电子商务销售，国外大多数国家（地区）没有采取严苛的约束措施，对经营主体的资格准入比较宽松，但对消费者权益保护十分重视。例如，欧盟《化妆品法规 1223/2009》规定，化妆品投放市场前，化妆品责任人应当通过 CPNP 向欧盟委员会提交化妆品产品详细信息及安全相关的信息。在美国，鼓励化妆品公司通过在线注册系统参与 FDA 的 VCRP。化妆品安全性的主体是制造或销售化妆品的公司。所有的化妆品，即使是从美国以外进口的，都以同样的方式加以监管。在韩国，化妆品责任销售企业需要设置符合化妆品的品质管理和制造销售安全管理标准以及管理该业务的“责任销售管理人”。定制化妆品销售企业需要向食品医药品安全部申请登记，登记完成后才可从事销售业务。此外，韩国《化妆品法》中规定化妆品责任销售企业应遵守化妆品的质量管理基准、责任经销后的安全管理基准，以及进行品质检测后流通、保管关于安全性、有效性的相关资料的义务等。

第 7 章　化妆品安全评估

7.1　中国化妆品安全评估管理

开展化妆品的安全评估，为进一步保障消费者用妆安全起到了重要的作用。由于化妆品安全评估技术性较强，为帮助注册人、备案人更好地开展化妆品安全评估，本节对中国化妆品安全评估管理及要求进行解析。

7.1.1　中国化妆品安全评估管理概述

《化妆品监督管理条例》《化妆品注册备案管理办法》《化妆品注册备案资料管理规定》《化妆品安全评估技术导则（2021 年版）》等法规文件均对化妆品安全评估作出了规定。

《化妆品监督管理条例》规定，申请化妆品新原料注册或者进行化妆品新原料备案，应当提交新原料安全评估资料。申请特殊化妆品注册或者进行普通化妆品备案，应当提交产品安全评估资料。化妆品新原料和化妆品注册、备案前，注册申请人、备案人应当自行或者委托专业机构开展安全评估。从事安全评估的人员应当具备化妆品质量安全相关专业知识，并具有 5 年以上相关专业从业经历。

《化妆品注册备案管理办法》规定，化妆品注册人、备案人应当依照法律、行政法规、强制性国家标准、技术规范和注册备案管理等规定，开展化妆品研制、安全评估、注册备案检验等工作，并按照化妆品注册备案资料规范要求提交注册备案资料。

《化妆品安全评估技术导则（2021 年版）》规定，化妆品安全评估应遵循证据权重原则，以现有科学数据和相关信息为基础，遵循科学、公正、透明和个案分析的原则，开展安全评估，形成安全评估报告，并保证评估报告真实、科学。化妆品的安全评估工作应由具有相应能力的安全评估人员按照本导则的要求进行评估，并出具评估报告。化妆品注册人、备案人可以自行或委托专业机构开展安全评估。导则中规定了原料和产品进行安全评估的原则，以及风险评估程序、毒理学研究、可采用的证据类型，并给出了原料安全评估报告的示例和产品安全评估报告的示例（简化版和完整版）。

国家药品监督管理局规定，自 2022 年 1 月 1 日起，化妆品注册人、备案人申请特殊化妆品注册或者进行普通化妆品备案前，必须依据《化妆品安全评估技术导则（2021 年版）》的要求开展化妆品安全评估，提交简化版产品安全评估报告；自 2024 年 5 月 1 日起，化妆品注册人、备案人可以按照《化妆品安全评估技术导则（2021 年版）》相关要求，提交完整版产品安全评估报告。

7.1.2 中国化妆品安全评估要求解析

1. 化妆品安全评估程序

依据《化妆品安全评估技术导则（2021 年版）》，化妆品产品一般可认为是各种原料的组合，应基于所有原料和风险物质进行评估。化妆品原料和风险物质的风险评估程序分为以下四个步骤。

1）危害识别

基于毒理学试验、临床研究、不良反应监测和人群流行病学研究等的结果，确定化妆品原料和/或风险物质是否对人体健康存在潜在危害。

2）剂量反应关系评估

用于确定原料和/或风险物质的毒性反应与暴露剂量之间的关系。阈值是量效关系评估中一个十分重要的概念。是否有阈值，则采取的评估方法不同。

3）暴露评估

这是指通过对化妆品原料和/或风险物质暴露于人体的部位、浓度、频率以及持续时间等的评估，确定其暴露水平。

4）风险特征描述

这是指化妆品原料和/或风险物质对人体健康造成损害的可能性和损害程度的描述。普通化妆品原料大多存在阈值毒性效应，通常通过计算其安全边际值（MoS）进行评估。

2. 化妆品安全评估报告要求

化妆品安全评估报告（以简化版为例）通常包括报告封面、摘要、产品简介、产品配方、配方设计原则（仅针对儿童化妆品）、配方中各成分的安全评估、可能存在的风险物质的安全评估、风险控制措施或建议、产品安全评估结论、安全评估人员签名、安全评估人员简历、参考文献和附录等内容。安全评估报告应完整、清晰，内容及形式符合《化妆品安全评估技术导则（2021 年版）》的要求。

1）报告封面

报告封面应明确产品名称、备案人名称和地址、评估单位、评估人和评估日期。

2）摘要

摘要应包括产品简要介绍，包含但不限于使用部位、使用方法，阐述评估结论，说明依据《化妆品安全评估技术导则（2021 年版）》有关规定对产品中的所有原料和风险物质进行了评估，获得了明确的评估结论。

3）产品简介

产品简介应包括产品名称、使用方法、日均使用量、产品驻留因子、暴露剂量等内容，内容应完整。

产品名称应完整、准确。

产品使用方法应包括产品使用部位、频次等信息。产品使用部位可参考《化妆品分类规则和分类目录》的要求，也可根据产品特点，进一步细化和明确。

产品日均使用量可参考《欧盟化妆品及其成分安全性评估指南》或其他已公开发表文献；如提供相关证明资料，也可使用企业试用试验数据。

产品驻留因子应根据产品类型、产品特点、产品使用方法进行合适的选取。

暴露剂量应根据评估需要选取合适的计算公式。

常见的暴露剂量计算公式：

全身暴露量（SED）= 日均使用量×驻留因子×成分在配方中百分比×经皮吸收率（%）÷体重；

全身暴露量（SED）= 以单位体重计的化妆品每天使用量×在产品中的浓度（%）×经皮吸收率（%）。

4）产品配方

产品配方应提供全部原料，并按照含量递减顺序排列。所使用的成分应均已列入《已使用化妆品原料目录（2021 年版）》《化妆品安全技术规范（2015 年版）》，使用新原料的，应当符合监测期内已注册或备案的新原料的相关要求。产品配方表应符合《化妆品安全评估技术导则（2021 年版）》要求，标注原料序号，原料中所有组分的标准中文名称、INCI 名称/英文名称，以及原料的使用目的、备注信息和《已使用化妆品原料目录（2021 年版）》中的序号。

5）配方中各成分的安全评估

应当根据不同证据，对所有成分逐个进行安全评估并分别出具评估结论。应遵循证据权重的原则，按照顺序依次选择至少一种证据进行评估以确定其安全性。评估时采用国内外权威机构已公布的安全限量或结论或其他数据时，应当列明参考文献。

评估的证据类型主要有以下几种。

（1）使用《化妆品安全技术规范（2015 年版）》中的限用组分、准用防腐剂、准用防晒剂、准用着色剂列表中的原料，应明确采用《化妆品安全技术规范（2015 年版）》中的具体列表，并评估其是否符合规范列表中的使用要求。例如：苯氧乙醇，符合《化妆品安全技术规范（2015 年版）》准用防腐剂规定，满足《化妆品安全技术规范（2015 年版）》要求。

（2）国内外权威机构或法规，如世界卫生组织（WHO）、联合国粮食及农业组织（FAO）、欧盟 SCCS、美国 CIR、国际香精协会（IFRA）、日本《医药部外品原料规格》、澳大利亚国家工业化学品通告评估署（NICNAS）等已建立相关限量值或已有相关评估结论的原料，结合原料历史使用浓度、产品或原料毒理学测试结果或人体临床测试结果，可采用其风险评估结论。评估时应列出相关机构的名称、评估浓度（如有）、评估结论等。不同的权威机构评估结果不一致时，根据数据的可靠性和相关性，科学合理地采用相关评估结论。例如：甘油，配方中含量为 5%，CIR 评估结果显示，驻留类化妆品浓度为 78.5%时，在化妆品中的使用是安全的，本配方中添加量在安全用量以内。

（3）采用本企业已上市产品中历史使用浓度进行评估的，应注明已上市产品中的历史使用浓度，并提供相关证明文件。本企业包括备案人、备案人委托的生产企业；原料在本企业已上市（至少 3 年）的相同使用方法产品中的浓度即本企业的历史使用浓度。使用部位和使用方法相同的产品配方中原料使用浓度原则上应不高于原料在本企业的历史使用浓度，如高于历史使用浓度，应按照《化妆品安全评估技术导则（2021 年版）》进行安全评估证明其安全性；原料历史使用浓度可相互参考，暴露量高和接触时间长的产品，可用于暴露量低和接触时间短的产品评估，但需要从目标人群、使用部位和使用方式等方面充分分析说明其合理性。

（4）采用化妆品监管部门公布的原料最高历史使用量进行评估的，应注明原料最高历史使用量，并评估是否在化妆品监管部门发布的淋洗类或驻留类原料最高历史使用量范围内。对于只有驻留类产品最高历史使用量信息的原料，当作为淋洗类产品使用时，可参照驻留类产品信息。例如：原料 C20－40 酸，《已使用化妆品原料目录（2021 年版）》中只有驻留类产品最高历史使用量，为 11.487%。若此原料在某一淋洗类产品中的浓度不超过 11.487%，则可参照驻留类产品最高历史使用量信息，认为其在此浓度下可安全使用。

无法使用上述任一种证据类型的原料，应提供原料的毒理学评估资料、评估过程、结果及结论或产品毒理学试验报告证明产品安全性。配方中香精的添加量，应不高于 IFRA 证书（或原料供应商提供的其他香精证明文件）所列该类别产品中最大允许使用量。

6）可能存在的风险物质的安全评估

应根据《化妆品安全评估技术导则（2021 年版）》，基于当前科学认知水平，对可能由化妆品原料带入、生产过程中带入或产生的风险物质进行识别与评估，风险物质识别应完整。《化妆品中安全性风险物质危害识别表》中列明原料标准中文名称、可能含有的风险物质以及在备注中明确评估采用的参考依据。《化妆品注册和备案检验工作规范》对有害物质的检测做出要求的，如二噁烷、石棉、游离甲醛和甲醇［配方中乙醇、异丙醇含量之和≥10%（w/w）时］，应作为风险物质识别并评估。产品中可能含有风险物质的，应提供该产品中风险物质含量的检验报告，或原料中该物质含量的检验报告，或原料质量规格证明（应包括该物质的含量）。产品或原料检验报告（二甘醇、苯酚等）、原料质量规格证明、农残报告、香精证书等作为附录提供，外文资料应提供翻译件。原料质量规格证明应由原料生产商出具。原料质量规格证明为中文的，应载明原料的标准中文名称；原料质量规格证明为外文的，应载明原料的 INCI 名称，并提供规范的中文译文，译文与原文内容应一致。

7）风险控制措施或建议

风险控制措施或建议应与企业风险评估中描述的风险相对应。例如，可以列出产品类别、使用方法、使用人群以及相关警示用语。对于没有法规要求标注警示用语的产品，报告中可表述为“无警示用语，详情请参阅产品包装上的使用说明”。安全评估报告中的风险控制措施（产品使用说明和警示用语）应与产品销售包装上的相符。化妆品的相关警示用语应明确，一般包括：

（1）《化妆品安全技术规范（2015 年版）》或其他强制性标准列出的要求；

（2）备案人制定的产品执行的标准中的警示用语；

（3）安全评估人员建立暴露模型时，认为需要标注的警示用语。

应当注意：产品安全的结论是基于暴露模型使用条件下的安全，消费者不遵循警示用语或者使用说明使用产品，可能带来一定的风险。《化妆品安全技术规范（2015 年版）》和产品执行标准中的警示语，应在产品安全评估报告和产品包装（标签）上同时说明或列出。标签上的警示用语应不少于安全评估报告中的警示用语。应通过使用说明指导消费者如何正确使用产品。安全评估报告中所列的内容应与产品销售包装上所列的使用方式相符。

8）产品安全评估结论

通过对产品相关方面的综合评估，得出明确的产品安全评估结论。

9）安全评估人员签名

安全评估人员的签名应有评估人签字、日期、地址等。签字应符合国家相关规定，具有法律效力。

10）安全评估人员简历

安全评估人员简历，主要包括评估人员的教育经历、化妆品相关从业经历、专业培训经历等，应符合《化妆品安全评估技术导则（2021 年版）》中相关要求。安全评估人员应当具有医学、药学、生物学、化学或毒理学等化妆品质量安全相关专业知识；安全评估人员应当了解化妆品成品或原料生产工程和质量安全控制要求，并具有 5 年以上相关专业从业经历。

11）参考文献

参考文献应为公开发表的技术报告、通告、专业书籍或学术论文，以及国际权威机构发布的数据或风险评估资料等。应参考《化妆品安全评估技术导则（2021 年版）》附录 4 示例报告中所列参考文献格式，列出参考文献的来源、时间等信息。

12）附录

附录主要包括根据《化妆品安全技术规范（2015 年版）》中要求的相关原料的规格证明、相关风险物质检测报告、农残报告及 IFRA 的香精证书等。

3. 化妆品安全评估资料的编制

1）化妆品安全评估报告

（1）简化版安全评估报告

简化版安全评估报告的核心是如何使用安全评估数据来证明产品的安全性。对于简化版安全评估报告的数据支持，可以参考图 7－1，并可以按照以下步骤建立企业自身的安全评估软件和数据库。

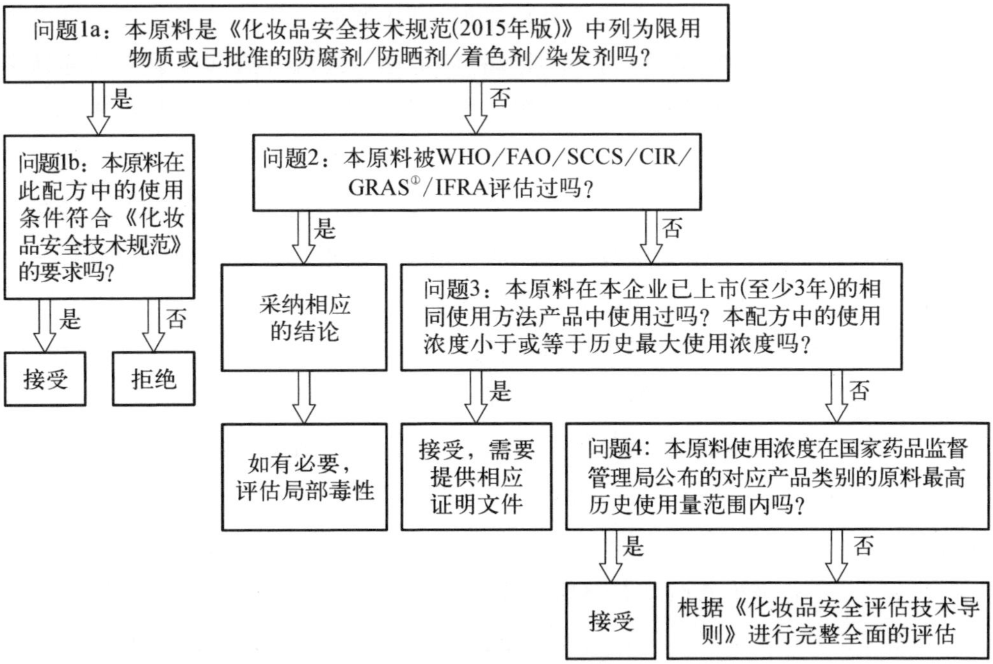

图 7－1　简化版安全评估报告数据支持决策树

步骤 1：建立《化妆品安全技术规范（2015 年版）》法规数据库，收录法规附录数据；

步骤 2：建立权威机构安全评估数据库，在当前条件下，优先建立 CIR 和 SCCS 历史评估结论和引文信息；

步骤 3：建立本企业上市 3 年以上注册产品数据库；

步骤 4：创建电子文档系统，利用当前的信息技术，自动生成报告文档，辅以人工审核，以满足法规要求。

（2）完整版安全评估报告

2024 年 5 月 1 日之后，化妆品注册人、备案人应当提交完整版安全评估报告。完整版与简化版相比，主要不同之处有以下三点。第一，配方中各成分的安全评估：完整版的证据类型与简化版相比，主要区别在于本企业原料历史使用量和化妆品监管部门公布的原料最高历史使用量不能独立用于支持配方中原料的安全性，对于不是《化妆品安全技术规范（2015 年版）》中的限用组分、准用防腐剂、准用防晒剂、准用着色剂和准用染发剂列表中的原料，也没有国内外权威

① Generally Recognized as Safe，一般认为安全。

机构评估结论（或结论中缺乏局部毒性数据），应按照《化妆品安全评估技术导则（2021年版）》要求的评估程序对原料各毒理学终点（或部分缺乏的毒理学终点）进行评估，并证明其安全性。第二，安全评估结论：与简化版相比，完整版主要增加了对防腐挑战结果、产品理化特性和稳定性检测结果以及产品与包装材料相容性的评估结论，进一步细化并完善了对产品的安全评估。第三，附录：与安全评估结论相呼应，完整版主要增加了防腐挑战报告、产品理化特性和稳定性报告及包装材料相容性检测报告。

完整版安全评估报告对于化妆品注册人、备案人的挑战比较大，以下提供编制完整版安全评估报告的思路，以供参考。

步骤1：建立化妆品成分毒理学数据的数据库，归纳总结各个毒理学终点的数据，依据《化妆品安全评估技术导则（2021年版）》，认真分析每个终点，选择合适的未见不良反应剂量（NOAEL），进行风险评估；

步骤2：建立化妆品产品类别暴露数据库；

步骤3：在CIR/SCCS的数据库基础上，扩大范围，涵盖当前毒理学主要数据来源，包括且不限于ECHA①/IFRA/FEMA②/IPCS③等；

步骤4：建立完全自动化电子系统，有效管理并及时升级各个数据模块，自动生成完整版安全评估报告；

步骤5：加强公司内部协助，由微生物测试部门、包装材料测试部门、质量保证部门、原料管理部门协助生成符合法规要求的附件。

2）化妆品新原料注册资料的编制

《化妆品新原料注册备案资料管理规定》对化妆品新原料设定了6种情形，根据是否有特殊功效，将这6种情形整理为表7-1，便于理解。

4. 化妆品安全评估注意事项

1）化妆品安全评估需要考量的要素

化妆品配方是由化妆品原料依据一定设计要求有机组合而成的，原料的安全性是化妆品配方安全性的重要基石。没有化妆品原料的安全，就没有化妆品产品的安全。化妆品原料安全评估需要考量以下几个要素。

（1）化妆品原料中各个成分本身的安全性。

---

① European Chemicals Agency，欧洲化学品管理局。

② Flavor and Extracts Manufacturers Association，食品香料和萃取物制造者协会。

③ Chemical Safety（IPCS）Health and Safety Guide Serie，世界卫生组织国际化学品安全规划。

表 7-1　化妆品新原料注册备案情形分类

	是否具有特殊功效①					是否为聚合物
	有		无			是否符合下面的条件：结构和性质稳定，共价键连接，平均相对分子质量大于 1 000 道尔顿，相对分子质量小于 1 000 道尔顿的低聚体含量少于 10%
	国内外首次使用	国内首次使用	国内外首次使用	国内首次使用	具有安全使用历史	
情形分类	情形 1	情形 4	情形 2	情形 3	情形 5	情形 6
急性经口或急性经皮毒性试验	○	○	○	○		
皮肤和眼刺激性/腐蚀性试验	○	○	○	○	○	○
皮肤变态反应试验	○	○	○	○	○	
致突变试验	○	○	○	○		
亚慢性经口或经皮毒性试验	○	○	○			
致畸试验	○					
慢性毒性/致癌性结合试验	○					
长期人体试用安全试验	○					

（2）原料中技术上不可避免带入杂质或残留/风险物质。

（3）化妆品类别。例如，驻留类与淋洗类产品在皮肤上的残留量有显著的差异；唇膏类产品存在经口暴露的可能性，需要着重考虑全身毒性等。

① 特殊功效为防腐、防晒、着色、染发、祛斑美白、防脱发、祛痘、抗皱（物理性抗皱除外）、去屑、除臭。

（4）预期的使用方法。使用不同的方法，造成的暴露情景不同，考察的侧重点也不同。例如，眼部产品需要同时考虑皮肤刺激和眼刺激；对于眼刺激，不仅需要考量化学性刺激，对于某些产品（如眼影）还需要考察可能存在的物理性刺激；洗发水除了考察对头皮的刺激性之外，还需要考量可能存在的眼刺激；对于气雾剂，需要着重考察是否有可能造成吸入的风险。

（5）预期的使用浓度。剂量决定毒性，安全评估人员须经过缜密细致的推算，得出在预期使用的化妆品类别和预期使用方法下该原料的安全水平。

2）化妆品安全评估人员应当具有的意识

（1）消费者的安全是第一要务。化妆品安全评估人员应当恪守职业道德，尽心尽职评估每一种化妆品原料、化妆品产品。

（2）毒理学数据很难十全十美。化妆品安全评估人员应当具有全局意识，正确评估现有的毒理学数据质量，借助于新毒理学评估技术填补数据缺口，证明原料的安全性。

3）化妆品安全评估中的关键点

（1）是否有阈值毒性效应，是化妆品安全评估中非常重要的一步。

（2）应当合理选择未观察到有害作用的剂量用于评估。例如，选择敏感动物品系和敏感指标，当存在多个亚急性、亚慢性、慢性毒性、生殖发育毒性试验时，应选择最相关的试验；当选择 28 天亚急性毒性数据时，需要调整不确定因子；当毒理试验报告原文可以获取时，应该深入了解其测试方法、剂量设计、染毒途径等，对该文件的质量和可信度做全面的评价。

（3）透皮吸收率需要结合理化性质一起考虑，如相对分子质量、电离度、脂水分配系数、熔点，以及化学合成键等。

（4）毒理学关注阈值（Threshold of Toxicological Concern，TTC）方法、定量构效关系（Quantitative Structure Activity Relationship，QSAR）和分组/交叉参照（Grouping/Read Across）是重要的分析方法，尤其是在有数据缺口的前提下。使用这些方法之前，需要明确这些方法的适应性，不能盲目使用。

《化妆品安全评估技术导则（2021 年版）》的发布实施，标志着我国化妆品安全监管开始从成品测试过渡到原料评估。企业和监管人员要迅速适应新的法规要求，加强学习，掌握化妆品安全评估的方法和法规要求，从而充分保障行业的健康发展和消费者的用妆安全。

7.2 化妆品安全评估技术及进展

近年来，随着动物保护理念的深入和科学技术的发展，化妆品安全评估的理论和技术也在不断更新。本节简要介绍化妆品安全评估的发展历程、相关国际组织及化妆品安全评估技术进展。

7.2.1 化妆品安全评估与替代试验

从历史上来看，一些毒理学终点的安全评估依赖于动物试验结果。随着经济的发展和人类生活条件的改善，人们开始关注动物福利。1959 年出版的《人道主义试验技术原理》一书，第一次全面系统地提出了“3R”理论，即通过“Reduction（减少）、Replacement（替代）、Refinement（优化）”的方法进行人道主义试验。减少，就是在试验中获得相同或更多试验数据的同时，减少活体动物使用的数量；替代，就是用体外方法或没有感觉的生物学材料替代活体动物；优化，就是必须用动物做试验时，应给动物创造一个好的实验环境或减少给动物造成的疼痛和不安。同时，随着科学技术的发展，人们也发现通过动物试验预测人类健康风险也具有一定的局限性，因此，如何采用非动物试验在保障动物福利的同时更准确地预测人体健康风险成为一个热点话题。2003 年 1 月，欧盟规定，自 2009 年 3 月 11 日起禁止使用动物进行化妆品急性毒性、眼刺激和致敏试验；自 2013 年 3 月 11 日起全面禁止化妆品和原料的动物试验，同时不允许成员国从外国进口和销售违反上述禁令的化妆品。这一动物试验禁令影响深远，至今已经有超过 40 个国家和地区正式实施了化妆品动物试验禁令，从而加速了化妆品领域对替代方法研究、验证和认可的进程。

20 世纪末，欧盟和美国率先建立了替代方法验证中心，随后一些亚洲和美洲国家也逐步跟进。替代方法验证中心作为一个跨部门的技术中心，可以协调多个主管部门工作，集中资源统一指挥，高效推进替代方法的发展。目前世界上主要的替代验证机构包括：欧盟动物替代试验欧盟联合参考实验室（EURL - ECVAM）、美国替代方法验证跨部门协调委员会（ICCVAM）、日本替代方法验证中心（JaCVAM）、韩国替代方法验证中心（KoCVAM）、巴西替代方法验证中心（BraCVAM）、加拿大替代方法验证中心（CaCVAM）等。尤其是日本和韩国，作为亚洲国家先后建立替代方法验证中心，多种替代方法得到经济合作与发展组织（OECD）的采纳。

在中国，2022 年 3 月中共中央办公厅、国务院办公厅印发的《关于加强科技伦理治理的意见》明确指出，使用实验动物应符合“减少、替代、优化”等要求。我国化妆品相关法规虽未禁止开展动物试验，但《化妆品安全评估技术导则（2021年版）》的发布以及相关产品注册和备案法规的实施，已经明确规定可以有条件的部分豁免相关终产品的动物试验。我国的替代方法研究起步较晚，尚没有成立跨部门的替代方法验证中心，化妆品替代试验验证工作由中国食品药品检定研究院组织。目前，国家药品监督管理局可以接受的化妆品原料替代方法已经达到9种，涵盖的毒理学终点包括：眼刺激性/腐蚀性、皮肤刺激性/腐蚀性、皮肤致敏性、皮肤光毒性和遗传毒性。这些终点基本涵盖了化妆品安全评估中常见的终点，尤其是局部毒性终点（表7－2）。

表7－2 化妆品原料替代方法的现状

毒理学领域/终点	方法	OECD	化妆品安全技术规范
眼刺激性/腐蚀性	牛角膜混浊和通透性试验（BCOP）	TG437	
	离体鸡眼试验（ICE）	TG438	
	荧光素渗漏试验（FL）	TG460	√
	体外兔角膜上皮细胞短时暴露试验（STE）	TG491	
	重建人体角膜上皮细胞模型试验（RhCE）	TG492 TG494	
	体外高分子试验	TG496	
	眼刺激和严重眼损伤确定性方法	TG467	
皮肤刺激性/腐蚀性	皮肤腐蚀性大鼠经皮电阻试验（TER）	TG430	√
	体外皮肤腐蚀性：重建人体表皮模型试验方法（RhE）	TG431	
	体外皮肤刺激性：重建人体表皮模型试验方法（RhE）	TG439	
	体外膜屏障试验	TG435	
皮肤致敏性	皮肤致敏化学分析：蛋白共价结合试验（DPRA，ADRA，kDPRA）	TG442C	√（DPRA）
	角质细胞激活试验（Keratinosens，Lu－Sens）	TG442D	
	树突状细胞激活试验（h－CLAT，U－SENS，IL－8，GARD）	TG442E	
	皮肤致敏确定性方法	TG497	

续　表

毒理学领域/终点	方　　法	OECD	化妆品安全技术规范
皮肤光毒性	体外 3T3 中性红摄取光毒性试验	TG432	√
	活性氧检测（ROS）	TG495	
	体外光毒性：重建人体表皮模型试验方法	TG498	
遗传毒性	体外哺乳类细胞微核试验	TG487	√
	体外哺乳动物细胞染色体畸变试验	TG473	√
	体外哺乳动物细胞基因突变试验：胸苷激酶基因	TG490	√
	体外哺乳动物细胞基因突变试验：Hprt 和 xprt 基因	TG476	√
	细菌回复突变试验	TG471	√
透皮吸收	透皮吸收体外方法	TG428	

注："√"代表该方法已被验证和/或接受。

需要强调的是，化妆品配方有如下特性：剂型多样，如水剂、乳剂、粉末、膏霜等；配方复杂，含有各式各样的活性成分，原料总数较多；颜色种类丰富，可能影响到试验方法的适应性；各产品溶解性不同；等等。因此，不同类别的化妆品配方需要不同的测试策略，不能简单地把原料的替代方法直接套用到化妆品产品的毒理学测试中。

7.2.2　化妆品安全评估技术的发展

1. TTC

20 世纪 80 年代，美国食品药品监督管理局首次提出"管理阈值"的概念，并用于食品接触材料中的化学物质的安全评估，此后逐渐发展成 TTC 的概念。TTC 是指对化学品建立一个人体暴露阈值，当低于该阈值时，即便缺乏毒理学研究数据，化学品对人体健康也无明显的风险。2012 年，在欧盟 SCCS 和欧盟食品安全局（EFSA）的支持下，TTC 的应用从食品延伸到化妆品，并被纳入 SCCS《化妆品成分测试和安全评估指南》，可用于评估化妆品原料安全性。TTC 将无致癌性化合物分为以下 3 个结构类别。第Ⅰ类：具有简单化学结构且存在有效代谢模式的物质，经口毒性低。第Ⅱ类：毒性大于第Ⅰ类物质，但不包含第Ⅲ类物质具有的毒性结构。第Ⅲ类：不能通过化学结构预测安全，或可能具有明显毒性结构或反应性官能团的物质。

原则上，任何结构清晰的化学物质的安全性评估都可以考虑使用 TTC 方法，TTC 方法可以排除强致癌物、毒性比较强的化合物、毒性特征难以预测的化合物、有很强生物蓄积性物质、放射性化学物质、化学结构未知的混合物等。

2. 皮肤致敏阈值

2008 年，Safford 对现有的致敏数据进行了类似于 TTC 方法的概率分析，其根据 167 种化学品局部淋巴结试验提供的 EC3 数据得到了致敏效力的分布。根据人体可接受风险的分布和可接受风险的总体概率（不超过 95%）确定皮肤致敏阈值（Dermal Sensitization Threshold，DST）。当皮肤暴露水平低于该阈值时，即便没有相应的致敏试验数据，其成分也没有明显的致敏风险，从而可以豁免成分致敏试验。DST 不是一个固定值，在应用不同 SAF① 的情况下，不同产品类型的 DST 会有所不同。DST 的单位为 $\mu g/cm^2$，DST 转换为产品浓度将取决于使用的产品类别（产品用量、皮肤表面积、驻留或淋洗等使用的参数）。

3. 计算机模型在化妆品安全评估中的应用

1）构效关系和 QSAR

构效关系（Structure Activity Relationships，SAR）是随着药物化学这门学科的发展而产生的，QSAR 是由 SAR 发展而来。QSAR 基于以下原则：可以关联化学品的分子结构特征及其理化和生物特性，用于预测理化性质、功效以及毒性。由于这种方法通常只需要用化合物的化学结构特点来进行预测和评估，QSAR 特别适合高通量筛选，是最早使用的计算机模拟方法之一。随着计算机技术迅猛发展，QSAR 的研究已步入新阶段，可用于独立毒理学终点的预测，如基因突变或皮肤致敏的预测，其成为毒理学中越来越重要的工具，应用领域也越来越广泛。欧盟《关于化学品注册、评估、许可和限制法规》（REACH 法规）规定，新一代评估方法中动物试验数据应该是最后的手段。非动物试验测试方法包括使用现有的试验性数据、化合物分组、交叉参照和 QSAR 应该应用于化合物的评估，基于此出版了《QSAR 使用和报告指南》。化妆品行业中，为了支持使用 QSAR 数据，欧盟委员会联合研究中心（JRC）开发了 JRC QSAR 模型数据库。随着越来越多的国家和地区实施对化妆品成分动物试验的禁令，化妆品监管机构对 QSAR 需求和认可度日益提高，QSAR 在化妆品安全评估方面发挥着越来越重要的作用。

---

① Safety Assessment Factor，安全评估系数。

2）交叉参照

交叉参照是基于化学物质性质的相似性，从一种化学品的毒性终点或测试信息（理化、毒理或生态毒理）定性或定量用于预测另一种化学品的同一终点或测试信息。因为化学结构决定了化学性质，化学相似性主要是通过结构相似性来建立的。根据目标化学品和类似物的相似关系，交叉参照可以分为类似物法和类别法（化学品分组）。基于构效关系的交叉参照是目前最广泛使用的动物替代方法，在过去 20 多年中已被全球许多监管机构所接受并大量应用，包括 EPA、ECHA 以及加拿大卫生部（Health Canada）等。化学物质和交叉参照法也被收录到中国国家标准《化学物质分组和交叉参照法（GB/T 24776—2009）》中。2015 年 ECHA 首次发布了详细的交叉参照评估框架（RAAF）用于评估化学品注册报告，并于 2017 年更新了该框架指南文件。

目前，由国际学术领域和监管机构科学家组成的专家团队，已经开发出可供公众使用的针对构效关系方法的工具箱（如 OECD Toolbox 等）。其他软件或网站［如 AIM（模糊识别法）、AMBIT、丹麦（定量）构效关系数据库等］也可提供数据库检索目标化学物质的相似物。

4. 证据权重

风险评估的四步法中，危害识别和剂量反应关系对化合物风险特征描述有着重要的影响。采纳不同的危害数据，会导致评估结论往往有一定差异。证据权重作为化妆品原料风险评估的基本原则，就是用来解决一致性这一关键问题的，可将评估透明化。

使用证据权重原则，首先应收集化合物的所有相关可用信息，如化合物的物理化学性质、环境毒性、人体健康毒性以及使用和暴露水平等所有来源的任何可用信息。数据包括：关于该化合物现有测试或者发表的数据；该化合物的生产和使用信息、人类和环境暴露水平以及任何相关的风险管理措施；类似化合物的数据（使用分组/交叉参照的方法时）；合适模型下 QSAR 预测结果；可以支持证据权重方法以填补特定终点数据缺口的任何其他信息。

在收集化合物的各个特定终点所有现有信息之后，评估人员必须评估和选择相关性、可靠性和充分性信息。其中，相关性是指已知数据或测试是否适用于某一个或多个毒理学终点的危害识别和表征。可靠性是指评估一份毒理学试验报告或文献报道是否符合标准化测试方法的要求，通过对试验步骤和结果的分析，判断试验结果是否清晰可靠。充分性是指确定现有数据是否充分和恰当。如果在某个毒理学终点有超过一份毒理学数据或者试验时，要根据数据的相关性和可靠性选择最恰当和充分的数据来进行评估。Klimisch 等对信息的可靠性分类给出了标准，如表 7－3 所示。

表 7－3　Klimisch 可靠性分类

类　　别	分类的主要依据
可靠，无限制	该类研究报告完整，采用被公认的，或经过国际相关组织验证过的，或相关国家（地区）承认的，或研究中描述的测试方法经比较后认为和上述方法一致的试验方法，以及该研究是在严格的实验室体系下（如良好实验室规范）完成的
可靠，有限制	该类研究报告完整，但可能不在严格的实验室体系下（如良好实验室规范）完成，其研究方法也不完全符合相关测试指南的规定。但该研究方法仍被认为是科学的，如经过同行评议的科学文献报道，试验结果仍然可以接受
不可靠	研究或数据测量系统和受试物间有干扰或使用的测试系统与实际暴露（如非生理途径）不相关或使用不可接受的测试方法。用于评估的文件记录不足，以及专家评判认为是不可信的
不可分类	研究或数据没有给出足够的实验细节，仅仅列有摘要或二次引用（如书籍、综述等）

7.2.3　化妆品人体安全性测试

化妆品安全测试是化妆品安全评估中的重要一环。一般情况下，化妆品安全测试应遵循从体外试验到体内试验的过程。基于伦理学的考虑，在缺乏安全评估、不能保障受试者安全的前提下，不得进行人体试验。化妆品人体安全性测试应符合《赫尔辛基宣言》的基本原则，要求受试者签署知情同意书并采取必要的医学防护措施，最大限度地保护受试者的利益。人体试验不应该用于“危害识别”。必要时，测试方案须在独立伦理学委员会审议并批准的前提下，才允许在符合药物临床试验管理规范（GCP）的人体临床测试机构中进行测试。

人体安全性测试应选择适当的受试人群，并具有一定代表例数，由受过专业训练的人员在合格机构下进行临床试验。其形式主要有以下 3 种。

1. 人体皮肤斑贴试验

化妆品与人体皮肤接触后，可能引起刺激性接触皮炎，具体表现为使用化妆品一定时间后在使用部位出现皮肤红斑、丘疹，甚至水泡等非免疫机制引起的皮肤炎症反应。

由于化妆品的暴露部位以人体皮肤为主，人体皮肤斑贴试验可以获得最直接的刺激性资料，对于化妆品安全评估至关重要。中国《化妆品安全技术规范（2015 年版）》规定了 24 小时单次封闭型斑贴试验的标准规范。

2. 人体试用试验安全性评价

《化妆品安全技术规范（2015 年版）》明确规定了人体试用试验安全性评价的标准规范。人体试用试验还可以结合皮肤科医生和眼科医生在使用前、使用中、使用后针对皮肤耐受性和可能造成的眼睛不适进行专业评估。

3. 人体重复激发斑贴试验

人体重复激发斑贴试验（Human Repeated Insult Patch Test，HRIPT）目前被认为是证明产品不会在人体产生不良反应（过敏性接触性皮炎、Ⅳ型迟发性超敏反应）的最可信方法，用于已经被判定为无明显不良反应水平物质的确证试验。

基于伦理方面的考量，人体重复激发斑贴试验不用于预测或者致敏物的筛选。人体重复激发斑贴试验的总人数一般不少于 50 人，但考虑到致敏发生率，建议 100 人为宜。人体重复激发斑贴试验的过程、结果的评判与考量，参考 McNamee 等发表的文章，一般来说，也同样使用封闭的或半封闭的测试条件，采用 24 或者 48 小时斑贴时间，测试浓度按照真实的使用条件进行调整。根据皮肤过敏机制将测试周期分为两个部分——诱导阶段和激发阶段。诱导阶段大约持续 2~5 周，重复多次斑贴。诱导阶段结束后休息约 2 周时间，随后进入激发阶段，激发斑贴的测试部位一般选取没有斑贴过的部位，也可以同时在原斑贴部位平行进行激发斑贴。观察并评估皮肤反应一直持续到所有斑贴结束后的第 7 天。

7.2.4　国际组织与通行评估方法

1. 国际化妆品监管合作组织与下一代风险评估

国际化妆品监管合作组织（International Cooperation on Cosmetics Regulation，ICCR）是一个由多个国家或地区的化妆品监管机构组成的自愿性国际组织，非成员方可通过书面请求的方式，以观察员身份参与。ICCR 成立于 2007 年，其宗旨是通过促进其成员方化妆品监管趋同，最大限度地减少国际贸易壁垒，维持和实现最高水平的全球消费者保护。

鉴于毒理学安全和风险评估科学的快速发展，ICCR 认识到化妆品安全性评估方法的根本变化正在成为可能。因此，在 ICCR 的主持下，召集了一个由来自监管机构和行业内的科学家组成的联合工作组，制定了下一代风险评估（Next Generation Risk Assessment，NGRA）的基本策略，提出化妆品成分风险评估应基于新途径技术方法（New Approach Methodologies，NAMs）开展，将基于动物试验的方法转变为基于利用评估生理学变化过程的体外试验并结合计算机建模的非动物方法。

ICCR 的 NGRA 被定义为一种以暴露为主导、以假设为驱动的风险评估方法，该方法包含一个或多个 NAMs，通过对化学—生物相互作用的机理获得相关剂量反应数据，应用基于生理学的动力学模型预测人体内的暴露量而得到风险评估的结果，确保使用化妆品不会对消费者造成伤害。2017 年，ICCR 发布了化妆品成分 NGRA 的 9 项原则。其中有 4 项总体原则，即人体安全风险评估、以暴露为主导、以假设为驱动和防止危害；有 3 项实施原则，即对现有信息进行适当评估、使用分层和迭代方法以及使用可靠而相关的方法和策略；有 2 项记录原则，即对不确定性来源进行表征和记录以及该方法的逻辑应当透明并记录在案。

2018 年，ICCR 进一步发布了如何在 NGRA 中应用 NAMs 进行评估的指南，采用了欧盟安全评价最终替代动物试验（Safety Evaluation Ultimately Replacing Animal Testing，SEURAT）研究计划开发的非动物测试风险评估流程。这项工作的目的是开发一种不依赖于任何动物测试，而是根据现有数据、计算机模型、生物动力学信息来构建一个假设，然后通过有针对性的非动物测试来评估化学品成分安全性的工作流程。其可适用于化妆品成分及其他类型的化学品，如植物保护产品、杀菌剂或药物中的活性成分。

2. OECD 与整合测试和评估方法

OECD 是于 1961 年组成的政府间国际经济组织，旨在共同应对全球化带来的经济、社会和政府治理等方面的挑战，并把握全球化带来的机遇。OECD 环境健康和安全部发布的《化学品测试指南》是各国政府、工业界和独立实验室评估化学品安全所使用的最相关的测试方法指南。目前，化学品监管受到数目庞大的化学品人体健康和环境评估需求的挑战，以动物试验为主的方法耗时过长且使用大量实验动物，过于局限。因此，需要一种更具战略性的方法，指导评估最需要关注的化学品、最可能的危害或最敏感的物种。因此，OECD 提出了整合测试和评估方法（Integrated Approaches to Testing and Assessment，IATA）的概念，并于 2014 年首先发布了关于皮肤腐蚀和刺激性 IATA 的指导文件，2017 年发布了皮肤致敏 IATA 的指导文件，以及 2019 年发布了眼刺激和严重眼损伤 IATA 的指导文件。

IATA 是一种实用的利用和权衡多种现有信息并将其应用到化合物风险评估中的方法。化合物既有信息可以包括化合物的暴露水平、人体数据、替代方法（如 QSAR）、体外方法、毒理学关注阈值、交叉参照等。有害结局路径（AOP）可提供有关因果联系的分子起始事件（MIE）、关键事件（KEs）和不良结局（AO）之间的链接，为 IATA 提供理论指导及作用机制的信息。IATA 流程主要包括问题界定、收集现有数据、证据权重分析、生成新数据和管理决策 5 个步骤。证据权重分析是 IATA 方法的核心。

以皮肤致敏的 IATA 方法为例。由于单个皮肤致敏体外测试方法只针对 AOP 中某一个机制的测试，或者为其他非过敏反应机制的一部分。因此其具有技术限制，可能导致假阴性或假阳性结果，不能用作皮肤致敏的危害鉴定。例如，DPRA 试验结果呈阳性化合物，后续并不一定可以激活抗原呈递细胞，引起皮肤过敏。IATA 将多种体外方法与其他信息源（如计算机模拟数据）结合，根据 AOP 在测试策略中组合多个测试以涵盖多个关键事件，可以得到更准确的危害和风险评估结果。确定性方法（Defined Approach）作为 IATA 的一种特殊形式，是指通过确定的研究或测试以及固定的数据解释程序对某一毒性终点进行测试和评估的方法。由于其并不依赖于专家判断，根据多个不同试验结果可直接得出危害分类，因此可以制定标准的测试流程。近两年 OECD 已发布了皮肤致敏、眼刺激和严重眼损伤的确定性方法测试指南，IATA 的应用又向前迈了一大步。

从本节内容可以看到，近年来，国际安全评估方法随着技术的革新快速发展，采用非动物测试方法的评估技术也日趋成熟。随着新法规的落地及我国在替代方法领域的不断投入，我国化妆品安全评估工作和国际的差距将会日渐缩小。作为毒理学工作者，应当与时俱进，不断更新自己的知识体系和技能，做出更科学和严谨的安全评估，这也是《化妆品安全评估技术导则（2021 年版）》对安全评估人员的要求。

7.3　国外化妆品安全评估管理简介

化妆品成品的安全性与其原料息息相关，因此，化妆品安全评估通常基于其原料的毒性数据进行综合评判。除了对化妆品原料实施严格管制外，欧盟、美国、日本、韩国还根据终产品的属性，通过企业自愿与强制要求相结合的方式，对化妆品的安全评估予以规制。

7.3.1 化妆品原料安全性评价与测试要求

对于化妆品原料管理，大多数国家和地区采用政府监管部门制定禁用物质、限用物质列表的模式，而禁用物质、限用物质之外的原料安全性，基本由企业自行承担安全责任。

1. 欧盟 SCCS 防晒剂、防腐剂、着色剂安全性评价要求

欧盟对化妆品原料有严格的管理规定。化妆品的禁用物质、限用物质以及允许使用的防晒剂、防腐剂、着色剂，在欧盟《化妆品法规 1223/2009》附表Ⅱ至附表Ⅵ中明确列出，欧盟化妆品中所使用的原料必须符合此规定。

SCCS 负责对欧盟《化妆品法规 1223/2009》附表中所列的物质以及拟列入附表管理的物质进行安全评估。为了有效地开展安全评估，SCCS 编撰了《化妆品原料测试与安全性评价指南》，并在该指南附件 3 中列出化妆品原料评估的标准格式与要求，指导新防晒剂、防腐剂、着色剂的安全评估工作。

2. 美国 FDA 着色剂等安全性评价要求

对于化妆品原料的管理，美国政府不仅发布了禁用物质和限用物质列表，并且规定其着色剂必须经美国 FDA 审批通过后方可使用。FDA 还决定着色剂是否需要经过批次检验。无论着色剂是否豁免批次检验，其纯度均须符合着色剂纯度的相关规定。

着色剂申报应提交的安全功效数据，包括此申报物质在动物、人体志愿者以及其他受试生物所开展的所有试验研究。试验研究须设计科学、分析合理。证明申报物质安全的动物试验和其他受试生物试验方法、结果和分析结论，均须在申报文档中清晰列明。FDA 不强制要求企业采用某些指定的试验方法以证明化妆品原料及成品的安全性，也不要求企业提交此类资料，但是化妆品生产企业需要自行保存原始资料，以证明化妆品的安全。

对于化妆品原料信息的收集整理，美国的一些行业协会发挥了积极作用。例如，PCPC 编写了《国际化妆品原料字典和手册》，并公开发布和持续更新。该手册收集了常见的化妆品原料基本信息，包括原料的 INCI 名称、CAS 号和/或 EINECS 号、化学结构式、定义、使用目的、商品名等信息。CIR 还设立了由行业专家组成的评审工作组，基于行业的关注热点，制定每年需安全评价的化妆品原料名单。该名单包括 CIR 汇总收集的此类原料的理化特征、生产工艺、杂质含量、用途以及毒性数据资料，涵盖急性、亚慢性、慢性、遗传毒性、生殖发育毒

性等系统毒效应，皮肤刺激、眼刺激、皮肤致敏等局部毒效应终点数据，以及临床数据、流行病学研究、事故调查资料等。CIR 对原料的安全性进行综合评判，通过发布原料安全评估报告，为化妆品公司和行业的安全评价提供重要参考。

3. 日本医药部外品原料安全性评价要求

日本对于化妆品和医药部外品的原料实施分类管理。

普通化妆品不可以使用日本《化妆品基准》规定的禁用物质和限用物质，其他原料由企业在承担安全责任的前提下自行判断使用。日本化妆品工业联合会的《化妆品原料规格制定方法指南》制定的原料规格，可以为企业原料使用提供参考。

医药部外品所用的原料，必须遵循《化妆品基准》禁用物质和限用物质列表、《药用化妆品的功效成分清单》、《医药部外品添加剂清单》以及其他药典、附件规格等法规。日本政府发布了《医药部外品原料规格》，将可用于医药部外品的原料基本信息予以公布，如原料外观、性状、比重、纯度试验和确认试验方法等；作为医药部外品成分得到厚生劳动省批准的原料规格，由企业自行制定管理，不对外公开。如果法定清单中未收录的成分用于医药部外品，应作为新原料接受厚生劳动省的评估审查。

基于所申报新原料的功效性能，医药部外品新原料的申报分为新功效成分和新添加剂两类。申报企业需提交申报物质的来源和研发过程资料，其他国家的批复许可情况，理化特性和质量规格，稳定性试验、毒理学试验与安全评估资料，以及功效研究报告等，日本医药部外品新功效成分和新添加剂安全评价需开展的毒理学试验如表 7－4 所示。

表 7－4　日本医药部外品新功效成分和新添加剂安全评价需开展的毒理学试验

<table>
<tr><th>新功效成分</th><th>新添加剂</th></tr>
<tr><td>急性毒性</td><td>急性经口毒性</td></tr>
<tr><td>重复剂量毒性（亚慢性、慢性毒性）</td><td>不需要</td></tr>
<tr><td>生殖毒性</td><td>不需要</td></tr>
<tr><td rowspan="3">局部刺激性（皮肤、黏膜）</td><td>急性皮肤刺激性</td></tr>
<tr><td>多次皮肤刺激性</td></tr>
<tr><td>眼刺激性</td></tr>
<tr><td>皮肤致敏性</td><td>皮肤致敏性</td></tr>
</table>

续 表

新 功 效 成 分	新 添 加 剂
光毒性	光毒性
遗传毒性	遗传毒性
致癌性（个案分析）	不需要
毒物代谢及动力学	毒物代谢及动力学（个案分析）
人体皮肤斑贴试验	人体皮肤斑贴试验
长期人体试用安全试验	不需要

4. 韩国原料安全性评价要求

韩国 MFDS 建立了韩国化妆品原料数据库，收载了化妆品常用组分，包括来源、分子式、EINECS 号、CAS 号以及限用原料的使用量等。MFDS 还规定了禁用物质列表，防腐剂、防晒剂、着色剂及其他限用物质列表。列表以外的其他原料由企业自行判断使用。

使用未列入防腐剂、防晒剂、着色剂和其他限用物质列表的原料，化妆品生产企业、化妆品责任销售企业等可以向韩国 MFDS 提出申请，并依据《化妆品原料使用标准指定及变更审查规定》提交相应的资料。资料应包括：资料摘要；原料来源、开发过程、国内外使用标准和使用现状等相关资料；原料特性相关资料；原料安全性和有效性相关资料；原料标准及检验方法的试验报告。其中安全性相关资料应包括单次剂量毒性试验资料、皮肤刺激性试验资料、皮肤敏感性试验资料、黏膜刺激性试验资料、光毒性试验资料、光敏性试验资料、重复剂量毒性试验资料、生殖毒性/遗传毒性/致癌性试验资料、吸入毒性试验资料、人体斑贴试验资料、皮肤吸收试验资料。根据实际情况，如果有适当的理由，可以省略提交部分安全性相关资料。

7.3.2 化妆品安全评估要求

1. 欧盟化妆品安全评估报告

欧盟《化妆品法规 1223/2009》规定生产企业是产品质量第一负责人，在产品上市前，化妆品生产企业须对化妆品所有原料和成品进行评估，签发化妆品安全评估报告（CPSR）。

化妆品安全评估是基于化妆品配方中各组分的含量及其系统毒效应和局部毒

效应终点信息，计算各组分的安全边际值。欧盟《化妆品法规 1223/2009》附录Ⅰ规定了 CPSR 的模板，报告由 A 和 B 两部分组成。A 部分是化妆品的安全信息，包括：化妆品定量和定性组分信息、化妆品的物理和化学特征和质量稳定性、微生物质量指标和杂质含量、痕量物质和包装材料信息、合理可预期的使用场景及化妆品使用量、化妆品各组分的暴露量及其毒性终点信息、化妆品不良反应监测数据及人体志愿者功效测试数据等。B 部分包括：评估结论、标签警示词与使用方法、评估相关支持性证据资料和评估人员的资质等。为方便化妆品生产企业有效地开展产品安全性评估，欧盟委员会在 2013 年 11 月 25 日发布了《化妆品安全报告 CPSR 编写指南》，细化了 CPSR 编写的具体要求。

2. 美国化妆品安全评估要求

美国对化妆品的管理主要依据《联邦食品、药品和化妆品法案》。FDA 将化妆品划分成化妆品和 OTC 药品。化妆品按其分类，须符合化妆品或药品相应的管理要求。按照分类，既是化妆品也是药品的产品，则需要同时符合化妆品和药品的管理要求。

美国化妆品的监管模式与欧盟类似，以企业自律、上市后监管为主，不强制要求化妆品在上市前必须通过 FDA 的批准，但销售该产品的公司或个人对其安全性负有法律责任。FDA 建立了 VCRP，企业可以自愿在 FDA 注册或向 FDA 提交其产品的配方清单。

防晒、去屑等产品在美国被作为 OTC 药品管理。如果用于治疗的活性组分或组合未包含在 OTC 专论中，则相关产品需要通过新药申请、经审核方能上市；如果产品严格满足 OTC 专论的要求，则无须 FDA 审批批准，仅作简单备案即可上市销售。

3. 日本化妆品安全评估要求

日本在化妆品终产品安全评估方面，普通化妆品由企业自行负责管理。企业可以参照日本化妆品工业联合会的《化妆品原料规格制定方法指南》，自行制定配方原料的质量规格并依其管理。化妆品成品质量必须符合《化妆品基准》要求，企业不得销售变质、混入异物或被微生物污染的产品。化妆品除应符合《药机法》等法律法规要求外，政府无其他要求。

对于医药部外品，则需要事先取得行政许可。产品的成分含量、性状、品质等要与已获批准的内容保持一致。根据产品是否含有新功效成分或新添加剂，是否为新剂型、新含量、新配伍、新用法等，需要提交不同程度的理化分析、稳定性及毒理有关的试验报告。此外，化妆品中有害杂质砷的含量必须控制在10ppm以下；滑石粉作为原料添加在化妆品或医药部外品中时，必须根据X射线分析法确认不含有石棉；如果原料未进行试验，须对成品进行检测。

4. 韩国化妆品安全评估要求

韩国MFDS将化妆品分为一般化妆品、功能性化妆品（美白、抗皱、防晒、染发、防脱、脱毛、祛痘、恢复肌肤屏障、淡化红色膨胀纹）两类。对于一般化妆品的安全性，由企业自行进行评估和管理。但是对于儿童产品，应依据《婴幼儿及儿童化妆品安全性资料制作及保管规定》的要求，对其进行安全性评估并保管相关资料。对于功能性化妆品，申报的安全数据需要进一步涵盖成品的急性毒性、皮肤刺激性、眼刺激性、皮肤致敏性、光毒性、光变态反应（如无紫外吸收，数据可豁免）、人体重复斑贴试验数据。

同时，韩国MFDA还发布了《化妆品风险评估指南》，对化妆品的安全评估进行指导。

第 8 章　化妆品上市后质量安全管控

8.1　中国化妆品不良反应监测要求

化妆品质量安全管控，不仅包括原料管理、注册备案管理、生产过程管理等，而且包括化妆品上市后质量安全管控。从监管的角度来看，化妆品上市后质量安全管控包括化妆品抽样检验、安全风险监测、不良反应监测、召回管理等监管措施；从化妆品注册人、备案人、受托生产企业、化妆品经营者等市场主体的角度来看，化妆品上市后质量安全管控主要有化妆品不良反应监测和化妆品召回管理等法律义务。本章对中国实施化妆品不良反应监测和化妆品召回管理的依据、工作流程和相关要求等进行解析，同时简单介绍国外相关管理制度，以给化妆品生产经营者提供借鉴。

8.1.1　中国化妆品不良反应监测要求概述

1. 化妆品不良反应相关概念

1）化妆品不良反应

化妆品不良反应，通常是指在正常使用化妆品时，引起皮肤及其附属器官的病变，以及人体局部或者全身性的损害。

2）严重化妆品不良反应

严重化妆品不良反应，是指在正常使用化妆品时引起以下损害情形之一：

（1）导致暂时性或者永久性功能丧失，影响正常人体和社会功能的，如皮损持久不愈合、瘢痕形成、永久性脱发、明显损容性改变等；

（2）导致人体全身性损害的，如肝肾功能异常、过敏性休克等；

（3）导致住院治疗或者医疗机构认为有必要住院治疗的；

（4）导致人体其他严重损害、危及生命或者造成死亡的。

3）可能引发较大社会影响的化妆品不良反应

可能引发较大社会影响的化妆品不良反应，是指在一定区域内，因正常使用同一化妆品引发较大社会影响或者造成多人严重损害的化妆品不良反应。

2. 化妆品不良反应监测和评价的责任主体及其法定义务

《化妆品监督管理条例》《化妆品不良反应监测管理办法》规定了化妆品不良反应监测和评价的责任主体及其法定义务。

化妆品注册人、备案人为化妆品不良反应监测和评价的责任主体，应当具备化妆品不良反应监测与评价能力，监测其上市销售化妆品的不良反应。

境外化妆品注册人、备案人指定的境内责任人对化妆品不良反应监测承担相应责任，协助境外化妆品注册人、备案人开展化妆品不良反应监测。

受托生产企业、化妆品经营者和医疗机构是化妆品不良反应监测报告的责任主体，应当向化妆品不良反应监测机构报告，配合相关机构和部门开展化妆品不良反应调查。

国家药品监督管理局及县级以上地方人民政府负责药品监督管理的部门是化妆品不良反应监测管理的责任主体，也是化妆品不良反应监测机构，负责化妆品不良反应监测技术工作，以及化妆品不良反应信息的收集、分析和评价，并向负责药品监督管理的部门提出处理建议。

3. 中国化妆品不良反应监测机制

《化妆品不良反应监测管理办法》规定了药品监督管理部门、不良反应监测机构的职责，化妆品注册人、备案人、受托生产企业、经营者、医疗机构的义务，以及不良反应报告、不良反应分析评价、不良反应调查和监督管理等要求。

1）不良反应监测机构

中国的化妆品不良反应监测技术工作主要由国家药品监督管理局下属的国家药品不良反应监测中心统一管理。在该中心的指导下，各省级药品不良反应监测中心作为对化妆品不良反应的技术支持单位不断夯实化妆品不良反应监测工作基础，设立了众多的哨点医院，做到网格化监测。2018 年国家药品监督管理局公布了第一批国家化妆品不良反应监测评价基地名单，2021 年公布了第二批名单。

2）不良反应监测相关标准

中国化妆品不良反应监测相关标准有《化妆品皮肤病诊断标准及处理原则总则》《化妆品接触性皮炎诊断标准及处理原则》《化妆品痤疮诊断标准及处理原则》《化妆品毛发损害诊断标准及处理原则》《化妆品甲损害诊断标准及处理原

则》《化妆品光感性皮炎诊断标准及处理原则》《化妆品皮肤色素异常诊断标准及处理原则》（GB 17149.1—1997 ~ GB 17149.7—1997）等皮肤病诊断国家标准。2019 年，由山东省药品不良反应监测中心起草的《化妆品不良反应皮损形态判断标准及处理原则》经山东省市场监督管理局批准作为山东省地方标准发布，成为国内首个化妆品不良反应地方标准，填补了国内空白。

3）不良反应监测报告内容和报告系统的运行

按照国家化妆品不良反应监测分级管理模式和信息直报的要求，国家化妆品不良反应监测系统于 2017 年 1 月 1 日正式上线运行，实现了中国化妆品不良反应报告的在线直报与逐级审核评价。该系统中用户管理采取分类（各级监测机构，医疗卫生机构，化妆品注册人、备案人、境内责任人、受托生产企业，化妆品经营者及其他）开通注册方式。国家化妆品不良反应监测系统界面如图 8－1 所示。

图 8－1　国家化妆品不良反应监测系统界面

系统上报的内容主要包含报告表基本信息、化妆品不良反应信息、产品信息、辅助检查、关联性评价、报告人信息以及补充信息等。

自 2017 年起，各级化妆品不良反应监测机构应根据原国家食品药品监督管理总局和省级药品监督管理部门的要求，组织开展监测哨点、辖区化妆品生产经营企业、进口非特殊用途化妆品境内责任人等报告单位在国家化妆品不良反应监测系统中的用户注册工作，推进系统平台信息上报，提高报告数量和质量，不断完善化妆品不良反应监测报告体系。

8.1.2 中国化妆品不良反应监测与评价制度解析

1. 各类主体所需履行的化妆品不良反应监测义务

1）化妆品注册人、备案人

（1）建立并实施化妆品不良反应监测和评价体系，配备与其产品相适应的机构和人员从事化妆品不良反应监测工作。

（2）主动收集信息并按照《化妆品不良反应监测管理办法》的规定向化妆品不良反应监测机构报告化妆品不良反应。

（3）对发现或者获知的化妆品不良反应及时进行分析评价，根据评价结果采取措施控制风险。

（4）配合化妆品不良反应监测机构、负责药品监督管理的部门开展化妆品不良反应调查。

2）境外化妆品注册人、备案人和境内责任人

境外化妆品注册人、备案人应当与境内责任人建立不良反应主动收集、报告、分析评价和调查处理的协助机制，确保履行《化妆品不良反应监测管理办法》规定的义务。

3）受托生产企业、化妆品经营者和医疗机构

受托生产企业、化妆品经营者和医疗机构应当按照《化妆品监督管理条例》《化妆品不良反应监测管理办法》的规定向化妆品不良反应监测机构报告，并配合开展化妆品不良反应调查。

2. 化妆品不良反应信息的收集、报告和分析评价

1）化妆品不良反应信息的主动收集

《化妆品不良反应监测管理办法》规定，化妆品注册人、备案人应当通过便捷方式向社会公布有效联系方式，主动收集其上市销售化妆品的不良反应。

（1）化妆品注册人、备案人应当建立化妆品不良反应监测和评价体系，主动收集其上市销售化妆品的不良反应信息。

（2）境外化妆品注册人、备案人应当与其境内责任人建立化妆品不良反应的主动收集、报告和调查分析的协助机制，以确保对于进口化妆品的不良反应信息

的主动收集。

(3) 化妆品经营者应当配置与其经营规模相适应的专门的部门及人员进行不良反应信息的主动收集；对于经营规模较小的责任主体，则可以考虑以购买服务的形式，委托第三方协助进行不良反应信息的收集工作。

(4) 境外化妆品注册人、备案人应当及时将其在境外收集到的相关化妆品不良反应信息分享给境内责任人，与境内责任人相互配合，主动收集产品的不良反应信息。

对于进行化妆品不良反应信息收集的人员，责任主体应对其进行一定的业务培训，使其能够初步地区分和辨别不良反应的严重性，以及采取具体的应对措施。化妆品不良反应监测和评价的责任主体应当建立相应的内部流程，及时处理收集到的化妆品不良反应案例。

化妆品注册人、备案人主动收集的不良反应信息主要包括：(1) 来源于消费者的信息；(2) 来源于受托生产企业、经营者的信息；(3) 来源于医疗机构、监测哨点的信息；(4) 来源于政府监管部门的信息；(5) 来源于国内外学术期刊和协会公开的报告及其他研究报告。

消费者是化妆品注册人、备案人最主要的不良反应信息收集来源。化妆品注册人、备案人可通过多种渠道收集来自消费者自发上报的不良反应信息，如客服电话、电子邮件、电子商务平台、专柜销售人员、社交平台等。无论是通过哪种渠道，最初收到不良反应信息的人员或者部门都应尽可能全面收集不良反应相关信息，并记录在专门的不良反应信息收集表中，及时转交至内部或者委托的第三方相应人员或部门进行后续的分析评估及上报。必要情况下，还需进行随访和补充信息。

完整收集的化妆品不良反应信息对于后续的化妆品不良反应的上报、分析和评估具有重要的意义。化妆品不良反应信息收集表作为一个实用工具，能够很好地帮助化妆品责任主体、化妆品经营单位等信息收集人准确、完整、高效地收集化妆品不良反应的基本信息。完整的化妆品不良反应信息表应当至少包含以下几部分内容。(1) 消费者/报告者信息：消费者/报告者姓名、性别、年龄、过敏性疾病病史等；(2) 产品信息：产品名称、批号、保质日期、购买地点或渠道等；(3) 产品使用情况：产品开始使用日期、产品停用日期、使用频率、使用部位等；(4) 不良反应信息：反应出现日期、具体反应描述、产品停用后是否恢复、是否就医及诊疗情况等。

化妆品不良反应信息收集表如表 8－1 所示。

化妆品注册人、备案人、境内责任人等可以通过电话、电子邮件直接地主动收集来自消费者的不良反应投诉，填写化妆品不良反应信息收集表；或者委托代理商等下游化妆品经营者代理收集相关信息，填写信息表，并及时收集、整理收到的信息表。

表 8－1　化妆品不良反应信息收集表

<table>
<tr><th colspan="8">消费者信息栏</th></tr>
<tr><td>姓名</td><td></td><td>性别</td><td></td><td>年龄/年龄段</td><td></td><td>联系电话</td><td></td></tr>
<tr><td>过敏史</td><td colspan="7"></td></tr>
<tr><td colspan="8"></td></tr>
<tr><th colspan="8">产品信息栏</th></tr>
<tr><td>产品全名（中文）</td><td colspan="7"></td></tr>
<tr><td>产品名称（英文）</td><td colspan="7"></td></tr>
<tr><td>产品品牌</td><td colspan="7"></td></tr>
<tr><td>产品批号</td><td colspan="3"></td><td colspan="2">保质日期</td><td colspan="2"></td></tr>
<tr><td>购买日期</td><td colspan="3"></td><td colspan="2">购买渠道/地点</td><td colspan="2"></td></tr>
<tr><td colspan="8"></td></tr>
<tr><th colspan="8">产品使用及不良反应信息栏</th></tr>
<tr><td>开始使用日期</td><td></td><td>是否初次使用</td><td></td><td>反应开始日期</td><td></td><td>使用频率</td><td></td></tr>
<tr><td>反应发生部位</td><td colspan="7"></td></tr>
<tr><td colspan="8">反应具体描述（详细记录顾客出现的反应情况）</td></tr>
<tr><td>停用日期</td><td colspan="3"></td><td colspan="2">恢复情况</td><td colspan="2"></td></tr>
<tr><td>是否就诊/诊疗信息</td><td colspan="7"></td></tr>
<tr><td colspan="8"></td></tr>
<tr><td>填表日期</td><td colspan="3"></td><td colspan="2">填报人</td><td colspan="2"></td></tr>
</table>

2）化妆品不良反应报告

《化妆品不良反应监测管理办法》规定，化妆品不良反应报告遵循可疑即报原则。“可疑即报”是指怀疑与使用化妆品有关的人体损害，均应当报告。根据可疑即报原则，只要化妆品的使用与所出现反应之间的因果关系（关联性）不能排除，则均应作为不良反应进行上报。如果有其他病因可以解释所出现的不良反应，并经过医学确认和记录，相应化妆品的使用与所出现反应之间的因果关系则判定为“排除”。同样，如果不良反应与产品的使用之间存在矛盾的时间关系（如产品使用前发生的不良事件），则该因果关系应被视为“排除”。此类反应则无须上报。另外，企业应根据所获知的信息尽可能对不良反应的真实性和准确性进行鉴别，恶意投诉、虚假投诉及不属于化妆品不良反应的，不应作为不良反应进行上报。

（1）不良反应监测记录的要求

化妆品不良反应报告的内容应当真实、完整、准确。化妆品不良反应报告应当包括报告者信息、发生不良反应者信息、不良反应信息、所使用化妆品信息等内容。化妆品不良反应监测记录应当至少包括报告者信息、发生不良反应者信息、症状或者体征、不良反应严重程度、不良反应发生日期、不良反应发现或者获知日期、不良反应报告日期、所使用化妆品名称等。属于严重和可能引发较大社会影响的化妆品不良反应，化妆品注册人、备案人还应当记录可能引发不良反应的原因以及分析评价情况、后续风险控制措施。医疗机构应当记录与化妆品不良反应有关的诊疗情况。以下内容应当尽量收集并记录：所使用化妆品的特殊化妆品注册证编号或者普通化妆品备案编号、生产批号、开始使用日期和停用日期、医疗机构诊疗情况。

化妆品注册人、备案人、受托生产企业、医疗机构应当客观、真实地记录与不良反应监测有关的活动并形成监测记录，记录保存期限不得少于报告之日起 3 年。境内责任人应当协助建立并保存化妆品不良反应监测记录。

（2）不良反应报告的途径

化妆品注册人、备案人在发现或者获知化妆品不良反应后应当通过国家化妆品不良反应监测系统报告。

受托生产企业、化妆品经营者、医疗机构在发现或者获知化妆品不良反应后，应当通过国家化妆品不良反应监测系统报告，鼓励其告知化妆品注册人、备案人。暂不具备在线报告条件的化妆品经营者和医疗机构，应当通过纸质报表向所在地市县级监测机构报告，由其代为在线提交报告。

化妆品电子商务平台经营者获知化妆品不良反应的，应当记录报告者信息、发生不良反应者信息、不良反应信息、所使用的化妆品信息等内容，并于7日内转交平台内化妆品经营者处理。涉及产品质量安全的重大信息，化妆品电子商务平台经营者应当自获知上述信息后，将发生不良反应者信息、症状或者体征、不良反应严重程度、不良反应发生日期、所使用化妆品名称、销售所使用化妆品的平台内经营者等信息于15日内书面报告电子商务平台经营者所在地省级药品监督管理部门。

境外化妆品注册人、备案人其在中国境内外上市销售的产品因在境外发生化妆品不良反应而被采取停止生产或者经营、实施产品召回、发布安全警示信息等风险控制措施的，境外化妆品注册人、备案人应当在发现或者获知之日起7日内，将相关不良反应信息和采取的风险控制措施书面报告国家监测机构，境内责任人应当协助境外化妆品注册人、备案人履行报告义务。

其他单位和个人可以向化妆品注册人、备案人、境内责任人报告化妆品不良反应，也可以向所在地市县级监测机构或者市县级监管部门报告，由上述企业或者单位代为在线提交报告。

（3）不良反应报告的时限

属于一般化妆品不良反应的，化妆品注册人、备案人、受托生产企业、化妆品经营者、医疗机构等应当自发现或者获知化妆品不良反应之日起30日内报告；属于严重化妆品不良反应的，应当自发现或者获知之日起15日内报告；属于可能引发较大社会影响的化妆品不良反应的，应当自发现或者获知之日起3日内报告。对于不良反应情况和分析评价结果等有新的发现或者认知的，应当及时补充报告。

3）化妆品不良反应分析评价

《化妆品不良反应监测管理办法》规定，化妆品注册人、备案人应当对发现或者获知的化妆品不良反应进行分析评价，必要时自查产品原料、配方、生产工艺、生产质量管理、贮存运输等方面可能引发不良反应的原因。境内责任人应当积极协助境外化妆品注册人、备案人对发现或者获知的化妆品不良反应进行分析评价。

属于严重化妆品不良反应的，化妆品注册人、备案人应当自发现或者获知不良反应之日起20日内，属于可能引发较大社会影响的化妆品不良反应的，应当自发现或者获知不良反应之日起 10 日内，进行分析评价并形成自查报告，报送化妆品注册人、备案人、境内责任人所在地省级不良反应监测机构，同时报送所在地省级药品监督管理部门。

各级不良反应监测机构应当逐级对本行政区域内发生的化妆品不良反应进行分析评价，并根据分析评价结果和风险程度向所在地同级负责药品监督管理的部门提出处理建议。各级不良反应监测机构的分析评价要求如表 8 - 2 所示。

表 8 - 2　各级不良反应监测机构的分析评价要求

	市县级监测机构	省级监测机构	国家监测机构
一般化妆品不良反应	应当自收到不良反应报告之日起 15 个工作日内完成分析评价	应当自收到下一级监测机构的评价意见之日起 15 个工作日内完成分析评价	应当对收集的全国化妆品不良反应进行分析评价，根据监测结果和风险程度，向国家药品监督管理局提出处理建议
严重化妆品不良反应	应当自收到不良反应报告之日起 7 个工作日内完成分析评价	应当自收到下一级监测机构的评价意见之日起 7 个工作日内完成分析评价	应当对收集的全国化妆品不良反应进行分析评价，根据监测结果和风险程度，向国家药品监督管理局提出处理建议
可能引发较大社会影响的化妆品不良反应	应当自收到不良反应报告之日起 3 个工作日内完成分析评价。对严重和可能引发较大社会影响的化妆品不良反应，应当同时报告所在地同级负责药品监督管理的部门，提出处理建议	应当自收到下一级监测机构的评价意见之日起 3 个工作日内完成分析评价。对严重和可能引发较大社会影响的化妆品不良反应，应当同时报告所在地省级药品监督管理部门，提出处理建议	应当组织国家监测基地开展分析评价，并自收到下一级监测机构报送的分析评价报告之日起 7 个工作日内形成分析评价报告报送国家药品监督管理局

市县级监测机构应当对严重和可能引发较大社会影响的化妆品不良反应进行跟踪调查，详细了解发生不良反应者和所使用化妆品的基本信息、不良反应发生情况和进展、报告单位对不良反应的处理情况等，并自收到不良反应报告之日起 7 个工作日内形成跟踪报告报送上一级监测机构，同时报送所在地同级负责药品监督管理的部门。

省级监测机构应当结合下一级监测机构报送的跟踪报告对严重和可能引发较大社会影响的化妆品不良反应进行调查研究，根据实际需要开展监测数据分析、文献研究、专家咨询，对不良反应发生情况和可能引发不良反应的原因等进行综合分析，属于严重化妆品不良反应的，应当自收到跟踪报告之日起 15 个工作日内形成分析评价报告，属于可能引发较大社会影响的化妆品不良反应的，应当自收到跟踪报告之日起 7 个工作日内形成分析评价报告，并报送国家监测机构，同时报送所在地省级药品监督管理部门。

省级监测机构应当按季度和年度对收集的化妆品不良反应进行汇总分析，提出风险管理建议，及时书面报送省级药品监督管理部门和国家监测机构。

国家监测机构应当按季度和年度对收集的化妆品不良反应进行汇总分析，提出风险管理建议，及时书面报送国家药品监督管理局。

4）化妆品不良反应调查

监管部门收到同级不良反应监测机构的不良反应评价意见后依职责开展调查，并形成不良反应调查处理报告报送至上一级负责药品监督管理的部门。根据调查结果，发现产品存在质量缺陷或者其他问题，可能危害人体健康的，负责药品监督管理的部门依照《化妆品监督管理条例》，应当通知化妆品注册人、备案人实施召回，通知受托生产企业、化妆品经营者停止生产、经营。发现产品造成人体伤害或者有证据证明可能危害人体健康的，负责药品监督管理的部门依照《化妆品监督管理条例》，可以采取责令暂停生产、经营的紧急控制措施。负责药品监督管理的部门认为需要化妆品注册人、备案人进一步开展分析评价的，化妆品注册人、备案人、境内责任人所在地省级药品监督管理部门可以向化妆品注册人、备案人、境内责任人告知相关化妆品不良反应信息。化妆品注册人、备案人应当按照《化妆品不良反应监测管理办法》，及时进行分析评价后形成自查报告，并报送化妆品注册人、备案人、境内责任人所在地省级药品监督管理部门。有证据表明化妆品、化妆品原料可能存在缺陷的，省级以上药品监督管理部门依照《化妆品监督管理条例》，可以责令化妆品注册人、备案人开展安全再评估或者直接组织开展安全再评估。

化妆品注册人、备案人通过分析评价化妆品不良反应，发现产品存在安全风险的，应当立即采取措施控制风险。受托生产企业、化妆品经营者发现或者获知其生产、经营的化妆品存在安全风险、可能危害人体健康的，应当立即停止生产、经营，并同时告知化妆品注册人、备案人、境内责任人，配合其采取措施控制风险。

8.2　国外化妆品不良反应管理简介

目前，国外一些成熟的化妆品市场都制定了化妆品不良反应监测的法规及技术规范。本节主要介绍欧盟、美国、日本、韩国的化妆品不良反应监测相关法规，为化妆品行业制定、完善、执行化妆品不良反应监测与评价制度提供参考。

8.2.1　欧盟化妆品不良反应管理

1. 化妆品不良反应监测相关法规

欧盟《化妆品法规 1223/2009》中关于不良反应监测有以下相关要求。

1）严重不良反应上报（见第 23 条“严重不良反应的沟通”）

要求责任人和经销商在收到严重不良反应信息后立即上报到严重不良反应所发生的成员国的国家监管部门。2012 年 8 月欧盟委员会发布的《严重不良反应上报指南》中规定了立即上报时间为收到严重不良反应后的 20 个自然日之内。

2）不良反应信息纳入化妆品安全报告［见第 10 条（1）和附件Ⅰ“安全评估”］

要求责任人收集非严重和严重不良反应信息，并将非严重和严重不良反应信息都记录在化妆品安全报告中。

3）公众可获取不良反应信息（见第 21 条“公众可获取不良反应信息”）

要求责任人应确保公众能够很容易获得所有可归因于化妆品使用的非严重和严重不良反应信息。

为了促进相关条款的执行，确保不同责任人、经销商间的数据具有可比性，同时在欧盟内部建立严重不良反应管理和沟通系统，欧盟委员会与成员国和化妆品行业根据欧盟《化妆品法规 1223/2009》共同制定了《严重不良反应上报指南》及上报表格，并于 2012 年 8 月发布。该指南中规定了因果关系评估方法、严重不良反应上报范畴、严重不良反应上报和信息通报要求；责任人、经销商和国家监管部门之间的沟通原则；责任人和国家监管部门所采取的后续行动。

为促进在不良反应管理和向监管部门上报严重不良反应信息方面实施统一的流程，欧洲化妆品协会代表欧盟化妆品行业制定了《欧盟化妆品不良反应管理及严重不良反应上报指南》。该指南通过对三项关键参数（症状、时间关系、附加检查和/或再次接触）的分析确定产品使用与所出现反应之间的因果关系的可能性。根据这三个关键参数，可以将产品使用与所出现反应之间的因果关系分为五个级别："非常可能""可能""不能明确归因""不太可能"和"排除"。这一方法为目前最为成熟的适合消费者自发上报的不良反应事件的因果关系评估方法，并在欧盟被广泛认可。该指南中增加了不良反应事件的定义，对严重不良反应的定义进行了详细解释，并对不良反应事件的管理进行了详细阐述。

2. 化妆品不良反应上报

欧盟委员会《严重不良反应上报指南》对严重不良反应的上报程序进行了清晰的阐述。严重不良反应有以下两种上报途径。

（1）责任人或经销商最先收到严重不良反应的上报途径如图 8-2 所示。

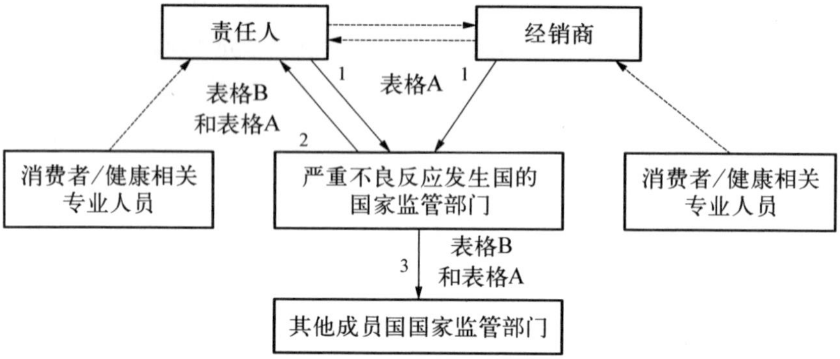

图 8-2　责任人或经销商最先收到严重不良反应的上报途径

（2）国家监管部门最先收到严重不良反应的上报途径如图 8-3 所示。

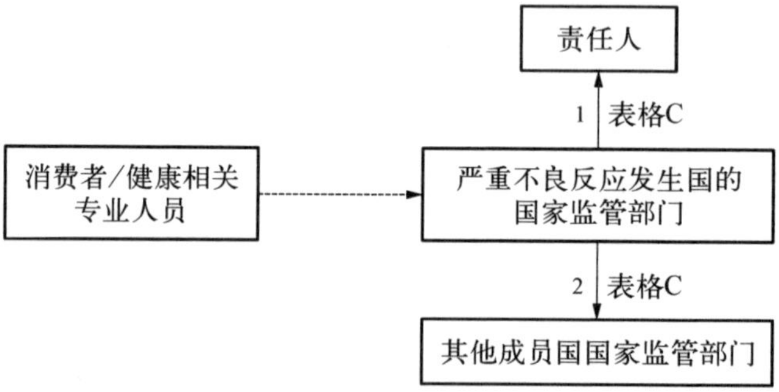

图 8-3　国家监管部门最先收到严重不良反应的上报途径

3. 风险管理

监管部门对安全信号或趋势的识别基于严重不良反应报告，并且会在相关国家进行特定调查。该调查应告知责任人，以便责任人向调查的监管部门提供所需信息，从而对安全信号或趋势做出评估。对安全信号的分析应遵循最高水平的风险评估原则，如由国际风险治理理事会提供的相关原则。

必要时，公司对上市后的监管数据进行评估后可采取相应风险控制措施，所采取的措施应与严重不良反应的类型或发生频率呈正相关，并遵从监管部门进行严格的风险评估。这些措施包括使用说明的更改、标签的更改、警示语的更改、配方的更改、产品召回或撤回，或者为保证消费者健康所采取的任何进一步必要措施。

总而言之，欧盟的不良反应监测重点为严重不良反应。对于严重不良反应，要求责任企业与经销商在收到严重不良反应信息后的20个自然日之内上报到严重不良反应发生成员国的国家监管部门，由该成员国监管部门进行后续调查及信息交流。但对于非严重不良反应，则要求由责任企业负责。欧盟注重化妆品不良反应因果关系评估，并将化妆品不良反应因果关系评估方法详细写入欧盟化妆品上报指南中；欧盟重视化妆品不良反应的监测，并在相关指南中对不良反应的监测方法提出了建议。

8.2.2　美国化妆品不良反应管理

1. 化妆品不良反应监测相关法规

美国现行化妆品不良反应监测相关法律为《联邦食品、药品和化妆品法案》，其中规定了化妆品和药品的定义；2022年12月，美国发布了《2022化妆品监管现代化法案》，其中规定了化妆品不良反应和严重不良反应的定义；指导性文件主要有《化妆品良好生产规范》等，给出了化妆品企业建立不良反应报告、记录、评估和跟踪的标准流程。

《2022化妆品监管现代化法案》将化妆品不良反应定义为“与使用某一种化妆品有关的任何有害健康的事件”，将严重不良反应定义为以下两种情况：(1) 出现死亡，危及生命，住院治疗，永久或重大伤残/丧失工作能力，先天畸形或出生缺陷，感染，在习惯或常规使用条件下非预期的严重毁容（包括严重和持续的皮疹、二度或三度烧伤、严重脱发或持续或显著的外观改变）；(2) 根据合理的医学判断，需要采取内外科干预措施预防(1)项中的结果发生。

美国要求责任企业必须上报化妆品严重不良反应，自愿报告其他类型的不良反应。

对无须批准即可上市的OTC药品（含防晒化妆品、抗牙龈炎牙膏、抗龋齿牙膏等)，美国强制要求报告严重不良反应，并由专门的报告指南规定了 OTC 药品严重不良反应的定义、上报要求、上报时间、上报内容、记录保存和检查、受保护的信息、编写规则等内容。

2. 化妆品不良反应上报

FDA 的不良反应报告系统的数据来源于两个方面：一是企业，二是消费者和医疗卫生专家。药品的不良反应监测遵从药品的管理制度，企业必须在 15 天内报告药品严重不良反应。化妆品严重不良反应的上报时限同样是 15 天，并要求企业在随后的 1 年中继续收集相关信息，如发现新的医学信息，则必须在发现后的 15 天内上报。

企业保存化妆品不良反应信息的期限为 6 年，但是年销售额为 100 万美元以内的、非生产型的小型企业除外。

目前，化妆品不良反应在美国共有三种报告渠道：(1) 直接致电 FDA 消费者投诉协调员；(2) 在线填写 MedWatch 自愿报告表；(3) 填写纸质版的 MedWatch 表格邮寄给 FDA。消费者和医疗卫生专家可通过 MedWatch 在线系统、邮件、传真或电话向 FDA 报告，也可向其卫生保健者、化妆品制造商以及当地的消费者安全委员会报告。消费者如需报告严重的甚至危及生命的不良反应，可以拨打 FDA 或当地消费者管理部门的 24 小时紧急电话报告，FDA 鼓励消费者直接报告。

3. 风险管理

对于评估后认定的低风险类型化妆品不良反应，FDA 可以豁免上报。

对于可能影响公共健康的产品，FDA 会采取以下措施：(1) 发布安全警示通告给公众和医疗专业人员，以监测产品的使用、调整产品使用方法或停止使用该产品；(2) 更新产品标识，以警示其不良反应的发生；(3) 要求对产品做出医疗指导，即提供产品购买前的指导来帮助消费者安全使用产品；(4) 要求改进产品的设计、制造工艺、包装或分销；(5) 要求公司召回产品或要求制造商进行安全性评价。

FDA 如果认为某产品是不安全的，可能会采取以下措施：(1) 请求联邦法院发出禁令；(2) 要求警察收缴产品；(3) 提起刑事诉讼；(4) 拒绝进口化妆品入境；(5) 要求公司召回产品。

总体而言，美国化妆品不良反应监管的重点是严重不良反应，且在执行上有一定的灵活性，对低风险类型化妆品不良反应、小型企业有不同形式的豁免。

8.2.3　日本化妆品不良反应管理

1. 化妆品不良反应监测相关法规

1960 年，日本厚生劳动省制定并颁发《药机法》，经过多次修订，沿用至今。《药机法》的管理对象包括医药品、医药部外品、化妆品和医疗器械等。2014 年修订的《药机法》中涉及不良反应监管的条款为第十一章第六十八条第十款（副作用等的报告）：“药品、医药部外品、化妆品、医疗器械等的生产销售企业或外国特例批准获得者在知晓其可能因其产品副作用及其他原因造成疾病、伤害或死亡情况，或者因产品的使用造成感染，或者其他与药品、医药部外品、化妆品或医疗器械的有效性及安全性有关情况后，应当按照厚生劳动省令的相关规定向厚生劳动大臣汇报情况。”

2. 化妆品不良反应上报

日本化妆品和医药部外品的主管部门为厚生劳动省，其实施不良反应报告制度，化妆品制造销售企业对不良反应有评价和报告义务，应设立负责统筹管理安全对策的安全管理责任人。日本化妆品不良反应报告流程如图 8－4 所示。

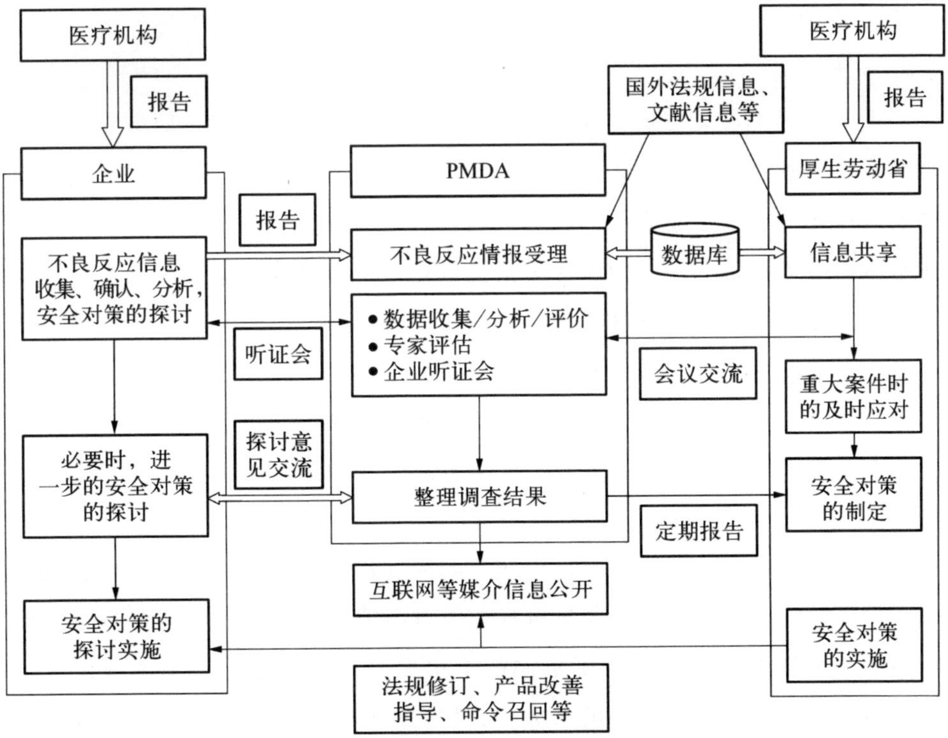

图 8－4　日本化妆品不良反应报告流程

按照《医药品、医药部外品、化妆品及医疗器械的制造销售后安全管理标准的有关省令的部分修订省令》的要求，制造销售企业必须在 15 日内上报的事项包括：

（1）疑似由化妆品等的副作用所引起的发生死亡的案例；

（2）疑似由化妆品等的副作用所引起的重症及治疗期限超过 30 天的案例，且无法根据该化妆品等的附件资料或容器包装上记载的使用注意事项预料的；

（3）疑似由化妆品等的副作用引起的重症案例，能够根据该化妆品等的使用注意事项等预料到，但无法根据该化妆品等的使用注意事项等，预料发生数量、发生频率、发生条件等发生趋势，以及该症状发生趋势的变化可能会引起卫生健康危害的发生或扩大。

制造销售企业必须在 30 日内上报的事项包括：针对疑似由化妆品等的副作用引起的重症案例中的已知情况［参照上述（3）］当报告期限内无法完成全部报告内容的调查时，应将届时已完成的调查结果及完成全部调查仍需时间的理由一并报告提交。

化妆品不良反应的上报方式包括邮寄、传真、电话、在线上报等。

3. 风险管理

当企业收到不良反应信息并加以分析后，应根据危害程度采取应对措施。可采取的措施包括：产品停止销售、自主召回；修改产品容器、包装、说明书等标签中有关使用方法、注意事项的内容；向管理机构提交不良反应报告，如医药信息主管或医疗器械信息主管向医务人员提供相关信息或者向厚生劳动大臣汇报情况；制定其他必要的安全保障措施等。

政府监管机构可以依据《药机法》对严重事件采取应急措施，指导企业停止产品的销售、召回问题产品等；通过媒体告知社会公众，引起使用者的注意；根据不良反应的具体原因开展技术评估，修改法规评审要求，避免事态恶化。

修改省令后，日本化妆品不良反应监测制度强化了企业的责任，企业有上报严重不良反应的义务，企业还应从医疗相关方面搜集安全管理有关信息；根据不良反应的严重程度，日本规定了不同的上报期限；为了便于法规实施，消除误解，日本还制定了法规实施中的 Q&A 文件，这些法规的修订和出台与日本发生的不良反应事件密切相关。

8.2.4　韩国化妆品不良反应管理

1. 化妆品不良反应监测相关法规

韩国在《化妆品法》第 5 条（经营者的义务等）中明确规定，化妆品责任销售者有义务报告安全性相关信息。2011 年韩国食品医药品安全部发布了《化妆品安全性信息管理规定》，并在 2012 年、2013 年、2014 年、2017 年、2020 年进行了 5 次修订。

韩国在《药事法》第 68 条第 8 款（不良反应等的报告）中要求药品的制造者、取得品类许可者、进口商和药品批发商、药店的开办人和医疗机构的开办人等发现疑似药品等引起的不良反应时应根据法规要求进行报告。第 37 条第 3 款（药品上市后的安全管理）中对药品上市后的安全管理提出了明确要求。1990 年韩国保健福祉部发布了《医药品等安全性信息管理规定》，其中规定了药品和医药品不良反应管理的相关要求。2016 年韩国进行了法规体系的调整，将《医药品等安全性信息管理规定》的内容纳入《医药品等的安全相关规则》和《医药品等上市后安全管理标准》。

2. 化妆品不良反应上报

韩国化妆品安全性信息管理体系如图 8－5 所示。

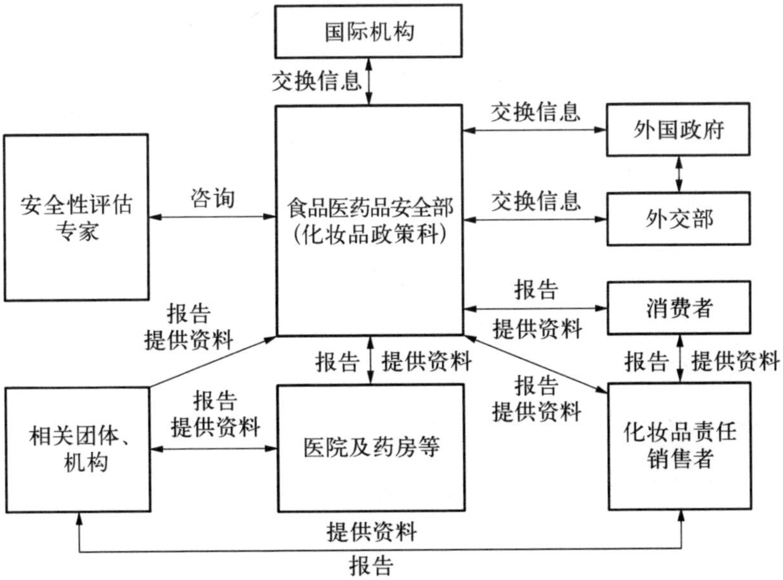

图 8－5　韩国化妆品安全性信息管理体系

韩国化妆品不良反应的上报主体为责任销售者及医生、药师、护士、销售者、消费者或者相关团体等。可以通过食品医药品安全部网站（化妆品）、电话、邮寄、传真等方式上报化妆品不良反应信息。

食品医药品安全部认为报告不符合要求或者需要补充资料时，可以要求完善资料。并且通过评价信息的可信性及因果关系，对国内外使用现况等调查、比较，确认外国的措施及依据，收集、调查相关不良反应等安全性信息资料，以及综合研究等方式对报告的安全性信息进行检查及评价，必要时可接受政策咨询委员会专家的咨询。

3. 风险管理

韩国食品医药品安全部对化妆品安全性信息进行检查及评价后，可根据评价结果发出禁止制造、进口、销售及回收、销毁等命令；要求补充使用上的注意事项等；发布调查研究等命令；要求按重要信息进行管理；了解是否合理地进行了制造或品质管理的调查，以及实验、检查等其他必要措施。

食品医药品安全部需要将安全性信息的评价结果告知化妆品责任销售者，必要时通知消费者，亦可通报国际机构或相关国家政府等。

韩国化妆品不良反应监测体系建立较晚，目前已经建立起集责任销售者、医疗机构从业人员（医生、药师、护士）、销售者、消费者和社会团体于一体的上报制度。韩国化妆品安全性信息体系灵活运用国际信息交换体系，必要时可将相关产品安全性信息评价结果通报给国际机构或者相关国家政府，防止化妆品引起的国际性危害。和中国相比，虽然韩国规定医疗机构从业人员可以向食品医药品安全部或责任销售者报告化妆品安全性信息，但是未构建包含国家范围的监测基地及地方的监测哨点的整体专业监测体系。

8.3 中国化妆品召回制度解析

中国《化妆品监督管理条例》《化妆品生产经营监督管理办法》《化妆品生产质量管理规范》等法规文件对化妆品召回作出了规定，但目前尚未有关于化妆品召回管理操作层面的具体文件。本节对中国化妆品召回管理要求进行解析，并对国外化妆品召回管理制度做简要介绍。

8.3.1 中国化妆品召回管理要求解析

1. 化妆品召回法规要求

《化妆品监督管理条例》第四十四条规定，化妆品注册人、备案人发现化妆品存在质量缺陷或者其他问题，可能危害人体健康的，应当立即停止生产，召回已经上市销售的化妆品，通知相关化妆品经营者和消费者停止经营、使用，并记录召回和通知情况。化妆品注册人、备案人应当对召回的化妆品采取补救、无害化处理、销毁等措施，并将化妆品召回和处理情况向所在地省、自治区、直辖市人民政府药品监督管理部门报告。受托生产企业、化妆品经营者发现其生产、经营的化妆品有前款规定情形的，应当立即停止生产、经营，通知相关化妆品注册人、备案人。化妆品注册人、备案人应当立即实施召回。负责药品监督管理的部门在监督检查中发现化妆品有本条第一款规定情形的，应当通知化妆品注册人、备案人实施召回，通知受托生产企业、化妆品经营者停止生产、经营。化妆品注册人、备案人实施召回的，受托生产企业、化妆品经营者应当予以配合。化妆品注册人、备案人、受托生产企业、经营者未依照本条规定实施召回或者停止生产、经营的，负责药品监督管理的部门责令其实施召回或者停止生产、经营。第二十三条规定，境外化妆品注册人、备案人应当指定我国境内的企业法人协助实施产品召回。

《化妆品生产质量管理规范》规定，化妆品注册人、备案人应当建立并执行产品召回管理制度，依法实施召回工作。对召回的产品，应当清晰标识、单独存放，并视情况采取补救、无害化处理、销毁等措施。召回记录内容应当至少包括产品名称、净含量、使用期限、召回数量、实际召回数量、召回原因、召回时间、处理结果、向监管部门报告情况等。企业发现留样的产品在使用期限内变质的，应当及时分析原因，并依法召回已上市销售的该批次化妆品，主动消除安全风险。

2. 化妆品召回基本要求解析

1）召回对象

化妆品召回对象，一般是指对人体健康造成风险或/和违反法律法规的化妆品。依据《化妆品监督管理条例》《化妆品生产经营监督管理办法》《化妆品生产质量管理规范》《化妆品不良反应监测管理办法》等，当产品出现下列情形之一，可能危害人体健康时，可能会成为召回对象：

（1）使用禁用于化妆品生产的原料、使用应当注册但未经注册的新原料生产化妆品；

（2）使用不符合强制性国家标准、技术规范的原料、直接接触化妆品的包装材料，应当备案但未备案的新原料生产化妆品，或者不按照强制性国家标准或者技术规范使用原料；

（3）不符合强制性国家标准、技术规范或者不符合化妆品注册、备案资料载明的技术要求的化妆品；

（4）化妆品变质或超过使用期限；

（5）通过化妆品不良反应分析评价，发现产品存在质量缺陷或其他问题，可能危害人体健康的；

（6）未按照《化妆品生产质量管理规范》的要求组织生产的；

（7）由未取得相应化妆品生产许可的企业生产的化妆品；

（8）未经注册或备案的化妆品；

（9）其他不符合法律、法规或者安全标准的化妆品。

2）召回调查评估

中国《化妆品监督管理条例》及其相关文件未对调查评估的内容作出规定，但是综合判断，当发现产品存在问题，出现包括但不仅限于如下情形时，可能启动调查评估流程：

（1）消费者投诉举报产品存在质量问题；

（2）公司内部检查发现产品存在质量问题；

（3）市场监督检查不合格，如重金属超标、微生物超标、标签不合规、违法添加等；

（4）媒体披露的产品质量安全事件；

（5）其他途径获悉的质量相关问题。

调查评估的内容一般包括（但不限于）：

（1）信息来源，可信度；

（2）产品合规性；

（3）产品缺陷或可能缺陷项目的检测结果；

（4）发现产品缺陷或可能缺陷的日期和情况；

（5）评估与缺陷或可能缺陷相关的风险，包括危害程度、危害产生的后果、危害发生的可能性、危害影响的范围等；

（6）评估引起缺陷的原因；

（7）投诉、不良反应记录；

（8）生产记录；

（9）分销信息；

（10）分销渠道的产品销售及库存记录。

由于不同批次产品可能存在相同的问题，调查评估应不仅局限于已发现批次，还应评估其他批次，最大程度降低或消除风险。

3）召回计划

中国规定化妆品召回和处理情况应向所在地省、自治区、直辖市人民政府药品监督管理部门报告，但是对召回计划的内容及召回计划报告未做相关要求。综合世界各国（地区）和中国其他产品召回管理相关规定，化妆品召回计划应当包括如下内容：

（1）企业名称、地址、法定代表人、具体负责人、联系方式等基本情况；

（2）化妆品名称、商标、规格、限期使用日期、批号、数量；

（3）召回原因和危害后果，以及避免损害发生的应急处置方式；

（4）召回的范围；

（5）召回时限；

（6）具体的召回措施；

（7）相关经营者的义务和责任；

（8）召回产品的处置措施、费用承担情况；

（9）召回的预期效果。

4）召回沟通

中国要求化妆品注册人、备案人发现应当召回产品的问题时，应立即停止生产，通知相关化妆品经营者和消费者停止经营、使用，并记录通知的情况，但是对于通知的形式和内容未做相关要求。

5）召回状态报告

中国只规定化妆品召回和处理情况应向所在地省、自治区、直辖市人民政府药品监督管理部门报告，对报告的频次和时间要求未作明确规定。为了保证信息沟通顺畅，企业可在召回过程中定期或不定期向所在地省、自治区、直辖市人民政府药品监督管理部门报告召回状态，报告主要包括以下内容：

（1）企业及产品基本信息；

（2）通知相关经营者停止经营的情况；

（3）通知消费者停止使用的情况；

（4）应召回数量、实际召回数量及召回率；

（5）完成召回的预计时间；

（6）召回产品处置情况。

6）召回产品处置

中国化妆品的召回对象是存在质量缺陷或者其他问题、可能危害人体健康的化妆品或者产品留样在使用期限内变质的化妆品。《化妆品监督管理条例》规定，应当对召回的化妆品采取补救、无害化处理、销毁等措施。《化妆品生产质量管理规范》规定，召回的产品应当清晰标识、单独存放。

7）召回记录和保存

《化妆品监督管理条例》《化妆品生产质量管理规范》等法规文件规定，化妆品召回记录内容应当至少包括产品名称、净含量、使用期限、应召回数量、实际召回数量、召回原因、召回时间、处理结果、向监管部门报告情况等。召回记录保存期限不得少于产品使用期限届满后 1 年，产品使用期限不足 1 年的，召回记录的保存期限不得少于 2 年。

8）召回终止

中国并未对召回完成或终止作出具体规定。企业可向所在地省、自治区、直辖市人民政府药品监督管理部门报告召回完成情况后终止召回。

8.3.2 国外化妆品召回管理制度简介

美国、韩国化妆品召回制度相对完善，本小节通过介绍这两个国家化妆品召回管理程序、相关方的责任以及监管措施等，为化妆品行业提供参考。

1. 美国的化妆品召回管理

1）法规要求

《美国联邦法规》第 21 篇第 7 部分“执法政策”中规定，召回是指对 FDA 认为违反其管理法律的上市产品或者可以采取法律行动（如扣押）的上市产品，企业应当采取消除或纠正的措施。召回不包括市场退出或库存回收。FDA 同时发布了召回（包括产品纠正）的政策指南，对召回程序和企业责任作了详细的规定，具体包括召回分类、召回策略、召回沟通、召回公告、召回状态报告、召回终止等内容。

化妆品制造商和分销商可自愿随时进行召回或应 FDA 的要求进行召回。紧急情况下，FDA 可要求对产品的生产和销售负有主要责任的企业实施召回。当企业拒绝按照 FDA 要求进行召回，或者 FDA 有理由相信召回无效、确定无效或者发现违规行为正在继续时，可采取扣押、多次扣押或向法院提起诉讼等措施。

《2022 化妆品监管现代化法案》赋予了 FDA 强制召回权，如主管机构认为存在合理可能性，根据相关规定认定某产品掺假或认定误贴标签，并且使用或接触这种化妆品将导致严重不良健康后果或死亡，若负责人拒绝自愿召回，FDA 有权下令强制召回。

企业可以自行判断违法行为，并在任何情况下采取消除或纠正措施。如果企业认为产品违法，应立即通知相应的地区 FDA 办公室。如果 FDA 认为该产品涉及可采取法律行动（如扣押）的违法行为，则此类消除或纠正措施将被视为召回。

FDA 审查企业提交的信息，告知企业指定的召回分类，就企业召回策略给出建议，并告知企业其召回将列入 FDA 每周执法报告。当 FDA 告知企业，其已确定相关产品违法，但未明确要求召回时，企业可决定召回该产品。该行为被视为企业发起的召回。

2）召回分类

FDA 基于健康危害评估，将召回分为Ⅰ、Ⅱ、Ⅲ类，以表明召回产品所造成的危害程度。

Ⅰ类是指使用或接触违法产品将可能导致严重不良健康后果或死亡。

Ⅱ类是指使用或接触违法产品可能导致暂时或医学上可逆的不良健康后果，或严重不良健康后果的可能性很小。

Ⅲ类是指使用或接触违法产品不太可能造成不良健康后果。

3）召回策略

无论是 FDA 要求的召回还是企业发起的召回，都需要制定召回策略。制定召回策略需要考虑以下因素：健康危害评估结果、产品是否易于识别、消费者或用户能够看出产品缺陷的程度、产品在市场上未使用的程度、产品的持续供应能力等。

企业制定了召回策略后，FDA 将对召回策略的充分性进行审查，提出建议。企业应根据批准的召回策略进行召回。

通过以上分析不难发现，美国政府制定了非常详尽的化妆品召回制度，对召回的每一步均作出了明确规定，并且对召回过程实施监控，评估企业召回工作的充分性，FDA 在召回中发挥了非常积极的作用。FDA 还很重视风险交流，会定期向社会发布警告和产品召回信息。

2. 韩国的化妆品召回管理

1）法规要求

韩国《化妆品法》规定，经营者如发现对国民健康造成危害或可能造成危害的化妆品正在流通，应向食品医药品安全部报告，要求启动召回计划，立即召回或者采取相应的召回措施。化妆品召回对象、化妆品召回危害性等级及分类标准、化妆品召回计划的制定以及召回程序等事项，由总理令进行规定。

召回对象按照危害性等级标准，分为甲、乙、丙 3 个等级。

（1）危害性等级为甲等的化妆品：使用禁用原料及超出限用要求原料的。

（2）危害性等级为乙等的化妆品：容器、包装不符合安全规定的；不符合流通化妆品安全管理标准的（功能性化妆品功效成分含量不符合含量标准的除外）。

（3）危害性等级为丙等的化妆品：全部或部分已变质的；被病原体污染的；混入异物或附着异物的，可能对健康造成危害的；不符合流通化妆品安全管理标准的（仅限于功能性化妆品功效成分含量不符合含量标准的）；伪造、更改使用期限或开封后使用期限的；由经营者自我判断，可能对国民健康造成危害需要进行召回的。

2）召回计划

召回责任人应在获知召回对象当日起 5 日内，向地方食品医药品安全部门提交召回计划书。召回计划书中应规定召回期限。危害性等级为甲等的化妆品，要自开始召回之日起 15 日内完成召回；危害性等级为乙等或丙等的化妆品，应当自开始召回之日起 30 日内完成召回。

上市后问题化妆品的召回是各国化妆品管理的通行做法，基本内容大同小异，包括管理制度、问题评估、召回计划、召回实施、召回报告等。通过对上市后问题产品实施召回，能够确保问题化妆品不再继续流通，最大限度保障消费者用妆安全以及企业乃至国家的公共利益。

第9章 化妆品功效宣称管理

9.1 中国化妆品功效宣称管理

使用功效是消费者购买化妆品的主要目的，功效宣称是帮助消费者了解化妆品使用功效的主要路径。化妆品的使用目的是清洁、保护、美化、修饰，无论化妆品从业人员还是消费者，都需要对化妆品的使用目的有明确的认知，对化妆品的功效进行准确解读。自2021年起，中国通过一系列配套法规制度，对化妆品功效宣称进行了规制。

9.1.1 中国化妆品功效宣称管理基本要求

《化妆品监督管理条例》规定，化妆品注册人、备案人对化妆品的功效宣称负责；化妆品的功效宣称应当有充分的科学依据；功效宣称所依据的文献资料、研究数据或者产品功效评价资料的摘要应当在国务院药品监督管理部门规定的专门网站公布。

《化妆品分类规则和分类目录》细化了化妆品的26项功效类别，还列出了化妆品的10类作用部位、3类使用人群、11类产品剂型，同时规定：不符合这26类功效、10类作用部位、3类使用人群的化妆品，均按照宣称新功效的化妆品管理。《化妆品监督管理条例》规定，宣称新功效的化妆品为特殊化妆品，特殊化妆品经注册后方可生产、进口，这就意味着，宣称新功效的化妆品既要按规定对宣称的新功效开展功效评价，又要申报特殊化妆品注册。

《化妆品功效宣称评价规范》对于各类化妆品功效宣称如何通过文献资料调研、研究数据分析或者化妆品功效宣称评价试验等方式进行测试和评价，以及功效宣称评价报告、功效宣称依据的摘要等内容和管理要求作出了具体规定，并明确要求化妆品功效宣称评价的方法应当具有科学性、合理性和可行性，同时能够满足化妆品功效宣称评价的目的。表9－1为化妆品功效宣称评价项目要求。

表 9－1　化妆品功效宣称评价项目要求

序号	功效宣称	人体功效评价试验	消费者使用测试	实验室试验	文献资料或研究数据
1	祛斑美白①	√			
2	防晒	√			
3	防脱发	√			
4	祛痘	√			
5	滋养②	√			
6	修护②	√			
7	抗皱	*	*	*	△
8	紧致	*	*	*	△
9	舒缓	*	*	*	△
10	控油	*	*	*	△
11	去角质	*	*	*	△
12	防断发	*	*	*	△
13	去屑	*	*	*	△
14	保湿	*	*	*	*
15	护发	*	*	*	*
16	特定宣称（宣称适用敏感皮肤、无泪配方）	*	*		
17	特定宣称（原料功效）	*	*	*	*
18	宣称温和（无刺激）	*	*	*	△
19	宣称量化指标的（时间、统计数据等）	*	*	*	△
20	宣称新功效	根据具体功效宣称选择合适的评价依据			

说明：1. 选项栏中画“√”的，为必做项目。
2. 选项栏中画“*”的，为可选项目，但必须从中选择至少一项。
3. 选项栏中画“△”的，为可搭配项目，但必须配合人体功效评价试验、消费者使用测试或者实验室试验一起使用。

---

① 仅通过物理遮盖作用发挥祛斑美白功效，且在标签中明示为物理作用的，可免予提交产品功效宣称评价资料。

② 如功效宣称作用部位仅为头发的，可选择体外真发进行评价。

9.1.2 化妆品功效宣称评价方法

《化妆品监督管理条例》《化妆品功效宣称评价规范》规定的化妆品功效宣称评价方法有三大类别，即文献资料调研、研究数据分析和功效宣称评价试验。

1. 文献资料调研

文献资料，是指通过检索等手段获得的公开发表的科学研究、调查报告、评估报告和著作等，包括国内外现行有效的法律法规、技术文献等。《化妆品功效宣称评价规范》要求文献资料标明出处，确保有效溯源，相关结论充分支持产品的功效宣称。

2. 研究数据分析

研究数据，是指通过科学研究等手段获得的尚未公开发表的与产品功效宣称相关的研究结果。《化妆品功效宣称评价规范》要求研究数据准确、可靠，相关研究结果能够充分支持产品的功效宣称。

3. 功效宣称评价试验

功效宣称评价试验包括人体功效评价试验、消费者使用测试和实验室试验。其中，人体功效评价试验是指在实验室条件下，按照规定的方法和程序，通过人体试验结果的主观评估、客观测量和统计分析等方式，对产品功效宣称做出客观评价结论的过程；消费者使用测试是指在客观和科学方法的基础上，对消费者的产品使用情况和功效宣称评价信息进行有效收集、整理和分析的过程；实验室试验是指在特定环境条件下，按照规定方法和程序进行的试验，包括但不限于动物试验、体外试验（包括离体器官、组织、细胞、微生物、理化试验）等。

4. 开展化妆品功效宣称评价的注意事项

1）自行评价与委托评价

化妆品注册人、备案人可以自行或者委托具备相应能力的评价机构，按照化妆品功效宣称评价项目要求（表9-1）开展化妆品功效宣称评价，根据评价结论编制并公布产品功效宣称依据的摘要。对于不同化妆品的功效类别及一些特定宣称，《化妆品功效宣称评价规范》规定了所需的评价机构、评价项目和方法要求，以及功效宣称依据的摘要和报告存档等相关具体要求。

自行或委托评价机构开展化妆品功效宣称评价时，应当注意：承担化妆品功效宣称评价的机构应当建立良好实验室规范，能够完成功效宣称评价工作和出具报告，并对出具报告的真实性、可靠性负责，同时应当对其完成的产品功效宣称评价资料或出具的试验报告等相关资料进行整理、归档并保存备查；承担功效宣称评价的机构出具的功效宣称评价报告，其内容应当符合《化妆品功效宣称评价规范》的要求，信息完整、格式规范、结论明确，并签章确认；化妆品功效宣称依据的摘要应当至少包括产品基本信息，承担化妆品功效宣称评价的机构的信息和评价项目、评价方法与结果简述，以及评价结论。

2）伦理学原则要求

人体功效评价试验和消费者使用测试应当遵守伦理学原则要求，进行试验之前应当完成必要的产品安全性评价，确保在正常、可预见的情况下不得对受试者的人体健康产生危害，所有受试者应当签署知情同意书后方可开展试验。在进行人体功效评价试验和消费者使用测试期间，若发现测试产品存在安全性问题或者其他风险的，应当立即停止试验或测试，并保留相应的记录。

3）功效评价试验方法

在《化妆品功效宣称评价规范》的附件中有《化妆品功效宣称评价试验技术导则》。化妆品功效宣称评价试验应当有合理的试验方案，方案设计应当符合统计学原则，试验数据应当符合统计学要求。需要注意的是，化妆品功效宣称评价试验方法的选择具有权重性，表 9－2 列举了需要优先选择的已有的我国化妆品强制性国家标准或行业标准，以及对于我国化妆品强制性国家标准或行业标准未作规定的情况下，其他化妆品国际标准或团体标准等功效评价试验方法，供行业借鉴和参考。

表 9－2　功效评价试验方法参考

功　效	方　　法	发 布 方	方法类别
祛斑美白	《化妆品安全技术规范（2015 年版）》新增：化妆品祛斑美白功效测试方法	中华人民共和国国家药品监督管理局	强制性国家标准
防晒	《化妆品安全技术规范（2015 年版）》防晒化妆品防晒指数（SPF 值）测定方法，防晒化妆品防水性能测定方法，防晒化妆品长波紫外线防护指数（PFA 值）测定方法	原中华人民共和国国家食品药品监督管理总局	强制性国家标准
防脱	《化妆品安全技术规范（2015 年版）》新增：化妆品防脱发功效测试方法	中华人民共和国国家药品监督管理局	强制性国家标准

续　表

功　效	方　　法	发 布 方	方法类别
保湿	QB/T 4256—2011《化妆品保湿功效评价指南》	中华人民共和国工业和信息化部	行业标准
感官	ISO 20784《感官分析 消费者使用产品感官宣称评价指南》	国际标准化组织	国际标准
保湿	《化妆品科学中的经表皮水分流失评估指南》	欧洲化妆品及其他外用产品功效评价协会（EEMCO）	国际标准指南
紧致	《皮肤弹性评估指南》	欧洲化妆品及其他外用产品功效评价协会	国际标准指南
祛痘	T/TDCA 004—2021《化妆品祛痘功效测试方法》	天津市日用化学品协会	团体标准
祛痘	T/CNMIA 0012—2020《祛痘类功效性护肤品临床评价标准》	中国非公立医疗机构协会	团体标准
舒缓	T/SHRH 034—2021《化妆品舒缓功效测试-体外 TNF-α 炎症因子含量测定 脂多糖诱导巨噬细胞 RAW264.7 测试方法》	上海日用化学品行业协会	团体标准
抗皱	T/SHRH 018—2019《化妆品改善眼角纹功效 临床评价方法》	上海日用化学品行业协会	团体标准
抗皱	T/ZHCA 006—2019《化妆品抗皱功效测试方法》	浙江省保健品化妆品行业协会	团体标准
紧致	T/ZHCA 005—2019《化妆品影响皮肤弹性测试方法》	浙江省保健品化妆品行业协会	团体标准
紧致	T/TDCA 003—2021《化妆品紧致功效测试方法》	天津市日用化学品协会	团体标准
紧致、抗皱	T/SHRH 032—2020《化妆品紧致、抗皱功效测试-体外角质形成细胞活性氧（ROS）抑制测试方法》	上海日用化学品行业协会	团体标准
紧致、抗皱	T/SHRH 031—2020《化妆品紧致、抗皱功效测试-体外成纤维 细胞Ⅰ型胶原蛋白含量测定》	上海日用化学品行业协会	团体标准

续 表

功 效	方 法	发布方	方法类别
控油	T/ZHCA 002— 2018《化妆品控油功效测试方法》	浙江省保健品化妆品行业协会	团体标准
保湿	T/ZHCA 003—2018《化妆品影响经表皮水分流失测试方法》	浙江省保健品化妆品行业协会	团体标准

4）等效评价

值得关注的是，在《化妆品功效宣称评价规范》的附件中有《等效评价指导原则（第一版）》。等效评价的条件：同一化妆品注册人、备案人多色号系列彩妆产品（宣称具有祛痘、滋养、修护功效的产品除外），配方中除着色剂（含色调调整部分）的种类或含量不同外，基础配方成分种类、含量相同，且其系列名称相同。对于同一化妆品注册人、备案人多色号系列彩妆产品，可以抽检形式开展功效宣称评价试验，抽检产品数量应当不低于系列产品总数量的 20%，总数不足 5 个的以 5 个计。应当优先选择着色剂含量最低的产品开展功效宣称评价试验并出具试验报告。开展等效评价的产品，应当保留等效评价报告和开展功效宣称评价试验的产品试验报告备查，在编制功效宣称依据的摘要时，应当说明共用功效宣称评价试验数据的情况。《等效评价指导原则（第一版）》为指引化妆品行业针对相似配方的功效进行等效性评价开创了先河，也为未来基于科学验证的前提下，对相似配方的功效宣称进一步扩大等效性评价的适用范围奠定了良好基础。

9.1.3 化妆品功效宣称禁止性规定

在化妆品功效宣称方面，应当注意禁止通过下列方式宣称：

（1）使用医疗术语、医学名人的姓名、描述医疗作用和效果的词语或者已经批准的药品名明示或者暗示产品具有医疗作用；

（2）使用虚假、夸大、绝对化的词语进行虚假或者引人误解地描述；

（3）利用商标、图案、字体颜色大小、色差、谐音或者暗示性的文字、字母、汉语拼音、数字、符号等方式暗示医疗作用或者进行虚假宣称；

（4）使用尚未被科学界广泛接受的术语、机理编造概念误导消费者；

（5）通过编造虚假信息、贬低其他合法产品等方式误导消费者；

(6) 使用虚构、伪造或者无法验证的科研成果、统计资料、调查结果、文摘、引用语等信息误导消费者；

(7) 通过宣称所用原料的功能暗示产品实际不具有或者不允许宣称的功效；

(8) 使用未经相关行业主管部门确认的标识、奖励等进行化妆品安全及功效相关宣称及用语；

(9) 利用国家机关、事业单位、医疗机构、公益性机构等单位及其工作人员、聘任的专家的名义、形象作证明或者推荐；

(10) 表示功效、安全性的断言或者保证；

(11) 标注庸俗、封建迷信或者其他违反社会公序良俗的内容；

(12) 法律、行政法规和化妆品强制性国家标准禁止标注的其他内容。

9.2　中国化妆品功效宣称合规性解析

产品功效是化妆品的重要属性，是消费者购买化妆品的主要动因。保证化妆品功效宣称准确、合规，不仅可以帮助消费者更好地了解产品性能、做出理性选择，也有利于维护化妆品市场多元化、差异化的竞争秩序。化妆品注册人、备案人应当落实对化妆品功效宣称的主体责任，依法开展化妆品功效宣称评价，保证化妆品功效宣称符合法规的要求。本节从化妆品功效分类出发，对化妆品功效宣称评价进行解析，详细介绍编写化妆品功效宣称依据的摘要的要求和方法，以期为化妆品注册人、备案人在准备功效宣称依据时提供参考和借鉴。

9.2.1　化妆品宣传用语与化妆品功效宣称

掌握《化妆品分类规则和分类目录》是开展化妆品功效宣称评价的第一步，因为化妆品功效分类直接关系到特殊化妆品和普通化妆品的区分、功效宣称评价方法的选择以及上传公示的功效宣称依据的摘要的要求。以下将常见的化妆品功效宣称用语分为 4 大类别，对应《化妆品分类规则和分类目录》分别进行解析。

1. 直接涉及化妆品功效宣称的用语

宣称用语：与《化妆品分类规则和分类目录》中所列 26 类功效名称及释义相同或相近的用语。这种宣传用语直述化妆品功效。

解析：对于此类情形，可以对应功效分类释义进行功效宣称分类。如“水润”“润泽”“滋润”等都可归于“保湿”功效类别。

2. 阐述化妆品作用机理或机制的用语

宣称用语：如“抗氧化”“抗自由基”等，由于越来越多的消费者因创新性和技术性的引导语选购化妆品，此类宣称用语也越来越多。这类用语多涉及产品配方或原料开发的功能或技术，对作用机理或机制进行阐述。

解析：对于此类情形，可以根据该作用机理或机制使产品产生的功效进行分类编码。如“抗氧化”“抗自由基”可帮助化妆品产生“抗皱”或“舒缓”的功效，因而可归类于“抗皱”或“舒缓”功效类别。需要注意的是，采用这类用语，应当在功效依据中对其作用机理进行相关描述，并通过上传化妆品功效宣称依据的摘要，进行信息公示，接受社会监督。

3. 描述化妆品使用效果的用语

宣称用语：如“提亮”“收敛毛孔”等。针对一些常见肌肤问题，有些化妆品常用此类宣称用语说明产品能给予对策性解决。这类用语仅描述使用该产品带来的间接效果。

解析：对于此类情形，可以按照使用该产品的效果所对应的化妆品功效进行分类编码，如果化妆品是基于“保湿”或“去角质”产生的“提亮”效果，那么就可以归入“保湿”或者“去角质”类别；如果化妆品是基于“控油”或“紧致”产生的“改善毛孔问题，收敛毛孔”效果，就可以归入“控油”或“紧致”类别。需要注意，使用这类用语须准备相应的功效支持资料，并上传公示的功效宣称依据的摘要。

4. 不涉及功效宣称的用语

在化妆品标签、广告和其他宣传中，常常能看到各种宣称用语对化妆品进行描述，从而引导消费者理解产品的安全和功效。以下情形为不涉及化妆品功效宣称的用语：

（1）客观情况和背景描述，如科研背景、品牌介绍、科普综述、销售情况等；

（2）产品配方相关信息，如产品理化特性、原料来源、工艺过程、产品属性、使用体验、环境影响等；

（3）产品质地和剂型特征，如“易涂抹”“质地轻薄”等；

（4）配方、原料或包材的环保信息，如绿色材料、环保、可持续、环境友好、海洋友好、可降解、可回收等；

(5) 认证与荣誉，如ISO认证、杂志或第三方或行业协会等相关奖项（如美妆大赏、理容大奖等）、专利等；

(6) 感知、情绪、氛围相关宣称，如“仿佛置身于巴黎街头”“怡情于玫瑰花园”等。

需要注意，使用这类不涉及功效宣称的用语，虽然不需要按照化妆品功效宣称管理规定提供相应的功效评估资料，但其客观真实性仍须有证据支持，并不得与现行法律法规、强制性国家标准、技术规范等要求相冲突。监管部门会依照有关法律法规对其实施监管，发现有虚假、引人误解的宣称等违法行为，将予以查处。

9.2.2 化妆品功效宣称评价解析

在开展化妆品功效宣称评价时，应当按照功效宣称分类，选择文献资料调研、研究数据分析或者化妆品功效宣称评价试验等方式。选择化妆品功效宣称评价试验的方式时，应当注意功效宣称评价试验机构、试验项目和试验方法应当符合规定的要求。

1. 功效宣称评价试验机构要求

(1) 祛斑美白、防晒和防脱发功效的化妆品，以及宣称新功效的化妆品，必须在化妆品注册和备案检验机构开展功效评价试验。

(2) 其他类别功效可自行或委托具备相应能力的机构开展功效评价试验。

2. 功效宣称评价试验项目要求

按照化妆品功效类别，化妆品功效宣称评价试验项目大致可以分为以下5种情形。

1）固定评价项目的功效类别

6个功效类别，包括祛斑美白（物理遮盖祛斑美白除外）、防晒、防脱发、祛痘（物理方式去黑头除外）、滋养和修护，需要开展人体功效评价试验。其中，对于滋养和修护类，当作用部位为头发时可选择体外真发进行评价。

2）限定评价项目的功效类别

7个功效类别，包括抗皱、紧致、舒缓、控油、去角质（物理方式去角质除外）、防断发、去屑，以及“宣称温和（无刺激）”“宣称时间、统计数据等量化指标”的特定宣称，需在人体功效评价试验、消费者使用测试和实验室试验这三个项目中至少选择一项开展功效评价试验。

对于特定宣称“适用敏感肌肤”和“无泪配方”的，需在人体功效评价试验或消费者使用测试中至少选择一项进行功效评价试验。

3）未限定评价项目的功效类别

2个功效类别，包括保湿、护发，以及“原料功效”的特定宣称，可在文献资料或研究数据、人体功效评价试验、消费者使用测试和实验室试验这四个项目中至少选择一项开展评价试验。

4）未规定评价项目的功效类别

11个可通过感官直接识别的功效类别，包括清洁、卸妆、美容修饰、芳香、爽身、染发、烫发、发色护理、脱毛、除臭、辅助剃须剃毛，以及通过简单物理遮盖、附着、摩擦等方式发生效果的功效（如物理遮盖祛斑美白、物理方式去角质和物理方式去黑头等，且在标签上明确标识仅具物理作用的功效），没有规定评价项目要求，同时免于公示产品功效宣称依据的摘要。

5）新功效

新功效根据具体功效宣称选择合适的评价试验。

免于公示功效宣称评价资料的新功效，即通过视觉、嗅觉等感官直接识别或通过物理作用方式发生效果，且在标签上明确标识仅具有物理作用的新功效；其他新功效，可按照强制性国家标准、技术规范规定的试验方法开展功效评价。对于目前我国尚未发布强制性国家标准、技术规范试验方法的新功效，应当委托两家及以上的化妆品注册和备案检验机构进行方法验证，经验证符合要求的，方可开展新功效的评价，同时在产品功效宣称评价报告中阐明方法的有效性和可靠性等参数。

3. 功效宣称评价试验方法要求

（1）优先选择中国化妆品强制性国家标准、技术规范规定的方法以及中国其他相关法规、国家标准、行业标准载明的方法。

（2）中国化妆品强制性国家标准、技术规范以及其他相关法规、国家标准、行业标准未作规定的，可以任意选择国外法规或技术标准规定的方法，国内外权威组织、技术机构以及行业协会技术指南发布的方法，专业学术杂志、期刊公开发表的方法，自行拟定建立的方法，团体标准等。

4. 化妆品功效宣称评价要求汇总

根据如上所述的法规要求，基于化妆品功效类别，可将功效宣称评价要求汇总（表9-3），以期为行业功效宣称具体实操下的评价项目要求、评价机构要求和评价方法选择提供参考和借鉴。

表 9-3 化妆品功效类别及评价要求汇总

<table>
<tr><th>功效宣称分类目录序号</th><th>功 效 类 别</th><th>评价项目要求、
评价机构要求和评价方法选择
a：文献资料；
b：研究数据；
c：功效评价试验（其中，c1——人体功效评价试验；c2——消费者使用测试；c3——实验室试验）</th></tr>
<tr><td>01，02，09，10，12，13，14，20，24，25，26</td><td>清洁、卸妆、美容修饰、芳香、爽身、染发、烫发、发色护理、脱毛、除臭、辅助剃须剃毛等共 11 个功效类别；
通过简单物理遮盖、附着、摩擦等方式发生效果，需在标签上明确标识仅具物理作用的功效宣称</td><td>豁免公示产品功效宣称依据的摘要</td></tr>
<tr><td>03</td><td>祛斑美白（物理遮盖祛斑美白除外）</td><td rowspan="3">⇨ c1
⇨ 化妆品注册和备案检验机构
⇨《化妆品安全技术规范（2015 年版）》所载方法：
化妆品祛斑美白功效测试方法；
防晒化妆品防晒指数（SPF 值）测定方法，防晒化妆品防水性能测定方法，防晒化妆品长波紫外线防护指数（PFA 值）测定方法；
化妆品防脱发功效测试方法</td></tr>
<tr><td>04</td><td>防晒</td></tr>
<tr><td>05</td><td>防脱发</td></tr>
<tr><td>06</td><td>祛痘（物理方式去黑头除外）</td><td rowspan="3">⇨ c1（*如功效宣称作用部位仅为头发的，可选择体外真发进行评价）
⇨ 未限定评价试验机构具体资质要求
⇨ 未限定评价试验方法</td></tr>
<tr><td>07</td><td>滋养*</td></tr>
<tr><td>08</td><td>修护*</td></tr>
<tr><td>15</td><td>抗皱</td><td rowspan="10">⇨ c1、c2 和 c3 任选其一
⇨ 未限定评价试验机构具体资质要求
⇨ 未限定评价试验方法</td></tr>
<tr><td>16</td><td>紧致</td></tr>
<tr><td>17</td><td>舒缓</td></tr>
<tr><td>18</td><td>控油</td></tr>
<tr><td>19</td><td>去角质（物理方式去角质除外）</td></tr>
<tr><td>22</td><td>防断发</td></tr>
<tr><td>23</td><td>去屑</td></tr>
<tr><td rowspan="2">其他特别宣称</td><td>宣称温和（无刺激）</td></tr>
<tr><td>宣称量化指标的（时间、统计数据等）</td></tr>
</table>

续 表

功效宣称分类目录序号	功 效 类 别	评价项目要求、 评价机构要求和评价方法选择 a：文献资料； b：研究数据； c：功效评价试验（其中，c1——人体功效评价试验；c2——消费者使用测试；c3——实验室试验）
其他特别宣称	特定宣称（适用敏感皮肤、宣称无泪配方）	⇨ c1 和 c2 任选其一 ⇨ 未限定评价试验机构具体资质要求 ⇨ 未限定评价试验方法
11	保湿	⇨ a、b、c 任选其一 ⇨ 未限定评价试验机构具体资质要求 ⇨ 未限定评价试验方法
21	护发	
17	特定宣称（原料功效）	
A	新功效（物理作用）： 通过视觉、嗅觉等感官直接识别，或通过物理作用方式发生效果，且在标签上明确标识仅具有物理作用	豁免提交功效宣称评价资料
	新功效：其他	⇨ 根据功效宣称选择对应项目 ⇨ 化妆品注册和备案检验机构

9.2.3 化妆品功效宣称依据的摘要

依据《化妆品分类规则和分类目录》《化妆品功效宣称评价规范》等文件，对于注册、备案化妆品的功效宣称应选择对应的功效分类编码，按照要求开展所需的功效评价项目，满足具有充分的科学依据的基本准则，并上传、公示功效宣称依据的摘要。化妆品功效宣称依据的摘要的原则性要求，人体功效评价试验、消费者使用测试、实验室试验、文献资料和研究数据等评价项目下的相关依据的摘要的特点和应用范围解析如下。

1. 化妆品功效宣称依据的摘要的原则性要求

（1）使用规范汉字，必须使用外文或其他字符的情形除外。

（2）内容简明扼要，至少包括产品基本信息，以及功效宣称评价项目、评价机构、评价方法与结果、评价结论等相关信息。使用多种评价方法的，应当依次逐个列明。

（3）功效评价依据与评价结论相互间应当具有关联性，且不超越产品的功效宣称范围。

（4）评价方法简述的相关内容应当全面、准确、客观，确保能够根据所提供的信息反映产品功效宣称评价的情况。

2. 人体功效评价试验的依据摘要

人体功效评价试验是指在实验室条件下，按照规定的方法和程序，通过人体试验结果的主观评估、客观测量和统计分析等方式，对产品功效宣称作出客观评价结论的过程。必须采用人体功效评价试验评估的功效类别目前有以下两种情况。

1）特殊化妆品中的祛斑美白、防晒、防脱发功效宣称

这 3 种功效宣称需要由化妆品注册和备案检验机构，按照强制性国家标准和技术规范的要求开展人体功效评价试验。相应的评价方法为《化妆品祛斑美白功效测试方法》《化妆品防脱发功效测试方法》《化妆品安全技术规范（2015 年版）》中对防晒产品 SPF 值、PA 值和防水性能的测定方法。

2）特殊化妆品或普通化妆品中的祛痘、滋养、修护功效宣称

这 3 种功效宣称必须通过人体功效评价试验评价其功效，体现最终产品功效的客观性和可靠性的要求。这一类宣称目前尚无明确规定检验机构要求，检测方法目前也尚无优先选择的强制性国家标准、技术规范或行业标准，所以，可以参考国外相关法规、行业通行或期刊发布的技术标准或指南的方法，以及协会发布的研究方法（如团体标准）或企业自拟方法等。

人体功效评价试验的依据摘要举例如表 9－4 所示。

表 9－4　人体功效评价试验的依据摘要举例

产品功效宣称	修护
功效宣称评价项目	人体功效评价试验
方法名称	客观定量评价
方法来源	《化妆品影响经表皮水分流失测试方法》（T/ZHCA 003—2018）
功效判断指标	经表皮水分流失量（TEWL）
试验结果简述	根据产品的功效宣称，进行 28 天产品人体试用功效评价试验。入选中国女性志愿者 35 人，有效人数为 32 人，有效率为 91.4%。试验结果表明，与受试者试用产品前相比较，试用产品 28 天后皮肤经表皮失水量显著减少。TEWL 是非创伤性客观检测皮肤屏障功能的主要参数，当经表皮失水量减少，说明皮肤屏障得到改善。 **结论：** 该测试结果支持本产品具有修护功效

3. 消费者使用测试的依据摘要

消费者使用测试是指在客观和科学方法基础上，对消费者的产品使用情况和功效宣称评价信息进行有效收集、整理和分析的过程。通常采用调查测试方法，收集问卷信息，依据不同的分析过程，评价产品的功效性。消费者使用测试是一种比较普遍的功效宣称评价方法。

（1）具有广泛性，即可作为如下9种功效类别和4种特定功效宣称评价项目选项之一，但针对必须人体功效评价试验的6种功效宣称，不能独立作为支持依据。

功效类别：抗皱、紧致、舒缓、控油、去角质、防断发、去屑、保湿、护发。

特定功效宣称：适用敏感皮肤、无泪配方，原料功效，温和（无刺激），量化指标的（时间、统计数据等）。

（2）具有多效性，即可通过一份测试问卷同时测试多个功效宣称，如保湿、紧致、抗皱等。

（3）具有主观感知性，即通过问卷得到使用产品后皮肤看上去如何、触摸如何、感觉如何等消费者的感知效果。

（4）具有分析灵活性，即可以针对护肤类、彩妆类等多品类产品，根据问卷的设计形式，对结果进行统计学分析。

针对消费者使用测试相关的方法，国内目前尚无优先选择的国家或行业标准，可参考国外评价指南 ISO 20784《感官分析 消费者使用产品感官宣称评价指南》，或国外相关法规、期刊发布的技术标准或指南的方法，协会发布的研究方法（如团体标准）或企业自拟方法等。

消费者使用测试的依据摘要举例如表9－5所示。

表9－5 消费者使用测试的依据摘要举例

产品功效宣称	保湿、舒缓、紧致
功效宣称评价项目	消费者使用测试
方法名称	感官分析
方法来源	《感官分析 消费者使用产品感官宣称评价指南》（ISO 20784）
测试方法	调查
数据收集形式	问卷

续　表

消费者使用测试简述	根据产品的功效宣称，分别进行 7 天、14 天和 28 天产品试用问卷调查测试。入选中国女性志愿者 300 人，有效人数为 280 人，有效率为 93.3%。 试验结果表明：与未使用产品前对比，使用产品 7 天后，95% 的受试者赞同皮肤更滋润，90% 的受试者赞同皮肤有舒缓感受，89% 的受试者赞同皮肤感觉上更紧致。使用产品 14 天后，95% 的受试者赞同皮肤更滋润，93% 的受试者赞同皮肤有舒缓感受，90% 的受试者赞同皮肤感觉上更紧致。使用产品 28 天后，98% 的受试者赞同皮肤更滋润，94% 的受试者赞同皮肤有舒缓感受，90% 的受试者赞同皮肤感觉上更紧致。滋润是保湿功效的一个感官体验，可以支持保湿功效。舒缓和紧致可以通过受试者使用产品后自我评价支持。 **结论：**该测试支持本产品具有保湿、舒缓和紧致功效

4. 实验室试验的依据摘要

实验室试验是指在特定环境条件下，按照规定方法和程序进行的试验，包括但不限于动物试验、体外试验（包括离体器官、组织、细胞、微生物、理化试验）等。其多用于产品活性物原料及机制相关的功效评价试验。

实验室试验也具有一定应用的限制性，除了不能独立作为 6 类必须人体功效评价试验的功效支持依据外，也不能支持如宣称适用敏感皮肤、无泪配方的特定宣称，可作为如下 9 种功效类别和 3 种特定功效宣称评价项目选项之一。

功效类别：抗皱、紧致、舒缓、控油、去角质、防断发、去屑、保湿、护发。

特定功效宣称：原料功效、温和（无刺激）、量化指标的（时间、统计数据等）。

实验室试验的依据摘要举例如表 9－6 所示。

表 9－6　实验室试验的依据摘要举例

产品功效宣称	抗皱
功效宣称评价项目	实验室试验
方法名称	促胶原蛋白合成检测
方法来源	刘平，杨荣丽，苏慧，等红外线影响人皮肤成纤维细胞中 c－Jun、Ⅰ型和Ⅲ型胶原的表达［J］. 南方医科大学学报，2016，36（2）：163－169.
检测项目	实时定量 PCR 检测Ⅰ型和Ⅲ型胶原 mRNA 表达水平

续 表

实验室试验简述	利用原料活性成分（××肽）处理培养人成纤维细胞 24 小时后，收集细胞进行实时定量 PCR 反应，检测Ⅰ型和Ⅲ型胶原 mRNA 表达水平。与未处理对照组相比，各浓度处理 24 小时后成纤维细胞Ⅰ型胶原和Ⅲ型胶原 mRNA 相对表达均有显著性提高。胶原蛋白含量降低是体内皱纹形成的重要因素，因此，提高胶原蛋白含量有助于改善皱纹。 **结论：**该体外测试结果支持产品配方中××肽具有促进胶原蛋白合成作用，与产品抗皱功效相关，可以支持产品抗皱功效

5. 文献资料和研究数据的依据摘要

文献资料和研究数据仅可以独立作为支持保湿和护发的 2 种功效类别和 1 种特定宣称（原料功效）的评价项目之一，对于其他功效都仅为辅助依据，且不能用于 6 类必须人体功效评价试验的功效宣称，以及不能用于支持适用敏感皮肤、无泪配方的特定宣称。

文献资料的依据摘要举例如表 9－7 所示。

表 9－7　文献资料的依据摘要举例

产品功效宣称	保湿
功效宣称评价项目	文献资料
文献资料和研究数据简述	**参考文献：** 1. 刘卉，何蕾．银耳多糖与透明质酸的保湿性能比较［J］．安徽农业科学，2012，40（26）：13093－13094. 本研究所述的配方体系中，添加 0.05%银耳多糖的产品保湿效果已经优于添加 0.02%透明质酸的产品。结论：银耳多糖的保湿效果与透明质酸相当，其替代透明质酸作为保湿剂可以取得较好的经济效益。 2. 来吉祥，何聪芬，赵进，等．银耳多糖工业化提取工艺优化及护肤功效研究［J］．日用化学工业，2010（4）：259－262. 本研究阐述银耳多糖是银耳的主要有效成分（占银耳干重的 60%～70%），有胞外多糖和胞壁多糖之分。银耳所含有的酸性多糖具有广泛的生理活性，能提高机体免疫力，抗肿瘤，保持皮肤水分。银耳多糖最佳提取的工艺路线：1∶100 的料液比，固含量 1.2%。研究结果表明：银耳多糖提取物（1.2%，其中银耳多糖含量为 0.012%）具有很好的保湿功效，可以和海藻糖提取液相媲美。 3. 陈刚，郭晓蕾，宝丽．银耳、麦冬、燕麦多糖的抗氧化活性及吸湿保湿性能研究［J］．中华中医药学刊，2013（1）：212－214. 本研究阐述麦冬多糖具有很好的吸湿保湿性能，银耳多糖具有很好的清除 DPPH 自由基能力，燕麦多糖具有很好的还原能力。结论：本研究为银耳、麦冬、燕麦多糖开发成保健品或化妆品保湿性能提供了一定的理论依据。 **文献资料研究结论：**0.012%～0.05%银耳多糖都具有很好的保湿功效，可以支持本产品配方中 0.02%银耳多糖的保湿功效

9.3　国外化妆品功效宣称管理简介

目前国际上对化妆品功效宣称的管理不尽相同，但都遵循“产品功效宣称必须真实、有充分和适当的证据支持”这一基本准则。对于化妆品功效宣称依据，国际上普遍的管理方式是行业自律。通常在法规层面上，不具体规定功效验证要求、机构和方法，而是由化妆品协会及行业组织［如欧盟化妆品协会（CE）、日本化妆品学会（JCSS）、日本化妆品工业联合会（JCIA）、韩国食品药品安全评价院（KIDS）等］制定、发布通用性技术文件作为行业指南。企业遵循“可靠、科学、与宣称相适应”的原则，根据具体的功效宣称自主开展验证工作。功效研究对人种和地域的选择没有具体规定，相似配方的功效数据交叉参照被广泛使用，即功效研究和验证的结论与需证实的宣称具有相关性、功效宣称评价符合指导性原则和要求，即被认为符合科学合理的原则。

9.3.1　欧盟化妆品功效宣称管理

在欧盟，化妆品功效宣称管理高度依赖于企业责任及行业自律。2013 年，欧盟为规范化妆品宣称出台了《化妆品宣称合理性通用准则》，即《欧盟委员会法规 655/2013》。之后为了统一各成员国对《化妆品宣称合理性通用准则》的理解和执行，宣称工作小组配套起草了《化妆品宣称合理性通用准则指南》。欧盟对化妆品宣称设立的通用准则共有六项，是化妆品宣称必须满足的前提条件：合法、真实、有证据支持、诚实、公平、能帮助消费者知情和决策。其中，化妆品宣称应当有证据支持是通用准则中非常重要的一项，宣称的证据支持可以是实验研究、消费者感知测试、公开出版文献资料，或上述方式的结合等。对于化妆品功效验证，欧盟并不指定验证机构，也未在法规层面规定具体的宣称评价方法，只需方法建立在科学实践之上，并符合指导性的要求。

欧盟化妆品协会于 2008 年发布了《化妆品功效评价指南》，对化妆品功效评价中所使用的人体测试、体外测试及离体测试提出了指导性的要求。欧盟化妆品协会同时还与国际标准化组织合作起草了防晒及人体适用性等国际标准，并在欧盟市场上推广使用。欧洲化妆品及其他外用产品功效评价协会发布了一系列评价指南，其中包括常见的功效评价指标如皮肤弹性、颜色、油脂、纹理、经皮水分流失等。这些评价指南并非欧盟的法规文件，而是作为技术文件供行业参考。

为了评估欧盟各成员国化妆品宣称的合规情况，2016 年欧盟委员会发布了一份欧盟内部对《化妆品宣称合理性通用准则》的合规性调查报告。监测结果显示，90%的产品宣称符合法规的要求，违规情况包括：不符合诚实信用原则，缺乏证据支持，因宣称具有“医疗作用”而违反了合法性、真实性、诚实信用和消费者知情的要求，因宣称“不含某种可使用成分”而违反了公平性原则等情况。最终的报告结论指出，欧盟的《化妆品宣称合理性通用准则》在监管方面比较全面，可以在保证消费者使用安全的同时，保持欧盟化妆品在世界范围内具有一定的竞争性。

9.3.2 美国化妆品功效宣称管理

美国主要由 FDA 负责化妆品监管。对于化妆品，美国法规并未规定具体的功效验证要求、具体的测试方法或数据类型等，但所有宣称都应有合理的支持依据。

FDA 对于化妆品的功效宣称管理较为宽松，法规中没有具体验证的要求，对于保湿、清洁等功效宣传，企业可自行制定使用方法。含氟牙膏、抗菌洗手液、防晒产品、去屑洗发水等属于非处方药品，受美国 OTC 专论的监管。在功效评价方法方面，FDA 对于 OTC 类产品（如防晒类产品）有关成分、使用方式、测试方法等方面在 OTC 专论中有明确的要求。例如，FDA 对防晒剂原料种类的管理非常严格，而且对不同的防晒剂之间的复配也有较多的限制。

美国化妆品行业实际操作中，化妆品功效验证常用到的支持证据包括消费者测试、临床测试或专家评估、仪器测试、配方成分依据等。相似配方间功效数据交叉参照在美国化妆品行业广泛使用，企业通常从以下三个角度来分析判断交叉参照是否科学合理。

（1）配方间的差异：配方专家通过分析配方差异，详细说明所调整的成分及含量是否会影响所宣称的功效。

（2）测试方法：功效评价专家通过审查测试报告（包括测试方法是否科学客观、具体测试指标参数设置是否合理、测试人群是否恰当、问卷设计有无诱导性、样本量是否充足、结论是否有统计学意义等），确认测试方法和结论是否有效并与所宣称的功效具有相关性。

（3）活性成分：核对与所宣称功效相关的活性成分或组合是否保持不变，以及活性成分添加量是否大于或等于已测试配方。当消费者、行业组织或竞争对手等对某企业的产品宣称存在质疑时，监管机构通常要求该企业提供宣称的支持依据，由该企业对其支持依据的科学性、充分性和相关性做出解释。

9.3.3　日本化妆品功效宣称管理

日本化妆品按功能分类，对化妆品和医药部外品适用的宣称以正面清单的形式进行管理，化妆品和医药部外品均不得超范围进行宣称。

日本化妆品学会为行业制定了防晒、美白、抗皱功效评价指南和功效性化妆品安全性评价指南。2011 年 7 月，由厚生劳动省医药食品局发布的《化妆品功效范围的修订》（日药食发 0721 第 1 号）将化妆品可宣称的功效范围限制为 56 种。依据《药机法》等有关法律，医药部外品需提交功效验证资料，且其功效作用必须通过添加功效成分来实现。在医药部外品宣称中，其功效成分的功效作用、使用浓度、配伍方式等都应与审批内容保持一致。因此，在进行医药部外品的行政许可申报时，也应一同提交与功效成分有关的安全信息及产品功效的验证报告。

对于功效验证，日本化妆品学会综合行业专家意见编写了《功效评价指南》供行业参考，仪器测试、视觉评估、细胞实验等均可作为功效评价的方法，只要功效支持数据科学合理，均可作为功效宣称的支持依据。日本化妆品学会目前已发布的《功效评价指南》包括防晒、美白及抗皱等方面。除此以外，日本法规及行业协会未对功效评价进行具体规定，企业遵循“功效宣称须有科学可靠的数据支持”原则，根据具体的宣称自主开展验证工作。相似配方间功效数据交叉参照也在日本广泛应用，并被认可和接受。

9.3.4　韩国化妆品功效宣称管理

韩国对化妆品进行分类管理，分为功能性化妆品和一般化妆品。韩国《化妆品法》规定，化妆品经营者及销售者应对自己标识、广告中的相关宣称进行证实。韩国相关法规规定，试验资料和消费者调查结果、专家组织调查结果等均可以作为化妆品功效宣称的证实资料，并对各类宣称证实资料做出具体要求。选择试验资料时可采用人体临床试验资料、人体外试验资料或同等水平以上的调查资料（相关论文、学术文献等）；选择调查结果时，其选择样本、提问事项、提问方法等应与其调查目的或统计方法相一致；宣称证实中所用试验或调查方法应是科学的、客观的、为学术界广泛使用的或者在相关行业得到普遍认可的方法。

韩国化妆品法规将美白、改善皱纹、防晒、美黑、染发、脱毛、缓解脱发、缓解痤疮性皮肤、缓解红色萎缩纹、通过修复皮肤屏障缓解皮肤瘙痒等产品按功能性化妆品进行管理。韩国法规对功能性化妆品规定了功效宣称的证实资料要求，并须在化妆品申报阶段提交功效资料证明。2019 年修订的《功能性化妆品审查相关规定》指明，如果待审核的产品所含的功效成分种类和含量均符合其“可免于提交资料的功能性化妆品的种类”（包括防晒、美黑、美白、改善皱纹、染发等品类常见的功效成分和其有效浓度），则可以免于提交功效资料。

对于上述功效以外的化妆品功效，韩国在《化妆品标识、广告实证相关规定》中限定了一部分特殊宣称（如减轻黑眼圈、促进胶原蛋白生成等）需要有特定证据类型的功效支持数据，对于其他化妆品功效，韩国法规没有对功效支持数据作出具体规定。

2019 年 6 月，韩国 MFDS 发布新修订的《功能性化妆品检验规定》，提出化妆品成分（原料）的功效可作为化妆品功效宣称的科学依据。功能性化妆品功效评价方法包括美白、改善皱纹、缓解痤疮性皮肤、有助于减轻脱发症状、通过修复皮肤屏障缓解皮肤瘙痒等。此外，韩国食品药品安全评价院也发布了一系列功效评价指南，包括美白、抗皱、防脱发、牙齿美白产品功效评价指南。同时，在《化妆品标识及广告宣称实证测试方法指南》中涵盖了保湿、改善皮肤弹性、调节皮脂分泌、减少暂时性脂肪团、易痘肌肤适用、有助减轻黑眼圈、改善皮肤血液循环、改善皮肤浮肿、缓解头屑及头皮瘙痒（发用产品）等功效评价方法。这些方法以指南的形式发布并供行业参考，企业可以自主选择科学、客观、严谨的其他评价方法。

第10章 化妆品标签管理

10.1 中国化妆品标签管理要求

化妆品标签是消费者获取化妆品成分、功效、净含量、使用期限等基本信息的最直接途径，因此，保证化妆品标签合规对于保护消费者权益十分重要。同时，由于标签中载有的注册备案、生产许可、产品执行的标准、贮存条件和安全警示等信息与化妆品安全息息相关，因此，标签也是化妆品安全监管的重要内容。《化妆品监督管理条例》《化妆品注册备案管理办法》《化妆品生产经营监督管理办法》《化妆品标签管理办法》《儿童化妆品监督管理规定》《化妆品生产质量管理规范》《化妆品安全技术规范（2015年版）》等多部法规、规章、规范性文件、国家标准、技术规范均对化妆品标签作出了规定。

10.1.1 中国化妆品标签管理基本要求

《化妆品标签管理办法》给出了化妆品标签的定义。化妆品标签，是指产品销售包装上用以辨识说明产品基本信息、属性特征和安全警示等的文字、符号、数字、图案等标识，以及附有标识信息的包装容器、包装盒和说明书。

1. 消费者购买的化妆品必须附有标签

《化妆品监督管理条例》规定，化妆品的最小销售单元应当有标签。《化妆品标签管理办法》对“最小销售单元”的定义是“以产品销售为目的，将产品内容物随产品包装容器、包装盒以及产品说明书等一起交付消费者时的最小包装的产品形式”。将这两个规定结合起来可以看出，消费者所购买的化妆品必须附有标签。

《化妆品监督管理条例》规定，进口化妆品可以直接使用中文标签，也可以加贴中文标签。

《化妆品标签管理办法》规定，化妆品标签应当清晰、持久，易于辨认、识读，不得有印字脱落、粘贴不牢等现象。

2. 化妆品标签应当标注的内容

化妆品中文标签应当至少包括以下内容：(1) 产品中文名称、特殊化妆品注册证书编号；(2) 注册人、备案人的名称、地址，注册人或者备案人为境外企业的，应当同时标注境内责任人的名称、地址；(3) 生产企业的名称、地址，国产化妆品应当同时标注生产企业生产许可证编号；(4) 产品执行的标准编号；(5) 全成分；(6) 净含量；(7) 使用期限；(8) 使用方法；(9) 必要的安全警示用语；(10) 法律、行政法规和强制性国家标准规定应当标注的其他内容。

具有包装盒的产品，还应当同时在直接接触内容物的包装容器上标注产品中文名称和使用期限。

3. 化妆品标签禁止标注的内容

化妆品标签禁止标注下列内容：(1) 明示或者暗示具有医疗作用的内容；(2) 虚假或者引人误解的内容；(3) 违反社会公序良俗的内容；(4) 法律、行政法规禁止标注的其他内容。

《化妆品生产经营监督管理办法》规定，化妆品的名称、成分、功效等标签标注的事项应当真实、合法，不得含有明示或者暗示具有医疗作用，以及虚假或者引人误解、违背社会公序良俗等违反法律法规的内容。化妆品名称使用商标的，还应当符合国家有关商标管理的法律法规规定。

《化妆品标签管理办法》规定，化妆品标签禁止通过下列方式标注或者宣称：

(1) 使用医疗术语、医学名人的姓名、描述医疗作用和效果的词语或者已经批准的药品名明示或者暗示产品具有医疗作用；

(2) 使用虚假、夸大、绝对化的词语进行虚假或者引人误解地描述；

(3) 利用商标、图案、字体颜色大小、色差、谐音或者暗示性的文字、字母、汉语拼音、数字、符号等方式暗示医疗作用或者进行虚假宣称；

(4) 使用尚未被科学界广泛接受的术语、机理编造概念误导消费者；

(5) 通过编造虚假信息、贬低其他合法产品等方式误导消费者；

(6) 使用虚构、伪造或者无法验证的科研成果、统计资料、调查结果、文摘、引用语等信息误导消费者；

(7) 通过宣称所用原料的功能暗示产品实际不具有或者不允许宣称的功效；

(8) 使用未经相关行业主管部门确认的标识、奖励等进行化妆品安全及功效相关宣称及用语；

(9) 利用国家机关、事业单位、医疗机构、公益性机构等单位及其工作人员、聘任的专家的名义、形象作证明或者推荐；

(10) 表示功效、安全性的断言或者保证；

(11) 标注庸俗、封建迷信或者其他违反社会公序良俗的内容；

(12) 法律、行政法规和化妆品强制性国家标准禁止标注的其他内容。

4. 化妆品标签中的文字要求

《化妆品标签管理办法》规定，化妆品应当有中文标签。中文标签应当使用规范汉字，使用其他文字或者符号的，应当在产品销售包装可视面使用规范汉字对应解释说明，网址、境外企业的名称和地址以及约定俗成的专业术语等必须使用其他文字的除外。除注册商标之外，中文标签同一可视面上其他文字字体的字号应当小于或者等于相应的规范汉字字体的字号。

5. 化妆品标签中的用语要求

《化妆品标签管理办法》规定，化妆品标签中使用尚未被行业广泛使用导致消费者不易理解，但不属于禁止标注内容的创新用语的，应当在相邻位置对其含义进行解释说明。

10.1.2　儿童化妆品标签管理要求

《儿童化妆品监督管理规定》在《化妆品标签管理办法》的基础上，进一步明确了儿童化妆品的包装要求。

1. 儿童化妆品标志“小金盾”

国家药品监督管理局在 2021 年发布的《儿童化妆品监督管理规定》和儿童化妆品标志的公告明确规定，自 2022 年 5 月 1 日起，申请注册或者进行备案的儿童化妆品，必须在产品销售包装容易被观察到的展示面的左上方，清晰易识别的标识儿童化妆品标志；此前申请注册或者进行备案的儿童化妆品，未按照规定进行标签标识的，化妆品注册人、备案人应当在 2023 年 5 月 1 日前完成产品标签的更新。

儿童化妆品标志——“小金盾”，是国家药品监督管理局为提升儿童化妆品辨识度，保障消费者知情权组织制定的。化妆品包装上标注“小金盾”，仅说明这个产品属于儿童化妆品，并不代表该产品已经获得监管部门审批或者质量安全得到认证。

儿童化妆品标志仅适用于婴幼儿或者儿童化妆品，非儿童化妆品不得标注儿童化妆品标志。标识“适用于全人群”“全家使用”等词语，或者利用商标、图案、谐音、字母、汉语拼音、数字、符号、包装形式等任何明示或暗示产品使用人群包含儿童的产品，按照儿童化妆品管理。

2. 可视面标注警示语

儿童化妆品应当以“注意”或者“警告”作为引导语，在销售包装可视面标注“应当在成人监护下使用”等警示用语。儿童化妆品无论是从产品使用还是从安全方面考量，都需要在成人监护下正确使用，防止误食误用引起的不良反应或意外发生。

3. 禁用“食品级”“可食用”等词语

目前，市面上有一些儿童化妆品，为了吸引儿童的注意，在产品的包装设计上会使化妆品看上去像食品。而另一些成人化妆品，宣称化妆品原料是食品原料、“食品级”的原料，或者宣称化妆品“可食用”，以此表示这样的化妆品更安全，即使食用也没有风险。实际上，化妆品的安全性与它是否“可食用”没有关系，评估化妆品的安全性，要考察产品的整体安全性，在评估原料安全性的同时，全面评估产品配方、生产工艺、使用方式、贮存条件等。宣称“可食用”，还容易引起消费者，特别是儿童误食误用的风险。

《化妆品生产经营监督管理办法》规定，化妆品注册人、备案人、受托生产企业应当采取措施避免产品性状、外观形态等与食品、药品等产品相混淆，防止误食、误用。《儿童化妆品监督管理规定》规定，化妆品注册人、备案人、受托生产企业应当采取措施避免儿童化妆品性状、气味、外观形态等与食品、药品等产品相混淆，防止误食、误用。儿童化妆品标签不得标注“食品级”“可食用”等词语或者食品有关图案。

10.1.3 化妆品标签管理注意事项

1. 化妆品标签的责任主体

《化妆品标签管理办法》规定，化妆品注册人、备案人对化妆品标签的合法性、真实性、完整性、准确性和一致性负责。

2. 化妆品标签与注册、备案化妆品标签样稿的一致性

《化妆品监督管理条例》《化妆品标签管理办法》《化妆品注册备案资料管理规定》明确要求，在申请特殊化妆品注册或者进行普通化妆品备案时，应当

提交产品标签样稿。《化妆品生产经营监督管理办法》《化妆品标签管理办法》均规定，化妆品标签内容应当与化妆品注册或者备案资料中产品标签样稿一致。

《化妆品注册备案管理办法》规定，药品监督管理部门应当自普通化妆品完成备案之日起 5 个工作日内，向社会公布化妆品备案管理有关信息，供社会公众查询；特殊化妆品取得注册证后，注册人应当在产品投放市场前，将上市销售的产品标签图片上传至信息服务平台，供社会公众查询。这意味着普通化妆品、特殊化妆品在注册、备案时提交的产品销售包装图片均可通过国家药品监督管理局化妆品、化妆品新原料注册备案信息服务平台查询。

为方便读者理解，现将申请特殊化妆品注册、办理普通化妆品备案时需提交的化妆品产品标签样稿式样以表格形式列出（表 10-1）。

表 10-1　化妆品产品标签样稿式样

<table>
<tr><th colspan="2">项　目</th><th colspan="2">内　容</th></tr>
<tr><td rowspan="9">《化妆品标签管理办法》规定的应包括的基本内容</td><td>产品中文名称、特殊化妆品注册证书编号</td><td colspan="2" rowspan="4">按照化妆品标签管理有关规定要求和产品实际情况标注，相关内容应与产品注册证/备案凭证所载信息一致</td></tr>
<tr><td>注册人、备案人的名称、地址；境内责任人的名称、地址</td></tr>
<tr><td>生产企业的名称、地址；生产许可证编号</td></tr>
<tr><td>产品执行的标准编号</td></tr>
<tr><td rowspan="2">全成分标识</td><td>0.1%（w/w）以上成分</td><td>企业填报</td></tr>
<tr><td>其他微量成分</td><td>企业填报</td></tr>
<tr><td>净含量</td><td colspan="2">按实际标注</td></tr>
<tr><td>使用期限</td><td colspan="2">按实际标注，与产品执行的标准相符</td></tr>
<tr><td>使用方法
安全警示用语</td><td colspan="2">企业填报
应与产品执行的标准相符</td></tr>
<tr><td rowspan="4">《化妆品标签管理办法》规定的应包括的其他内容</td><td>产品名称相关解释说明</td><td colspan="2">企业填报</td></tr>
<tr><td rowspan="2">创新用语</td><td>创新用语一：</td><td>解释：</td></tr>
<tr><td>创新用语二：</td><td>解释：</td></tr>
<tr><td>按有关规定应当标注的其他内容</td><td colspan="2">企业填报</td></tr>
</table>

续　表

项　　目		内　　容
企业自主选择标注的标签内容	是否标注“已经过评价验证”	□是　□否
企业自主选择标注的标签内容	其他特别宣称	根据化妆品功效宣称评价相关规定，由企业填报
企业自主选择标注的标签内容	其他文案内容 （含拟在包装标签上以图案或其他形式出现的文字，如艺术字、变形文字等）	企业填报 （语句文义应当连贯，不得使用不必要的空格、回车或间隔标点符号）

3. 直接接触内容物的包装容器上的标注

化妆品作为一种快速消费品，消费者在日常使用中会习惯性地丢弃外包装盒。由于外包装盒是化妆品标签完整信息的主要载体，丢弃外包装盒也意味着丢失产品关键信息。为便于消费者识别化妆品，防止因使用过期化妆品造成损害，《化妆品标签管理办法》规定，具有包装盒的产品，应当同时在直接接触内容物的包装容器上标注产品中文名称和使用期限。

4. 进口化妆品标签内容要求

《化妆品监督管理条例》规定，进口化妆品加贴中文标签的，中文标签内容应当与原标签内容一致。由于中国与进口国对化妆品标签的管理规定不尽一致，进口化妆品标签直接翻译过来的标注内容不一定符合中国对化妆品标签的要求。因此，《化妆品标签管理办法》规定，进口化妆品加贴中文标签的，中文标签有关产品安全、功效宣称的内容应当与原标签相关内容对应一致。

5. 美容美发机构等使用的化妆品标签要求

《化妆品生产经营监督管理办法》规定，美容美发机构经营中使用的化妆品以及宾馆等为消费者提供的化妆品应当符合最小销售单元标签的规定；美容美发机构应当在其服务场所内显著位置展示其经营使用的化妆品的销售包装，方便消费者查阅化妆品标签的全部信息，并按照化妆品标签或者说明书的要求，正确使用或者引导消费者正确使用化妆品。

6. 网络销售化妆品的标签要求

《化妆品生产经营监督管理办法》规定，电子商务平台内化妆品经营者以及通过自建网站、其他网络服务经营化妆品的电子商务经营者应当在其经营活动主页面全面、真实、准确披露与化妆品注册或者备案资料一致的化妆品标签等信息。

7. 产品为半成品的标签要求

《化妆品生产经营监督管理办法》规定，配制、填充、灌装化妆品内容物，应当取得化妆品生产许可证。《国家药监局关于贯彻执行〈化妆品生产经营监督管理办法〉有关事项的公告》（2021 年第 140 号）规定，自 2022 年 1 月 1 日起，新开办仅从事配制化妆品内容物的企业，应当向所在地省、自治区、直辖市药品监督管理部门提出申请，取得化妆品生产许可证后方可生产；对于 2022 年 1 月 1 日前从事配制化妆品内容物的企业，应当于 2023 年 1 月 1 日前取得化妆品生产许可证。

《化妆品生产质量管理规范》规定，半成品，是指除填充或者灌装工序外，已完成其他全部生产加工工序的产品。仅从事半成品配制的化妆品注册人、备案人以及受托生产企业应当按照本规范要求组织生产。其出厂的产品标注的标签应当至少包括产品名称、企业名称、规格、贮存条件、使用期限等信息。

综上所述，对于仅从事半成品配制的化妆品注册人、备案人以及受托生产企业，出厂的半成品应当符合半成品标签标注的相关要求，留样的半成品也应当附有符合要求的标签。

10.1.4　化妆品标签瑕疵的认定

《化妆品监督管理条例》在对“生产经营标签不符合本条例规定的化妆品”违法行为设置行政处罚时，规定了一条减轻处罚的情形，即“生产经营的化妆品的标签存在瑕疵但不影响质量安全且不会对消费者造成误导的”情形。为了便于化妆品行业和消费者准确理解“标签瑕疵”的含义，《化妆品生产经营监督管理办法》对该情形进行了细化：

（1）文字、符号、数字的字号不规范，或者出现多字、漏字、错别字、非规范汉字的；

（2）使用期限、净含量的标注方式和格式不规范等的；

（3）化妆品标签不清晰难以辨认、识读的，或者部分印字脱落或者粘贴不牢的；

（4）化妆品成分名称不规范或者成分未按照配方含量的降序列出的；

（5）其他违反标签管理规定但不影响产品质量安全且不会对消费者造成误导的情形。

《化妆品标签管理规定》进一步补充了以下两种情形：(1) 未按照《化妆品标签管理办法》规定使用引导语的；(2) 产品中文名称未在显著位置标注的。

10.2 中国化妆品标签合规性解析

化妆品注册申请人、备案人在申请特殊化妆品注册或者进行普通化妆品备案时，要提交产品标签样稿，保证产品标签样稿合规；化妆品生产经营者在生产经营活动中要查验化妆品标签，保证所生产、经营的化妆品标签合规；化妆品监管人员在执法过程中要检查化妆品成品库、留样室以及市场上的化妆品标签是否合规等。为了帮助读者深入理解中国化妆品标签的要求，下面按照化妆品中文标签需要标注的主要内容，逐项进行解析。

10.2.1 产品中文名称

1. 化妆品命名

化妆品产品中文名称一般由商标名、通用名和属性名三部分组成，约定俗成、习惯使用的化妆品名称可以省略通用名或者属性名。

1) 商标名

商标名的使用除符合国家商标有关法律法规的规定外，还应当符合国家化妆品管理相关法律法规的规定。为了避免违法宣传，在使用商标名时需要注意以下方面。

(1) 不得以商标名的形式宣称医疗效果或者产品不具备的功效。

(2) 商标名中暗示含有某类原料，产品配方中含有该类原料的，应当在销售包装可视面对其使用目的进行说明；产品配方不含有该类原料的，应当在销售包装可视面明确标注产品不含该类原料，相关用语仅作商标名使用。

2) 通用名

通用名应当准确、客观。通用名可以是表明产品原料或者描述产品用途、使用部位等的文字。但是应当注意以下方面。

(1) 使用具体原料名称或者表明原料类别的词汇的，应当与产品配方成分相符，且该原料在产品中产生的功效作用应当与产品功效宣称相符。

(2) 使用动物、植物或者矿物等名称描述产品的香型、颜色或者形状的，配方中可以不含此原料，但是要披露真实信息，可以采用动物、植物或者矿物等名称加香型、颜色或者形状的形式命名；也可以在属性名后面加以注明，说明该产品不含此原料，使用动物、植物或者矿物的名称仅代表产品的香型、颜色或者形状。

3）属性名

属性名应当表明产品真实的物理性状或者形态。

4）化妆品命名时的其他注意事项

（1）不同产品的商标名、通用名、属性名相同时，其他需要标注的内容应当在属性名后加以注明，包括颜色或者色号、防晒指数、气味、适用发质、肤质或者特定人群等内容。

（2）商标名、通用名或者属性名单独使用时符合上述要求，组合使用时可能使消费者对产品功效产生歧义的，应当在销售包装可视面予以解释说明。

2. 产品中文名称标签标注方式

产品中文名称应当在销售包装可视面显著位置标注，且至少有一处以引导语引出。需要注意：化妆品中文名称不得使用字母、汉语拼音、数字、符号等进行命名，但是注册商标、表示防晒指数、色号、系列号，或者其他必须使用字母、汉语拼音、数字、符号等的除外。产品中文名称中的注册商标使用字母、汉语拼音、数字、符号等的，应当在产品销售包装可视面对其含义予以解释说明。

10.2.2 特殊化妆品注册证书编号

特殊化妆品注册证书编号应当是国家药品监督管理局核发的注册证书编号，在销售包装可视面进行标注。

10.2.3 相关企业的名称和地址

化妆品注册人、备案人、境内责任人和生产企业的名称、地址等相关信息，应当按照下列规定在产品销售包装可视面进行标注。

（1）注册人、备案人、境内责任人和生产企业的名称和地址，应当标注产品注册证书或者备案信息载明的企业名称和地址，分别以相应的引导语引出。

（2）化妆品注册人或者备案人与生产企业相同时，可使用“注册人/生产企业”或者“备案人/生产企业”作为引导语，进行简化标注。

（3）生产企业名称和地址应当标注完成最后一道接触内容物的工序的生产企业的名称、地址。注册人、备案人同时委托多家生产企业完成最后一道接触内容物的工序的，可以同时标注各受托生产企业的名称、地址，并通过代码或者其他方式指明产品的具体生产企业。

(4) 生产企业为境内的，还应当在企业名称和地址之后标注化妆品生产许可证编号，以相应的引导语引出。

10.2.4 产品执行的标准编号

化妆品标签应当在销售包装可视面标注产品执行的标准编号，以相应的引导语引出。

法规要求化妆品标签标注“产品执行的标准编号”，意在引导化妆品行业推行“一品一标”，落实化妆品质量安全责任制，推动化妆品质量管理水平的提升。

为方便化妆品注册人、备案人办理注册备案和产品标签标注，化妆品注册备案平台将产品执行的标准编号设置成与特殊化妆品注册证书编号或者普通化妆品备案编号相一致的格式。特殊化妆品注册证书编号在产品取得注册时获得，普通化妆品备案编号可以通过备案平台进行预置获得。化妆品注册人、备案人应当在产品标签上标注与化妆品注册/备案平台公示信息一致的“产品执行的标准编号”。

10.2.5 全成分

化妆品全部成分的原料标准中文名称应当在销售包装可视面标注，以“成分”作为引导语引出。需要注意以下方面。

(1) 化妆品全部成分应当按照各成分在产品配方中含量的降序列出。

(2) 化妆品配方中存在含量不超过 0.1% (w/w) 的成分的，所有不超过 0.1% (w/w) 的成分应当以“其他微量成分”作为引导语引出并另行标注，可以不按照成分含量的降序列出。

(3) 以复配或者混合原料形式进行配方填报的，应当以其中每个成分在配方中的含量作为成分含量的排序和判别是否为微量成分的依据。

(4)“其他微量成分”的标注，既减轻了化妆品注册人、备案人对含量低的成分的计算、管理负担，也约束了“概念性添加”这一现象的存在。明确标注“其他微量成分”还能够帮助消费者更加清晰地了解化妆品原料的真实添加量，既保障了消费者的知情权，又可以引导消费者理解化妆品功效不仅仅取决于添加了某种成分，而是依据科学的功效验证得出的结论。

10.2.6 净含量

化妆品的净含量应当使用国家法定计量单位表示，并在销售包装展示面标注。

10.2.7 使用期限

化妆品的使用期限应当在销售包装可视面标注，以相应的引导语引出，有两种标注方式。

1. 生产日期和保质期

生产日期应当使用汉字或者阿拉伯数字，以四位数年份、二位数月份和二位数日期的顺序依次进行排列标识。

2. 生产批号和限期使用日期

标注化妆品使用期限时，应当注意：具有包装盒的产品，在直接接触内容物的包装容器上标注使用期限时，除可以选择上述方式标注外，还可以采用标注生产批号和开封后使用期限的方式。销售包装内含有多个独立包装产品时，每个独立包装应当分别标注使用期限，销售包装可视面上的使用期限应当按照其中最早到期的独立包装产品的使用期限标注，也可以分别标注单个独立包装产品的使用期限。

10.2.8 使用方法

为保证消费者正确使用，需要标注产品使用方法的，应当在销售包装可视面或者随附于产品的说明书中进行标注。

10.2.9 警示用语

《化妆品标签管理办法》规定，存在下列情形之一的，应当以“注意”或者“警告”作为引导语，在销售包装可视面标注安全警示用语：

(1) 法律、行政法规、部门规章、强制性国家标准、技术规范对化妆品限用组分、准用组分有警示用语和安全事项相关标注要求的；

(2) 法律、行政法规、部门规章、强制性国家标准、技术规范对适用于儿童等特殊人群化妆品要求标注的相关注意事项的；

(3) 法律、行政法规、部门规章、强制性国家标准、技术规范规定其他应当标注安全警示用语、注意事项的。

应当注意的是，《儿童化妆品监督管理规定》对儿童化妆品标签提出了特殊要求：(1) 儿童化妆品应当在销售包装展示面标注国家药品监督管理局规定的儿童化妆品标志；(2) 在儿童化妆品销售包装可视面，以“注意”或者“警告”

作为引导语，标注“应当在成人监护下使用”等警示用语；(3) 儿童化妆品标签不得标注“食品级”“可食用”等词语或者食品有关图案；(4) 鼓励化妆品注册人、备案人在标签上采用防伪技术等手段方便消费者识别、选择合法儿童化妆品。

另外，《化妆品安全技术规范》中有“标签上必须标印的使用条件和注意事项”要求，如使用防腐剂苯扎氯铵时，需要在标签上标注“避免接触眼睛”；使用水杨酸时，需要在标签上标注“含水杨酸；三岁以下儿童勿用”等。

10.2.10 小规格包装化妆品标签信息的豁免

化妆品净含量不大于 15 g 或者 15 mL 的小规格包装产品，仅需在销售包装可视面标注产品中文名称、特殊化妆品注册证书编号、注册人或者备案人的名称、净含量、使用期限等信息，其他应当标注的信息可以标注在随附于产品的说明书中。具有包装盒的小规格包装产品，还应当同时在直接接触内容物的包装容器上标注产品中文名称和使用期限。

10.2.11 免费试用、赠予、兑换化妆品的标签要求

《化妆品标签管理办法》规定，以免费试用、赠予、兑换等形式向消费者提供的化妆品，其标签适用本办法。这意味着，无论消费者从化妆品经营者处获得化妆品是否给付了费用、给付的费用与正常销售化妆品的价格是否一致，其获得的化妆品均应当附有标签，标签标注的内容均应当合规。

10.2.12 化妆品外层包装需要标注的内容汇总

化妆品外层包装需要标注的内容汇总如表 10-2 所示。

表 10-2 化妆品外层包装需要标注的内容汇总

标识信息	适用产品	标识位置	引导语
产品中文名称	所有产品	可视面	产品中文名称
注册人/备案人信息	所有产品	可视面	名称及地址需有引导语
境内责任人信息	进口产品 (除境内委托境外)	可视面 说明书（净含量≤15 g/mL 时）	名称及地址需有引导语

续　表

标识信息	适用产品	标识位置	引导语
生产企业信息	所有产品	可视面 说明书（净含量≤15 g/mL 时）	名称及地址需有引导语
生产许可证信息	国产产品	可视面 说明书（净含量≤15 g/mL 时）	生产许可证编号
产品执行的标准编号	所有产品	可视面 说明书（净含量≤15 g/mL 时）	产品执行的标准编号
成分表	所有产品	可视面 说明书（净含量≤15 g/mL 时）	成分 其他微量成分
使用期限	所有产品	可视面	生产日期和保质期见包装或生产批号和限期使用日期见包装 在产品首层包装标注时无须引导语
注意事项	所有产品	可视面 说明书（净含量≤15 g/mL 时）	注意：应当在成人监护下使用（儿童产品）
净含量	所有产品	展示面	净含量
注册证书编号	特殊化妆品	可视面	特殊化妆品注册证书编号/产品执行的标准编号
儿童化妆品标志	儿童产品	展示面	无
使用方法	所有产品	可视面或说明书	无

10.3　国外化妆品标签管理简介

在世界各国，化妆品标签的合规性均是化妆品安全监管的重点。本节简要介绍欧盟、美国、日本、韩国的化妆品标签管理规定，并对化妆品行业普遍关注的标签成分披露豁免问题进行比较分析。

10.3.1 欧盟化妆品标签管理

在欧盟，化妆品的标签信息从法律责任、产品安全以及消费者知情权这三个维度予以明确。根据欧盟《化妆品法规 1223/2009》中相关条款，化妆品的标签信息必须包括以下 7 项内容：(1)“责任人”的名称、地址以及原产国；(2) 产品的净含量；(3) 产品的保质期；(4) 警示语；(5) 产品的批号；(6) 产品的功能；(7) 产品的成分。

1.“责任人”的名称、地址以及原产国

由于欧盟对于化妆品的法律责任实施“责任人”制度，当产品标签上出现多个企业名称和地址时，将产品引入欧盟市场的“责任人”的名称、地址信息需要被显著标示，以确保消费者及监管部门能准确联系产品的“责任人”。进口化妆品还应标注产品的原产国。

2. 产品的净含量

化妆品包装上标注的净含量为产品包装时的质量或体积，净含量小于 5 g 或 5 mL 的化妆品、赠品以及仅供单次使用的产品可以免于标注净含量信息。以个数计量的产品如能从包装直观观察到产品个数，也可以免于标注净含量。

3. 产品的保质期

在欧盟《化妆品法规 1223/2009》中，产品保质期的定义为“在适当的保存条件下，产品能继续提供其基本功能的日期”。该日期应标注在产品包装上并以“建议在此日期前使用”为引导语，或者同时标注具有相同含义的沙漏标志。该日期应清晰表明月、年或者日、月、年的信息，并以该顺序进行标注。如果产品的保质期仅能在特定存储条件下实现，则应同时标注存储条件。

需要注意的是，以上日期的标注仅对于保质期少于 30 个月的产品是强制性的。保质期在 30 个月以上的产品无须标注该日期，而可以选用开盖有效期的方式进行标注。

4. 警示语

化妆品标签中需要标注必要的或法规有明确要求的警示语，例如，欧盟《化妆品法规 1223/2009》附件Ⅲ（限用成分清单）及附件Ⅳ（准用着色剂清单）中对特定成分的警示语。

5. 产品的批号

产品的批号是识别及追溯产品的重要依据，因此原则上它应当被标注在产品接触内容物的包装上，仅当产品体积过小或由于其他原因无法标注批号时，可以将其只标注在产品的外包装上。

6. 产品的功能

产品的标签信息也应当包括产品基本功能介绍。但如果产品的基本功能本身已十分明显，如口红、眼影等使用功能可以通过产品形态判断的，则可免于标注。

7. 产品的成分

欧盟《化妆品法规 1223/2009》中明确了“成分”的定义。“成分”是指任何在生产过程中，被特意添加到化妆品产品中的物质或混合物，但不包括原料中的杂质以及生产过程中使用过但并不存在于最终产品中的助剂。

配方中的香精及香氛类成分由于其实际成分的复杂性及其功能的特殊性，可以统一用“香精”进行标注。但如果其中含有欧盟《化妆品法规 1223/2009》附件Ⅲ（限用成分清单）中的成分，且该成分有特定的限用条件（如不可用于气雾剂，或仅能在特定 pH 范围内使用），则应将该成分单独列出，不能仅标注“香精”。此外，根据 SCCS 的意见，香精中的一些致敏原也应在标签中予以标注，以便消费者识别。

标注成分时应当以其在添加进化妆品产品时的含量按降序进行排列。含量小于 1%的成分可以不用按照降序排列，排在含量大于 1%的成分后面。

产品包装上用于描述产品的文字、商标、图案、数字、标记等也被认为是标签信息的一部分。这些内容不能暗示产品实际不具备的特征，同时也需要符合欧盟《化妆品法规 1223/2009》中关于产品宣称以及《欧盟委员会法规 655/2013》中关于广告宣传的相关要求。

10.3.2　美国化妆品标签管理

美国化妆品标签管理的主要依据是《联邦食品、药品和化妆品法案》和《正确包装和标识法案》。

在美国，化妆品外包装和内包装的标注规定略有不同，其中化妆品基本的标注项目包括以下 5 项内容：(1) 产品属性的说明；(2) 净含量；(3) 制造商、包装商或销售商的名称和地址；(4) 成分说明；(5) 警示说明。

对于有外包装的产品，内包装上的标注可以省略成分说明和产品属性的说明。

小包装（如唇膏）和包装礼盒也必须符合法规要求。例如，对于净含量小于0.25盎司或小于0.125液量盎司①的产品，只需在直接包装物上注明警示说明，制造商、包装商或销售商的名称和地址；对于外包装盒小于12平方英寸的产品，成分说明可以用较小的字体列出来，也可以选择用悬挂式标签或粘贴式标签来标注相应的内容。

在产品配方中含量大于1%的化妆品成分应按照降序排列标示出来，含量小于1%的成分可以按任意顺序列出。香料和香精的成分不必列出，但是应在标签上用“香料”或“香精”表示，并根据其所占配方中的百分含量以正确的顺序列出。其中也有一个特别程序，即可以请示FDA的允许，将涉及商业机密的成分表示为“其他成分”，列在成分说明的最后面。有时，一些警示说明必须被标示在化妆品标签上。儿童用沐浴发泡剂、妇女用除臭喷雾、不含防晒剂成分的晒黑剂和带压容器的产品，标签上必须增加强制性警示说明。

在美国，化妆品标注必须用英语，然而，也可以适当增加一些外文。美国有许多人讲西班牙语，所以在化妆品标签上常可以看到西班牙语的内容。在使用两种语言标注的情况下，所有在《联邦食品、药品和化妆品法案》里列出的强制性标注项目也须用两种语言，如产品属性的说明、净含量、成分说明、警示说明和相关企业名称和地址等。通常，美国化妆品会同时在美国和加拿大出售。在北美市场出售的情况下，化妆品标签上所有标注内容必须用英语和法语来标注，以便符合加拿大魁北克省的要求。2004年12月，加拿大当局颁布了一个新规定，即要求将成分说明列于化妆品标签上。新的加拿大标签法规将免除在美国和加拿大统一标签上将大部分成分译成法文的要求。

10.3.3 日本化妆品标签管理

日本的化妆品及医药部外品标签管理的主要依据是《药机法》。按照《药机法》，化妆品及医药部外品的标识要求如下。

1. 化妆品标识要求（《药机法》第61条、第62条）

（1）制造销售企业的名称、地址；

（2）产品名称；

（3）生产批号；

（4）全成分列表；

---

① 1盎司约为28.35克，1美式“液量盎司”约为29.57毫升。

（5）使用期限（厚生劳动大臣指定化妆品）；

（6）其他必要事项（取得进口品的国外特例许可企业的名称、国别等）；

（7）除以上项目所列事项外，其他由厚生劳动省令规定的事项。

2. 医药部外品标识要求（《药机法》第 59 条、第 60 条）

（1）制造销售企业的名称、地址；

（2）“医药部外品”字样；

（3）产品名称；

（4）生产批号；

（5）容量、个数等；

（6）功效成分名称及含量（厚生劳动大臣指定医药部外品）；

（7）其他要求标注的特殊成分（厚生劳动大臣指定成分）；

（8）注意事项（必要时）；

（9）使用期限（上市后在正常合理条件下保存 3 年，性状、品质不发生改变的医药部外品可不标注）。

除上述《药机法》规定的法定标识项目外，加入日本化妆品公平贸易委员会（Cosmetic Fair Trade Conference）的企业（截至 2021 年 11 月，会员企业合计 839 家）还需遵守该委员会发布的《有关化妆品标识的公平竞争规约》（以下简称《公平竞争规约》）的要求。《公平竞争规约》在《药机法》规定的化妆品的法定标识之外，还增加了对于化妆品净含量、产品类别名称、联系信息等内容的要求。《公平竞争规约》的施行办法中，明确了标签标识项目的具体要求，如文字大小、使用期限标识格式、小容量产品的标识省略项目等。

对于化妆品的包装材料，日本没有法规对其进行特别规定，因此，原则上应符合《药机法》的一般安全规定，即在可预见的使用条件下，不得对人体健康造成损害。对于化妆品的包装方式，还应符合日本化妆品公平贸易委员会发布的《化妆品适当包装规则》，该规则从公平合理的角度，对过度包装等情形作出了规定。

10.3.4　韩国化妆品标签管理

韩国化妆品标签管理的主要依据是《化妆品法》《化妆品法施行令》《化妆品法施行规则》和《化妆品标识、广告实证相关规定》等。

韩国化妆品包装被定义为“1 次包装”和“2 次包装”。“1 次包装”是指制造化妆品时，与内容物直接接触的包装容器；“2 次包装”是指可以收容 1 次包装的 1 个或 1 个以上的包装和保护材料以及为了标注内容而进行的包装（包括说明书等）。

《化妆品法》第 10 条中规定了化妆品的标识事项。化妆品的“1 次包装”或者“2 次包装”须标注以下事项。但小容量的化妆品包装等（净含量为 10 mL 以下或 10 g 以下的化妆品的包装、试用装）可以仅标识化妆品的名称、化妆品责任销售企业及定制化妆品销售企业的商号、价格、产品批号和使用期限或开封后的使用期限。

（1）化妆品名称。

（2）经营者商号及地址。

（3）用于化妆品制造的所有成分（含有对人体无害的少量成分等，《化妆品法施行规则》规定的成分除外）。

（4）内容物的容量或重量。

（5）产品批号。

（6）使用期限或开封后使用期限。

（7）价格。

（8）功能性化妆品应有“功能性化妆品”的字样或者食品医药品安全部指定的可以代表功能性化妆品的图案。

（9）使用时的注意事项。

（10）其他《化妆品法施行规则》规定的事项：

① 食品医药品安全部规定的条形码；

② 如为功能性化妆品，标识已审查或报告的功效/效果，用法/用量；

③ 将成分名作为产品名称的一部分使用时，其成分名和含量（芳香产品除外）；

④ 含人体细胞/组织培养液时，其含量；

⑤ 若对化妆品天然或有机的情况进行标识或做广告时，原料的含量；

⑥ 进口化妆品应标识产品原产国（根据《对外贸易法》标识原产地的情况，可以省略）、制造公司名及其所在地；

⑦ 防脱、祛痘、通过强化屏障改善干痒、改善膨胀纹的功能性化妆品，标识“非预防和治疗疾病的医药品”；

⑧ 对 3 周岁以下婴幼儿用产品，以及 4~13 周岁儿童可使用的产品进行标识

或做广告时，需标识防腐剂的含量。

（11）下列事项也应在“1 次包装”中标识。

① 化妆品的名称；

② 经营者的商号；

③ 产品批号；

④ 使用期限或开封后使用期限。

（12）《化妆品法施行规则》第 19 条明确了可省略标识的成分：

① 在制造过程中被除去，最终产品上未残留的成分；

② 稳定剂、防腐剂等原料本身含有的附带成分，含量少于能显示其效果的量的成分；

③ 对于净含量是 10~50 mL 或 10~50 g 的化妆品，除色素、金箔、磷酸盐（发用产品中）、果酸、功能性化妆品的功能性原料、有使用限制的原料外，其他原料可免除在包装上标识。

10.3.5　中外化妆品标签成分披露豁免比较

化妆品的安全性主要取决于原料的安全性，通过化妆品标签上的成分表，消费者能了解产品性能信息、避免使用化妆品过敏，同时，成分表也是化妆品安全监管的重要内容。因此，化妆品标签成分披露原则，对企业、消费者、监管者都至关重要。但是化妆品标签上披露的成分信息，客观上不可能包括化妆品中所有零以上的成分，必须有所豁免。中国、美国、欧盟化妆品标签成分披露豁免原则存在差异，同一个产品、同一个配方，在不同国家（地区）可能有不同的披露形式。中国的化妆品出口企业，应该研究产品出口目的地国家（地区）的成分标注方法。对于进口化妆品来说，设计中文标签时，也需要考虑中国化妆品成分标注方法。下面对中国、美国、欧盟的化妆品标签成分披露豁免原则进行简要分析，供读者参考。

1. 中国的豁免原则

GB 5296.3—2008《消费品使用说明 化妆品通用标签》实施指南中规定，符合以下条款的成分不必标注：

（1）原料中所含的带入成分（含微量杂质），在产品中的含量极小，远小于能发挥其效果所必需的量时，不必标注，包括：为保护原料而添加的适量防腐剂、抗氧化剂等成分；混在原料中的微量杂质（在目前技术条件下，这些微量杂质不可避免地存在于原料中，这些微量杂质的存在不影响该原料的安全评价和使用)；存在于反应生成物中的微量未反应物或者反应副产物。

(2) 生产工艺中特意添加的，依照良好生产规范在化妆品包装为成品之前去除的物质。

2. 美国的豁免原则

美国规定，带入物不需要标注，对带入物的定义为“任何在最终产品中不存在的加工辅助剂或者转换成了另一种已披露原料，在最终产品中的含量极少，不起作用的原料或加工辅助剂”。

在《联邦规章法典》第 21 篇第 801 部分第 3 节中，FDA 将化妆品豁免披露的成分规定为下面几种情况。

(1) 在化妆品生产过程中添加，但是在最终产品中可按照生产质量管理规范从中去除的加工辅助剂，如助滤剂。

(2) 在化妆品生产过程中添加，但最终转化成已在标签中披露的另一种原料，且不会引起已披露原料的浓度显著增加的物质。例如，在含有硬脂酸钠和硬脂酸的化妆品中添加的氢氧化钠。

(3) 在化妆品生产过程中添加，作用于产品生产过程中，但在最终产品中含量极少，且在最终产品不起任何技术和功效作用的加工辅助剂，如消泡剂。

(4) 作为化妆品原料的成分而被添加到化妆品中，且在最终产品不起任何技术和功效作用的物质。例如，含有防腐剂的原料，作为一种化妆品的成分，该防腐剂在最终产品中的浓度可忽略不计。

3. 欧盟的豁免原则

根据欧盟《化妆品法规 1223/2009》第 6 章第 19 条，下述物质不应被视作化妆品成分，故可以免于披露：

(1) 原料中的杂质；

(2) 内容物制造中使用的辅助技术材料，但不存在于最终产品中。

4. 中国、美国、欧盟化妆品标签成分豁免原则比较

美国和中国、欧盟在化妆品标签成分豁免原则上最大的不同是，中国、欧盟要求标注添加的成分，即反应之前的成分；而美国要求标注反应之后的成分（如果有反应)，即产品在使用时的成分。皂基洁面产品生产中的皂化反应，是体现这种差异的典型案例。

从表 10 - 3 可以看出，欧盟豁免了原料中的杂质、最终产品中已经去除的辅

助性原料；中国在此基础之上，豁免了原料的带入物（行业所称的 Carry Over 成分）；而美国豁免的情况最为全面，不仅豁免上述三种成分，而且豁免在化妆品生产过程中添加的但已经转化的成分，以及在化妆品生产过程中添加但在最终产品中含量极少的加工辅助剂。

通过比较可以看出，美国 FDA 在设置豁免条件时，着重从安全性评价角度出发，即影响化妆品安全性的是成分在最终产品中的含量，及其可能带来的化学和生物学效应。这使美国的化妆品标签成分豁免原则更符合化妆品生产的实际情况，值得借鉴。

表 10－3　中国、美国、欧盟化妆品标签成分豁免原则的比较

带入物的具体情况	欧盟	中国	美国
原料中的杂质 （包括存在于反应生成物中的微量未反应物或者反应副产物）	豁免	豁免	豁免
不存在于最终产品中的辅助技术材料 （如生产固体粉饼时加入的乙醇，粉饼成型后完全挥发）	豁免	豁免	豁免
为保护原料而添加的适量防腐剂、抗氧化剂等成分		豁免	豁免
在化妆品生产过程中添加的转化成已在标签中披露的另一种原料，且不会引起已披露原料的浓度显著增加的物质 （如含有硬脂酸钠和硬脂酸的化妆品中添加的氢氧化钠）			豁免
在化妆品生产过程中添加，作用于产品生产过程中，但在最终产品中含量极少，且对最终产品不起任何技术和功效作用的加工辅助剂 （如消泡剂）			豁免

第 11 章　化妆品广告管理

11.1　中国化妆品广告管理要求

化妆品广告是商家传播产品信息、消费者了解化妆品信息的重要载体，具有形式多样性、内容丰富性、渠道广泛性等特点。化妆品广告基于产品属性，承载着品牌故事、功效宣称、媒体评价等信息，通过创意与美学的结合，达到与目标消费群体沟通交流和促进销售的目的。《中华人民共和国广告法》《中华人民共和国反不正当竞争法》《中华人民共和国消费者权益保护法》《中华人民共和国电子商务法》《中华人民共和国网络安全法》等法律法规，是判断化妆品广告合规性的依据。化妆品广告应当遵循真实性和合法性的原则，并受到市场监督管理部门的监管。

11.1.1　中国化妆品广告基本要求

中国化妆品广告宣传无需事前许可，广告的合规要求依靠各类广告责任人自律、市场监督管理部门监管得以落实。《中华人民共和国广告法》《化妆品监督管理条例》《互联网广告管理暂行办法》等法律、法规、规章对化妆品广告基本要求作出了规定。

1. 化妆品广告应当真实、合法

广告主应当对广告内容的真实性负责。化妆品广告的内容应当真实、合法，以健康的表现形式表达广告内容，符合社会主义精神文明建设和弘扬中华民族优秀传统文化的要求。

2. 化妆品广告应当准确、清晰

化妆品广告中对商品的性能、功能、用途、质量、成分、价格、生产者、有效期限、允诺等或者对服务的内容、提供者、形式、价格、允诺等有表示的，应当准确、清楚、明白。法律、行政法规规定广告中应当明示的内容，应当显著、清晰标示。广告内容涉及的事项需要取得行政许可的，应当与许可的内容相符合。广告中涉及专利产品或者专利方法的，应当标明专利号和专利种类。未取得专利权的，不得在广告中谎称取得专利权。

3. 化妆品广告应当具有可识别性

大众传播媒介不得以新闻报道形式变相发布化妆品广告。通过大众传播媒介发布的广告应当显著标明“广告”，与其他非广告信息相区别，不得使消费者产生误解。

11.1.2　中国化妆品广告管理的主要内容

广告是一种流行的传播媒介，随着数字化、网络化时代的到来，化妆品广告不仅限于线下店面海报、广播、电视等传统媒介，更广泛应用于网络销售平台页面、自媒体互动平台以及各种直播与娱乐媒体平台等。由于广告形式和媒体展示的多样化和复杂化，一方面提供了多元化和更有创意的机会展示化妆品，对消费者产生长远的影响；另一方面也为化妆品广告监管带来了挑战。

1. 化妆品广告不得偏离化妆品的定义与属性

要将化妆品与药品、医疗器械明确区分，禁止化妆品广告涉及疾病治疗功能，不得使用医疗用语或者易使化妆品与药品、医疗器械相混淆的用语。

2. 化妆品广告应当严格遵守功效宣称相关规定

《化妆品监督管理条例》规定，化妆品的功效宣称应当有充分的科学依据。化妆品注册人、备案人应当在国务院药品监督管理部门规定的专门网站公布功效宣称所依据的文献资料、研究数据或者产品功效评价资料的摘要，接受社会监督。国家药品监督管理局发布了《化妆品分类规则和分类目录》《化妆品功效宣称评价规范》等管理规定，化妆品广告中涉及的功效宣称内容，要严格遵守相关要求，不得随意宣称功效。

3. 化妆品广告中的数据披露应当真实、准确、有明确出处

广告使用数据、统计资料、调查结果、文摘、引用语等引证内容的，应当真实、准确，并表明出处。引证内容有适用范围和有效期限的，应当明确表示。化妆品广告使用性能或者功能、销量方面数据的，涉及引用第三方调查、统计数据的，应当表明出处；相关数据有适用范围或者有效期限的，应当明确表示。涉及性能、功能的数据来源于实验结果或者调查结果的，如果实验或调查的条件、方法、范围等具体内容，对消费者正确理解相关广告数据宣称有重大影响的，应当

同时以显著、清晰的方式在广告中标注。对特定人群按照特定方式开展的实验或者调查，其结果数据可能含有不确定性和不可复制性，因此，在化妆品进行数据宣传时，应科学合理地关联实验或调查结果和宣传用语的相关性，确保让消费者正确理解，避免误导。

4. 化妆品网络广告应当遵守相关行为规范

随着网络销售的日益盛行，化妆品广告无处不在，化妆品广告管理的范畴也在不断地扩大。2016 年出台的《互联网广告管理暂行办法》是目前最直接地对互联网广告进行监管的部门规章，《互联网信息服务管理办法》《互联网视听节目服务管理规定》《网络信息内容生态治理规定》等也对互联网商业广告活动进行了约束。2022 年 6 月，国家广播电视总局、文化和旅游部印发《网络主播行为规范》，对网络主播的行为作了具体明确的要求。

5. 化妆品网络经营宣传应当遵守相关行为规范

为贯彻落实《化妆品监督管理条例》《化妆品生产经营监督管理办法》，2023 年 4 月国家药品监督管理局发布了《化妆品网络经营监督管理办法》，对中华人民共和国境内从事化妆品网络经营、提供化妆品电子商务平台服务的网络经营活动进行了规制，包括网络平台的信息展示要求。

6. 禁止发布虚假化妆品广告以及化妆品广告禁止宣传的内容

1）化妆品广告有下列情形之一的，为虚假广告

（1）宣传的化妆品、使用化妆品为消费者提供的服务不存在的；

（2）化妆品的性能、功能、产地、用途、质量、规格、成分、价格、生产者、有效期限、销售状况、曾获荣誉等信息，或者使用化妆品为消费者提供服务的内容、提供者、形式、质量、价格、销售状况、曾获荣誉等信息，以及与化妆品或者服务有关的允诺等信息与实际情况不符，对购买行为有实质性影响的；

（3）使用虚构、伪造或者无法验证的科研成果、统计资料、调查结果、文摘、引用语等信息作证明材料的；

（4）虚构使用商品或者接受服务的效果的；

（5）以虚假或者引人误解的内容欺骗、误导消费者的其他情形。

2）化妆品广告禁止宣传的内容包括但不限于以下情形

（1）使用或者变相使用中华人民共和国的国旗、国歌、国徽，军旗、军歌、军徽；

（2）使用或者变相使用国家机关、事业单位、医疗机构、公益性机构等单位及其工作人员、聘任的专家的名义或者形象作证明或者推荐；

（3）使用“国家级”“最高级”“最佳”“绝对纯天然”等虚假、夸大、绝对化的词语进行虚假或者引人误解地描述；

（4）损害国家的尊严或者利益，泄露国家秘密；

（5）妨碍社会安定，损害社会公共利益；

（6）危害人身、财产安全，泄露个人隐私；

（7）妨碍社会公共秩序或者违背社会良好风尚，宣传中含有庸俗、封建迷信或者其他违反社会公序良俗的内容；

（8）含有淫秽、色情、赌博、迷信、恐怖、暴力的内容；

（9）含有民族、种族、宗教、性别歧视的内容；

（10）妨碍环境、自然资源或者文化遗产保护；

（11）使用医疗术语、医学名人的姓名、描述医疗作用和效果的词语或者已经批准的药品名明示或者暗示产品具有医疗作用；

（12）利用商标、图案、字体颜色大小、色差、谐音或者暗示性的文字、字母、汉语拼音、数字、符号等方式暗示医疗作用或者进行虚假宣称；

（13）使用尚未被科学界广泛接受的术语、机理编造概念误导消费者；

（14）通过编造虚假信息、贬低其他合法产品等方式误导消费者；

（15）使用虚构、伪造或者无法验证的科研成果、统计资料、调查结果、文摘、引用语等信息误导消费者；

（16）通过宣称所用原料的功能暗示产品实际不具有或者不允许宣称的功效；

（17）使用未经相关行业主管部门确认的标识、奖励等进行化妆品安全及功效相关宣称及用语；

（18）表示功效、安全性的断言或者保证；

（19）法律、行政法规和化妆品强制性国家标准禁止的其他情形。

随着化妆品产业的发展，化妆品广告越来越普遍，影响越来越大，中国对化妆品广告的监管力度也不断加大。自 2021 年《化妆品监督管理条例》实施后，市场监督管理部门已发布多起因广告宣称夸大、虚假、无法提供相应证据的违法事件，其中不乏消费者熟知的国内外知名品牌，单个违法广告处罚金额多至数百万元。为保护消费者的利益和公众用妆安全，监管部门加大了整顿和规范化妆品广告宣传、净化化妆品广告宣传环境的力度。

11.2 中国化妆品广告合规性解析

广告主、广告经营者、广告发布者从事广告活动，应当遵守相关法律、法规，诚实守信，公平竞争。本节依据化妆品广告相关法律、法规和规范性文件的规定，对化妆品广告合规性进行解析，旨在为保证化妆品广告合规性提供参考，为化妆品行业自律、广告诚信建设、广告环境净化提供借鉴。

11.2.1 化妆品广告相关定义

1. 商业广告

商业广告是指商品经营者或者服务提供者通过一定媒介和形式，直接或者间接地介绍自己所推销的商品或者服务的商业活动。

2. 广告法相关责任方

广告宣传主要涉及以下 4 个相关责任方，其涉及的与广告相关的行为都应遵守《中华人民共和国广告法》。

1）广告主

广告主是指为推销商品或者服务，自行或者委托他人设计、制作、发布广告的自然人、法人或者其他组织。

2）广告经营者

广告经营者是指接受委托提供广告设计、制作、代理服务的自然人、法人或者其他组织。

3）广告发布者

广告发布者是指为广告主或者广告主委托的广告经营者发布广告的自然人、法人或者其他组织。

4）广告代言人

广告代言人是指广告主以外的，在广告中以自己的名义或者形象对商品、服务作推荐、证明的自然人、法人或者其他组织。

3. 医疗用语

这是指使用医疗用语，或与药品、医疗器械或医疗行为相混淆的用语，达到明示或者暗示化妆品具有疾病治疗功能或效果的行为。

11.2.2　禁止的广告宣传解析

1. 使用医疗用语的广告宣传

1）适用情形

（1）医学书籍列明的疾病名称，如丘疹、痤疮、黄褐斑、湿疹、毛囊炎等；

（2）诊断和治疗相关的用语，如处方、药物、治疗、消炎、活血、解毒、抗过敏等；

（3）药物、医疗器械的名称，如抗生素、皮炎平等；

（4）使用医学名人冠名，如扁鹊、华佗、张仲景、李时珍等。

2）判断标准

以下列方式使用医疗用语进行广告宣传，可初步判断为明示或者暗示化妆品具有疾病治疗功能，对消费者产生误导的行为。

（1）使用医疗相关术语对产品、产品原理、成分进行定义。例如：药妆、医学护肤品、中草药染发剂、中西医结合护肤等。

（2）将医疗相关术语直接用于产品功效、安全性相关的描述。例如：产品具有消炎镇静作用、所含成分可调节内分泌等。

（3）利用医疗机构及其工作人员、医学名人等形象或名义作证明或推荐。例如：本品经 * * 医生（医院）认证、推荐。

需要指出的是，在阐述化妆品的功效作用机理或科研技术中，涉及胶原蛋白、黑色素形成、皮肤氧化、自由基、皮肤水通道蛋白、自噬现象等对皮肤生理结构或状态的描述时，不应简单归类为医疗用语，或有与药品、医疗器械相混淆的含义，而是需要根据具体上下文表述做出准确判断。

同时，一些皮肤潜在问题成因可能是多源的。例如：皮肤起皮可能是皮炎等病理性的问题导致的，也可能是缺水等生理性的因素导致的，如干燥的外部环境；黑眼圈有可能是病理性的原因导致的，如血液循环不畅，也可能是由生理性的因素所致，如眼周暗沉、色素沉积。化妆品的功效宣称应仅限于生理因素导致的肌肤问题，在上下文中予以明确说明，避免误导消费者。

2. 虚假、夸大、绝对化的广告宣传

1）适用情形

适用情形为利用广告宣传对商品做出与实际内容不相符的虚假宣传，导致客户或消费者误解的行为。

2）判断标准

（1）针对虚假广告：以虚假或者引人误解的内容欺骗、误导消费者，构成虚假、夸大的广告。具体情形包括但不限于以下方面。

① 产品不存在的信息。产品的性能、功能、产地、用途、质量、规格、成分、价格、生产者、有效期限、销售状况、曾获荣誉等信息，以及与产品有关的允诺等信息与实际情况不符，对购买行为有实质性误导。

② 使用虚构、伪造或者无法验证的科研成果、统计资料、调查结果、文摘、引用语等信息作证明材料。

③ 虚构使用产品的效果。

④ 以虚假或者引人误解的内容欺骗、误导消费者的其他情形。

（2）针对夸大、绝对化广告：使用了夸大的、表达程度上绝对化和极限化的用词，并且直接或者间接指向所推销的商品或者服务，可能具有损害同行竞争者利益的广告，如“国家级”“最高级”“最佳”“顶级”“第一品牌”“纯天然制品”“最新发明”“无副作用”“最先进加工工艺”等。

但需要指出的是，汉语语言博大精深，即使使用了夸大或绝对化词语，在不同的语言环境下，其含义可能不同。所以，对于夸大、绝对化用语的判断，应结合广告内容和具体语言环境来进行综合判定。例如：

① 某美白产品广告宣称“越晒越白，越晒越润”，这属于违背科学常识的宣传，对消费者构成误导，属于不合规宣传。

②“特效”“奇效”“速效”“神效”“使用一次就变白”等，属于程度上绝对化，属于不合规宣传。

③“凝住时光”“锁住年轻”“今年二十，明年十八”等宣传，对普通消费者的一般认知不会构成误导的适度夸张，属于艺术夸张渲染的合规宣传。

3. 超范围宣传

1）适用情形

化妆品广告中超范围宣传主要存在以下两种情形：

（1）超出法规规定的化妆品定义；

（2）逾越化妆品注册或备案分类范畴。

2）判断标准

（1）宣传超出化妆品定义的情形

化妆品广告宣传其定义范围以外的使用方法、施用部位或使用目的，均属于超范围宣传。例如，通过内服（如美白丸）、嗅吸（如香薰蜡烛）、注射（如医美针剂）等方式使用；施用部位为人体其他部位，如外生殖器、眼球、皮肤创口等；以治疗疾病为目的的产品，如药品、医疗器械；以消毒、抑菌为目的的产品，如消毒洗手液等。

例外：《化妆品监督管理条例》规定，牙膏已纳入普通化妆品进行管理，其广告宣传按照化妆品类产品广告宣传进行规制。

（2）宣传超出化妆品注册或备案的功效分类情形

化妆品分为特殊化妆品和普通化妆品。用于防晒、祛斑美白、防脱发、烫染发类化妆品以及宣称新功效的化妆品为特殊化妆品。特殊化妆品以外的化妆品均为普通化妆品。

① 普通化妆品宣传特殊化妆品的功效，属于超范围宣传。

② 普通化妆品宣传涉及备案分类以外的功效、特殊化妆品宣传涉及注册分类以外的功效，都属于超范围宣传。

4. 法规明确禁止的其他宣传

化妆品广告宣传同其他商品广告宣传一样，应遵守《中华人民共和国广告法》等，禁止出现以下内容。

1）有损民族、国家、政府的尊严、利益、形象的宣传

国家与政府的尊严、利益、形象不容侵犯。此类违规宣传例如：使用不正确、不完整的中国地图；未准确使用中国香港特别行政区、中国澳门特别行政区、中国台湾地区的名称且将地区与“中国”排序；使用非法旗帜、标志，使用政府机关、领导人的名义或形象作推荐，广告内容暗含贬低国家尊严的内容等。

2）损害社会公共利益、良好风尚、公序良俗的宣传

社会公共利益的本质是每个个体利益的集合，良好风尚和公序良俗则是人民普遍接受的、赞扬的良好习惯、善良风俗和美好的道德水平，是社会精神文明的重要组成部分。此类违规宣传例如：使用裸体或大面积暴露身体的图片、视频；使用涉及“软色情”类的语言文字表述、图片等；在公共场合使用真人模特进行暴露身体的表演宣传；使用带有封建迷信的图片与内容；宣扬金钱主义、享乐至上等。

3）含有民族、种族、性别歧视的宣传

民族、种族、性别平等是现代社会的基本道德理念，是现代各个国家宪法所

保障的基本权利，也是影响不同民族、种族、地域之间人民感情的重要因素。此类违规宣传例如：使用明示或暗中歧视某些民族习惯、民族特征的内容；使用涉及种族、肤色歧视的内容；使用涉及宗教信仰歧视的内容；使用涉及性别歧视的内容等。

4）伤害未成年人身心健康的宣传

未成年人身心健康是国家与社会关注的重点，商业广告不宜在未成年人日常学习和生活中高频接触的场景中出现，针对未成年人的商品和服务的广告也应该受到严格的限制。此类违规宣传例如：在未成年学生使用的教学用品中植入商业广告；广告中未成年人模特、代言人不满 10 周岁；广告诱导未成年人要求家长购买产品；直播带货中出现向未成年人进行推荐的情形；广告引发未成年人模仿不安全行为等。

儿童化妆品是化妆品中的重要分类，出于对未成年人的保护，不论产品是不是儿童化妆品，其广告宣传均不得利用未成年人形象作证明，不得损害未成年人的身心健康，也不得利用家长对未成年人的关爱和保护的心态进行违法诱导购买。

化妆品广告宣传的核心是用富有创意性、说服性的内容和形式展示产品并打动消费者，宣传用语选择的准确性和合规性对消费者是否认可该商品有着重要影响。化妆品广告不得存在以上禁止宣传的情形。

11.2.3　不涉及功效的广告宣传解析

目前广告宣传中常见的宣传用语大致可分为两大类：涉及功效的广告宣传和不涉及功效的广告宣传（非功效宣传）。不涉及功效的广告宣传包括以下几点。

1. 数字宣传

通过采用数字方式表达公司、品牌或产品的某些独特之处，或体现产品的口碑，以此吸引消费者，该类宣传均应基于客观事实并有相应依据支持。

1）时间宣传

这类宣传常用来表示公司或品牌的历史、研究历史、产品研发时间、某特殊工艺所需时间等。如："专研美白 26 年""11 项专利""3 大研发中心"等，这类宣传可归于客观情况的阐述，企业须能提供支持依据。

2）浓度（%）宣传

这类宣传常用于表达某活性成分含量、纯度等。例如，"添加 2%姜黄根提取物（提取物含 65%姜黄酮）”，该宣传中关于配方中姜黄根提取物的原料本身富含 65%姜黄酮的表述，须具备相应的支持文件，如原材料供应商的原料规格或成分检测报告，相关文献或研究数据证明该有效含量。

3）倍数宣传

这类宣传常用于表达产品升级后某核心活性成分含量的提升。例如，“5 倍玻尿酸”，这类数字宣传通常需要给出明确标注，如说明倍数来源于产品升级后与原产品同一成分含量的改变，明确比较基准等，同时有配方和原料的相应的客观依据。

4）代数宣传

这类宣传常用于产品升级迭代，用产品的升级迭代体现研发和技术进步。例如，“第七代小红瓶”，这类信息属于产品客观信息，能够帮助消费者了解产品的迭代信息，但须有支持依据。

5）百分比宣传

非功效相关的百分比宣传多用来描述客观事实或科普信息。例如，“75%的老化源自后天影响”“干燥环境 7 小时，表皮含水量下降 24%”，这类数字宣传多与科普相关，随着消费者文化程度的提升，以及对于新知识的追求，科普作为介绍产品的背景知识越来越受到欢迎，这类数字宣传须有支持依据。

6）获奖或排名宣传

这类宣传通常表达获得某评选活动的奖项或产品销量的排名等，如“××杂志被评为一等奖”，该类宣传需要提供相关支持依据，并需标注相关比较基准或范围等信息，如时间、地域、产品类别或品牌等明确范围，避免误导消费者。例如，“208 项*美妆大赏（＊为该产品历年所获得的奖项总和）”，对于此类数字宣传提到的奖项，应有相应的支持依据。再如，“××（品牌）No. 1 王牌保湿面霜：2020 年该产品在中国大陆地区××（品牌）的专柜和门店所售保湿类产品的销售额为第一名”，这类数字宣传多用于品牌内部产品销量的排名。该类宣传须标注明确范围内的排名情况，并提供相应支持依据。

2. 数量宣传

数量宣传涉及商品介绍及价格交易等信息，包括价格、促销活动、销量、规格、使用量、配方比例、配方中成分数量等。数量宣传也很常见，须准确表述并可提供依据。例如，“21 种植萃”，用于描述配方中所含相关原料成分的数量，配方表中应确有相同数量的植萃成分，并与注册或备案的信息一致。再如，“每

1 滴管释放 3 000 万酵母精粹”，用于描述产品每 1 滴管中活性成分的数量，对于如此精确的数字描述，须标注所描述活性成分数量的推导和支持依据。

3. 原料宣传

对化妆品原料非功效的宣传也很常见，主要涉及原料产地、研发背景等。宣传应客观真实，并提供支持依据。

1）原料的来源与理化性质的宣传

原料的产地与来源是原料的一个标志性特征，如来源于喜马拉雅山的泉水、法国黑蜂的蜂蜜、绿茶来源的益生菌、250 年树龄的某提取物等。原料独有的理化性质也是区分于其他产品的卖点，如不同相对分子质量的透明质酸、不同反光特性的粉末粒子（珠光、哑光等），对于此类宣称，须客观真实并可提供相关支持依据。例如，“六胜肽”，“从南极湾冰川泥中发现的菌种，经过 MP 级无尘室生产制作而来”。其中，宣称“六胜肽”来自南极湾冰川泥中发现的菌种，则须具备菌种的相关来源证明，以及原料制备工艺的证明资料。

2）原料制备工艺的宣传

同样的原料由于制备工艺的不同，可能在活性、纯度、安全性等方面产生差异。例如，采用低温萃取、超临界萃取，可以更大程度获得活性原料；微囊包裹工艺可以使一些易氧化的原料保存得更持久；冻干及宣称多道纯化工艺，可以提升产品纯度，减少杂质可能对皮肤的不良影响。另外，缓释工艺、酶降解工艺等可从不同程度上改善原料的品质。在提供相应制备工艺的证明资料的基础上，可对所采取的工艺进行宣传。例如，“搭载缓释技术，高浓油分包裹维 A 醇”“发酵人参精华，臻选韩国高丽人参低温发酵萃取而成”，其中对于宣称的原料制备过程中采用的缓释工艺、特殊萃取工艺，须有相应支持依据。

3）原料研发背景的宣传

原料研发背景的宣传常见于一些品牌故事，以及特色产品系列中采用的创新原料。例如，有的品牌故事中曾宣称 20 年专注于研究花朵的美肤奥秘，表明自身对鲜花提取物有比较深入的研究，打造专业的品牌形象。有的宣传中涉及研发机构的规模、资质、研究员的水平、开发的理念，以及参与合作的高校研究所等，表明产品的优越性，以提升消费者的信赖度。在进行此类宣传时，客观真实和可提供依据仍是基本原则。

4）原料对配方的贡献的宣传

在化妆品广告宣传中，原料对于实现配方特点的贡献的宣传也比较常见。例如，一些不同类型的乳化剂可以实现不同的乳化体系，如微乳体系及多层乳化体系；一些大分子聚合物及无机盐等可以维持产品的稳定性；一些油脂成分可以帮助粉基有效分散，使产品更加均匀、细腻；一些硅弹体类原料可以产生比较爽滑的肤感。对于此类宣传，应具有相关支持依据。

5）不含某种原料的宣传

对于产品中无添加、零添加、不含某原料的宣传，容易涉嫌违反《中华人民共和国广告法》关于“广告不得贬低其他生产经营者的商品或者服务”和“广告以虚假或者引人误解的内容欺骗、误导消费者的，构成虚假广告”的规定。为了保障消费者中特定目标群体的知情权，可按实际情况，对不含某原料进行审慎、客观的宣传。例如，方便特定宗教信仰的人群或对特定成分过敏的消费者进行选择的宣传，如“不含酒精”“不含动物来源成分”等。

4. 安全性宣传

化妆品是直接用于人体肌肤毛发的产品，使用过程中因产品添加的化学成分、使用人自身体质、使用方法和使用量等多种因素均可能导致消费者出现不良反应。将安全性相关支持依据如实地进行宣传，以向消费者传达有关产品的安全性相关信息，可以帮助消费者选择更适合自己的产品，但不得涉嫌以“安全保证或承诺”或“专家背书”的形式对产品的安全性进行担保或承诺。

1）温和（无刺激）、适用敏感皮肤、无泪配方的宣传

此类宣传的主要目的是引导消费者根据自身情况选择合适的产品，很多企业注重消费者使用体验，研发初期就从原料选择、配方筛选、工艺开发等多环节入手，把研发更加温和、对皮肤和眼睛刺激性更低的产品，作为一个产品研发方向，部分品牌还与皮肤科、眼科专家合作，一起寻找解决方案，以满足消费者日益提升的产品使用体验需求。例如，“敏感肌适用，绵密起泡，呵护肌肤屏障”“无泪配方，如纯水般温和，保护眼睛及泪腺”，此类宣传适用敏感皮肤、无泪配方，应当按照《化妆品功效宣称评价规范》的要求，提供人体功效评价试验或者消费者使用测试的依据。

2）不易致痘的宣传

“痘痘”是消费者常见的皮肤困扰之一。为了消除消费者对使用产品（如粉底液、粉饼或一些护肤品等）后会致痘的担心，商家在广告宣传时常宣称“不易致痘”“透气不闷痘”。此类宣传应具有相应试验资料依据予以支撑，同时不得误导产品具有祛痘功效。

3）基于某测试/试验的案例的宣传

企业在开发产品时，从产品是否温和与有刺激性方面考虑，会做一些测试或者试验来帮助选择更温和、安全的配方，通常包括经临床相关专家检查的人体试验、动物替代试验等试验。广告宣传时可按照产品具体测试或者试验的情况进行真实、概括的宣称，且不对消费者造成误导。例如，“经人体斑贴测试和皮肤安全性测试，产品温和低刺激”，这类宣传是对所做测试内容的直接描述，消费者可以了解到该宣传所做测试的内容，企业须根据所做测试的具体内容如实进行宣传。

5. 比较宣传

不涉及产品功效的比较宣传通常包括产品销售排名、研发背景描述和科研综述对比等，需要有相关支持依据。

1）产品销量排名宣传

例如，宣传“销量第一”“××产品天猫××品类 No. 1”，同时标注“该数据来源于天猫生意参谋××××年××月交易指数”，此类化妆品销量宣传，虽无直接对比，但隐含在销量方面超越同类型的其他产品的含义，因此，很容易涉嫌贬低其他产品，需谨慎。

2）研发背景描述和科研综述对比宣传

例如，某产品是针对男士研发，着重对比男性和女性在皮肤特点上的差异，宣传其在男女皮肤上的对比研究，从而运用于产品开发过程中。再如，某护发产品是针对亚洲女性研发，着重对比亚洲女性的护发需求及发质特点进行宣传。这类比较宣传更偏向于对科研成果的展示，如有相关的资料证据予以支持，此类对比可客观、审慎宣传。

6. 旁证宣传

化妆品广告宣传中常使用其他辅助性支持资料作为旁证，表明产品市场认可度高，企业的研发实力强、具备先进的生产理念、采用先进的管理规范等。旁证的形式包括但不限于专利、认证与荣誉等。

1）专利宣传

涉及专利产品或者专利方法的宣传，应当标明专利号和专利种类。禁止使用未授予专利权的专利申请和已经终止、撤销、无效的专利做广告。

2）认证与荣誉宣传

化妆品企业或产品所获的认证，通常包括政府或行业组织颁发的证明，如

ISO 9001 体系认证、CE（通过欧盟安全标准认证）、环保相关的认证等。化妆品企业或产品所获的荣誉包括“中国××行业十强企业”“××行业十大品牌”“××网最具人气产品”等。

企业在宣传所获认证与荣誉前，应判断评价主体、内容、结果等是否合法合规，宣传时应注明认证与荣誉适用的范围及必要的有效时间。企业在境外取得的认证与荣誉，若与中国在该领域既有的法规、标准要求相冲突，则不可用于广告宣传。例如，某化妆品企业在广告中宣传其产品获得法国某认证中心颁发的“有机认证”，被判定为违规宣传。我国现行的《有机产品认证目录》中并不包含化妆品或化妆品原料。因此，在境外取得的有机认证不可用于国内化妆品宣传。再如，某化妆品企业在广告中宣传其产品为“××杂志 2020 行业理容大赏最佳防晒类产品”，这是某时尚杂志根据一定标准自行评选的针对防晒产品的年度奖项。奖项中含有“最佳”一词，企业在宣传时不能对该词进行突出强调，只能如实表述评奖机构、奖项类别和获奖期限等。

7. 背景宣传和艺术渲染

1）背景宣传

背景宣传包括但不限于公司介绍、品牌故事、研发灵感、历程和科研介绍等。化妆品企业通过介绍公司或者品牌的历史文化，传递公司或者品牌的理念、价值，引起消费者产生情感上的共鸣，从而被消费者接受，并形成较高的认知度和认可度。背景宣传应当符合真实、可证的原则。例如，宣传××产品“受到传统中医、现代医药理念启发”“与某医学院联合开发”等，意在体现出企业具有一定的科技及研发实力；在描述某品牌历史时，宣传品牌研发了“第一片面膜”，创立了“欧洲第一家化妆品店”。当宣传内容为描述一些客观事实或表达品牌内部排序时，在基于真实、可证的原则下，可审慎使用“最”“第一”等极限化用语。化妆品企业在介绍品牌故事前，须确认宣传信息是否真实表述、是否准确以及是否有相应的支持依据。

2）艺术渲染

艺术渲染是指使用比喻、夸张、拟人等修辞手法来烘托品牌或产品，以契合消费者的“感性诉求”。对于艺术渲染，应注意其与虚假广告的区别。从《中华人民共和国广告法》《中华人民共和国消费者权益保护法》等法律条款中可见，广告或宣传不得“欺骗、误导消费者”，否则构成虚假广告或虚假宣传。适度的艺术渲染应当是一般理性的目标消费者能轻易识别和理解，并符合其合理的预期。例如，“留住时光”“今年二十，明年十八”，该广告语从字面含义看是夸张的、不可能的，但理性消费者在一般认知下，并不会认为用了该产品就能够留住或逆转时间，不会被误导。

11.2.4 涉及功效的广告宣传解析

《化妆品监督管理条例》明确化妆品功效宣称应有充分的科学依据。《化妆品分类规则和分类目录》将化妆品分成26类功效和新功效。化妆品广告宣传的功效应在化妆品注册或备案的功效范围内，且应具有科学、可靠的支持依据。

1. 基于功效分类的广告宣传

涉及化妆品功效分类的广告宣传用语可在26类功效和新功效分类基础上、在确保科学性和合理性依据支持的前提下进行一定程度的扩展，以下就几个维度的扩展方向进行解析。

1）直接功效的宣传

可对功效分类的近义词或释义范畴相同的宣传用语进行扩展，如水润、润泽、滋润等可在“保湿”的功效类别内予以宣传用语的扩展。

2）作用机理或机制的宣传

对产品作用机理或机制的宣传，多用于涉及配方或原料开发的技术、科技或功能，常见于与已分类的功效类别相关联。如“抗氧化”“抗自由基”等作用机制可与“抗皱”“防晒”或“祛斑美白”等功效类别相关联，但须能提供相关的依据支持。

3）间接效果的宣传

这类宣传多见于针对一些常见肌肤问题的对策，涉及直接功效带来的间接效果，可对应其已分类的功效类别进行宣传。如“控油”或“紧致”的直接功效可以涵盖所带来的“改善毛孔问题、收敛毛孔”或“抗松抗垮”等间接效果的宣传用语。

2. 其他涉及功效的宣传

1）数字宣传

这类宣传为采用数字方式表达功效强度和作用时间的长短等。此类宣传不得对消费者构成误导，须在广告页面标明数据来源或支持依据信息，如评估方式、受试者数量和样本情况（如人群、年龄、产品使用方法等），且具有对宣称科学性和真实性支持的相关依据，并提示实际效果因人而异。

（1）百分比宣传

该类宣传常用于表达功效的倍数或改善效果的提升比例，以及消费者测试过程中赞同该功效的消费者百分比等。例如，“水润度提高 16.7%”“98%消费者认同”“紧致度+14%”“眼周细纹-18%”，这类宣传通常会给出明确的备注，如通过具有统计学意义的受试人数的消费者使用产品前后的临床仪器检测，给出使用产品前后功效相关指标的对比差异，表明相应的功效改善，并以百分比形式表示。“97%测试者表示肌肤更滋润”“94%测试者感受到肌肤更光滑”，这类宣传常以备注形式呈现，如“测试结果出自第三方机构随机选取 35 名 25～35 岁中国女性连续使用 4 周后的调查问卷的试验报告，实际效果因人而异”，即通过消费者使用产品后，给出相应功效反馈的认同比例来体现产品的功效，以百分比形式表示。此类广告页面须明确标注相关试验数据来源。

（2）倍数宣传

该类宣传常用于表达相关功效提高或改善的效果。例如，“4.8 倍增厚表皮层*”的备注为“＊数据基于原料在体外重建皮肤模型试验，试验第 36 天实验组表皮层平均厚度是对照组的 4.8 倍，继续培养 7 天后两者厚度相同”。该产品主要功效为保湿补水，为“保湿”类量化指标，其中利用体外重建皮肤模型，通过有无活性成分培养得出的表皮层厚度的对比给出试验结果。该类宣传须注意避免选择性使用最佳试验数据进行宣传。

（3）作用时长宣传

作用时长常用于表达功效持续时间，或一定时间范围内的功效效果等，如“24 小时持久保湿：数据源自××品牌及其合作实验室，25 名 18～62 岁女性使用产品后仪器评估结果，实际效果因人而异”，基于仪器测评的人体试验，可依据《化妆品保湿功效评价指南》（QB/T 4256—2011）进行临床仪器评估，同时须明确标注相关数据源信息。

（4）量化用量宣传

宣传产品的使用量与功效关系，只要有真实的支持数据，是可以采用的。例如，“1 瓶细腻毛孔更水嫩”，该产品涉及“保湿类”功效，针对量化使用产品的用量达到功效的宣传。

（5）多维度功效宣传

利用数字表示一个功效的不同方面或几个功效合一，多维度的宣传具有立体的、多方位的含义。多维度功效宣传须符合列举的事实。例如，“1 瓶提升 8 大年轻维度”，该宣传针对产品不同功效验证，分别从多个维度体现产品的功效，数字“8”是各个功效的总和，每个功效都应有对应的功效分类如保湿、紧致、抗皱等，须具备相关的支持依据及所需的备注。

数字宣传用语传递着直接简单的可供参考比较的信息，更容易被消费者理解和接受，但须遵循客观、准确、有据可依的基本原则，符合广告宣传和功效评价的相关要求，在行业内达成共识并合理使用。同时在广告宣传时，都须标明该数据的来源或数字相关的支持依据的信息或限定条件、范围和基准等。

2）原料宣传

化妆品原料不仅对配方的稳定性、使用感等产生作用，也是达成产品功效的基础。《化妆品功效宣称评价规范》明确规定，原料的功效宣称应当与产品的功效宣称具有充分的关联性。《化妆品标签管理办法》也明确禁止通过宣称所用原料的功能暗示产品实际不具有或不允许宣称的功效，所以对原料的涉及功效的宣传应遵循客观、真实、无误导、有依据的合规原则。

（1）原料功能的直接宣传

化妆品广告中常会宣传使用某种原料能直接达到护肤效果，如透明质酸可以保湿、烟酰胺可以美白、视黄醇可以抗皱等。对于此类宣传，须提供原料能够达到宣称的效果，以及产品按照化妆品功效宣称评价项目要求提供相应的证明资料。

（2）原料作用机理的宣传

原料作用机理的相关宣传，一般涉及蛋白质生成、酶活性、信号因子、结构转化、迁移等多个方面，试验手段包括体外代谢物检测、细胞实验，以及3D皮肤模型等。原料作用机理的宣传，主要是从细胞、分子等微观层面进行，内容也十分多样，随着研究的不断深入，新的作用机制也会不断被发现、认可。

（3）原料组成成分的宣传

大部分化妆品活性原料（如植物提取物）并非单一的化学物质，而是多种物质的混合成分，很多原料生产商会将原料中的核心成分作为质量规格的控制指标，用于保证原料品质，如植物提取物中的多糖、蛋白、多酚、黄酮、维生素等物质，以及泉水、海水中的矿物质等。

（4）不含某种原料的宣传

涉及违反公平竞争或误导消费者的“不含××”的内容禁止宣传：

① 化妆品法规禁止添加的原料，如“不添加重金属”；

② 产品中存在的成分，如“不添加甲醛”（但产品含有甲醛释放体的成分）；

③ 不应该出现在产品中的成分，如“不含防腐剂”（产品配方体系无须添加防腐剂时）；

④ 过敏源/致敏物质，其会暗示产品不会致敏，没有过敏反应的风险，容易误导消费者；

⑤ 某些不符合真实性的成分类别情况，如“不含防腐剂”（但产品中含有醇类等其他抗微生物作用的成分）；

⑥ 法规允许使用的成分，如“不添加对羟基苯甲酸酯类”，不能诋毁竞争对手和合法使用的成分。

3）比较宣传

比较宣传，是指把宣传的产品与另一类产品的相关性能进行直接比较的宣传。从经营者和广告主的角度来看，比较宣传更容易帮助区分和定位不同产品，消费者亦能更直观地选择适合自身的商品。然而比较宣传易触及第三方的合法利益，违反公平性原则，存在“贬低其他生产经营者商品和服务”等不合规情形，须谨慎对待。

（1）产品之间性能比较的宣传

产品之间的比较应遵循真实性、公平性、相关性等原则。真实性是指在同等试验条件下进行测试且不能对测试结果做主观修饰。公平性是指比较的产品应隶属同一类型，具有可比性。相关性是指比较的性能是产品的主要特性，而非不具有的或次要的特性。

① 不同品牌产品间的比较宣传

这一类型容易触犯《中华人民共和国广告法》中“广告不得贬低其他生产经营者的商品或者服务”的规制，触及其他品牌合法利益，经营者和广告主应避免此类宣传。

② 同一品牌下不同产品间的比较宣传

这一类型不存在品牌之间的利益冲突，不涉及侵犯和贬低其他生产经营者的商品或服务。但须注意符合公平性等原则，如为了突出某保湿乳的保湿性能，可选择同品牌下同为保湿类驻留化妆品进行比较，但不可选择洁面类产品来比较。

③ 产品经配方优化后的比较宣传

此类宣传多见于产品更新升级后的推广宣传。对产品进行配方优化后重新推出，在性能上比上一代配方表现出更优异的特点，继而进行比较宣传。此种类型亦不存在贬低其他品牌，可以在符合真实性、公平性和相关性的原则下进行对比。

④ 民间测评结果的比较宣传

除了以上常见的由经营者和广告主发布的产品间的对比宣传，还存在一类由第三方机构发布的涉及比较宣传的情形，即一些媒体、平台或自发组织的民间机构的相关测评，通常由 KOL 将不同品牌的同类产品进行大规模的比较，其可靠性取决于这些平台对化妆品知识储备的优劣及测试方法水平的高低。这类比较宣传，会在消费者端产生巨大效应，很大程度上影响消费者对产品的判断，也对品牌舆情产生不同影响。在日益完善的法规体系的规制下，这一类比较宣传必将受到广告宣传相关法律法规更加严苛的规定。

（2）产品使用前后效果比较的宣传

产品使用前后的效果比较，是较为普遍的比较宣传的情形，此类宣传应满足以下几点基本原则：第一，比较的元素为产品具备的相关功效，比较的图片在同样的条件下同时未经后期加工，已获得被披露对象的知情和授权；第二，对于美容修饰及美发造型类产品，因产品本身特点，消费者在使用前后可明显感知产品赋予的美化效果，这一类型产品的前后比较宣传相对来说能较直观体现产品特点；第三，对于需长期使用才可感知效果的护肤类产品，应同时考虑具体的试验条件及比较案例的选取等。除了基本原则外，还须注意比较的图片应避免选择最佳案例并标注相关试验条件；应谨慎判断是否会有效果保证的嫌疑、是否对消费者构成误导。

（3）原料比较的宣传

在进行原料比较宣传时须注意避免贬低合规使用的原料，确保比较元素在比较原料间的真实性、公平性、相关性。

① 相似功效的不同原料间的比较宣传

例如，同样具有美白功效的维生素 C 和烟酰胺原料之间的功效比较，其比较数据通常来源于原料商的推广资料。此类原料比较宣传容易涉嫌贬低合法原料。

② 相同或相似原料的不同制备工艺间的比较宣传

通过不同制备方法获取的原料具备不同的产品特性，如天然来源/人工合成的维生素 C、普通提取/超临界提取的植物油、经乙酰化处理的玻尿酸、经表面处理的色粉等。这类制备工艺对原料本身特性产生改变的比较，在满足相关性和真实性的基本原则下可审慎宣传。

4）推荐性宣传

推荐性宣传是指化妆品企业直接或间接委托第三方，如自然人（名人、专家或专业人员、普通消费者等）、法人或其他组织（专业机构、社会组织或团体等），在公开渠道或平台上以一定的形式向不特定的人群进行推荐，宣传该企业的品牌或产品。

推荐性宣传应符合真实性原则。一方面，推荐人应承担如实推荐的义务，反映其真实的意见，呈现真实的使用效果；另一方面，广告主应忠实反映推荐者的真实意见，不得断章取义或任意篡改，同时还须备有充分的支持依据。

化妆品作为一类快速消费品，在人们的日常生活中不可或缺，同时其兼具时尚、心理、功效等属性，在《中华人民共和国广告法》《化妆品监督管理条例》等相关法律法规规范的框架之内，化妆品行业应当重点关注禁止的宣传内容，严格把握广告宣传用语的尺度，在保障消费者权益的情况下，对化妆品进行积极、健康的广告宣传，维护化妆品广告环境的公平公正，促进化妆品产业可持续健康发展。

11.3　国外化妆品广告管理简介

化妆品广告作为化妆品宣传的重要载体，在世界各国（地区）化妆品经营活动中都扮演着重要角色。尽管化妆品广告管理方式在不同国家（地区）存在差异，但其广告管理的核心准则均为合法、真实以及化妆品宣称有证据支持。本节简要介绍欧盟、美国、日本和韩国的化妆品广告管理规定，帮助读者了解不同国家（地区）对化妆品广告宣传的监管要求以及企业自律的行为规范。

11.3.1　欧盟化妆品广告管理

1. 化妆品广告管理法规

在欧盟，与化妆品广告管理相关的上位法规和指令主要包括《化妆品法规1223/2009》《不公平商业行为指令》《误导和比较广告指令》。欧盟批准发布《化妆品宣称合理性通用准则指南》是帮助解读和理解《化妆品宣称合理性通用准则》的工具，《化妆品宣称合理性通用准则指南》并非欧盟委员会的法规文件。

2. 化妆品广告管理主体

欧盟对化妆品实行的是生产企业和产品责任人负责制，注重发挥市场调控和社会监督的作用。《化妆品宣称合理性通用准则》和《化妆品宣称合理性通用准则指南》都保留了一定的灵活性，例如，强调发布《化妆品宣称合理性通用准则》旨在确保整个欧盟遵照同样的基本原则，其目的并非定义或限定宣称可用语清单。

3. 化妆品广告管理准则

这些准则是化妆品宣称必须满足的前提条件。对于符合 6 项准则的宣称，只要有相应的证据支持，企业可以选择宣称的语言。对于化妆品功效宣称证据，欧盟并未规定具体的评价方法，只是原则性要求评价方法必须建立在科学实践之上。欧盟并未指定化妆品功效验证机构，也不要求将证据进行公示或提交给政府机构。

11.3.2 美国化妆品广告管理

1. 化妆品广告管理法规

在美国，联邦贸易委员会（FTC）保护消费者免受不正当或者欺骗性广告行为的影响。所有产品广告（包括化妆品广告）都受到《联邦贸易委员会法案》（FTCA）的管辖，在任何媒介上都禁止传播不正当或者欺骗性的广告。

2. 化妆品广告管理准则

化妆品广告除了真实和不误导之外，FTC 还要求广告宣称具有事实依据。这意味着 FTC 要求广告主有一个“合理的依据”来支撑其宣称。对事实证据的具体类型没有强制性规定，依个案中的具体宣称而定。为了确定一个宣称是否有合理的依据支撑，FTC 考虑一般消费者将如何结合宣称的上下文来理解这个宣称。

化妆品广告不仅受到 FTC“真实，不误导，有合理依据支撑”要求的约束，还应遵守美国 FDA 的相关规定。通过《联邦食品、药品和化妆品法案》，美国 FDA 监管化妆品和药品（包括去屑洗发水、特殊功效牙膏、祛痘产品等非处方药产品）。一个产品属于化妆品还是药品，由其宣称的预期用途决定。化妆品广告宣称医疗功效，或者 OTC 产品广告超出了对于 OTC 宣称限制的规定或者包含虚假的、误导性的化妆品功效宣称，则违反了美国 FDA 的规定。

11.3.3 日本化妆品广告管理

1. 化妆品广告管理法规

日本的化妆品广告管理主要以政府监管和行业自律相结合的方式进行。在政府监管层面，日本厚生劳动省颁布的《药机法》（1960 年颁布实施）对于包括药品、医药部外品、化妆品等在内的产品广告作出了原则性的要求：对于医药品、医药部外品、化妆品、医疗器械、再生医疗制品等的名称、制造方法、功能功效等内容，不得以明示或暗示的方式进行虚假或夸大宣传、传播。关于一般化妆品中可以宣称的功能、功效，2011 年修订的《化妆品功效范围的修订》列出了共计 56 种功效。

作为政府监管的辅助组织，日本的化妆品行业协会发挥着重要作用，推动了自律性规则的建立。比较有代表性的指引文件是由日本化妆品工业联合会编撰的《化妆品等的适当广告指南》，已经先后发布 4 个版本（2008 年版、2012 年版、2017 年版和 2020 年版）。该指南是指导日本化妆品企业广告合规的工具书，对法规中的广告的各项要求都进行了细致的解释说明。

2. 化妆品广告管理规定

1980 年，为了规范药品、医药部外品、化妆品、医疗器械以及再生医疗制品等的广告，日本厚生劳动省颁布了《医药产品等的适当广告标准》，明确了包含化妆品、医药部外品在内的产品的广告要求，该法规对广告中涉及的产品名称、制造方法、功能功效及安全性等内容作出了规定。该法规于 2017 年进行了修订，政府同时颁布了《药品等的适当广告标准说明及注意事项》，对修订后的《医药产品等的适当广告标准》的要求逐条进行了具体解释说明，包括对医药部外品的功能、功效均作出了明确的限定。

11.3.4 韩国化妆品广告管理

1. 化妆品广告管理法规

韩国化妆品广告管理主要依据《化妆品法》。《化妆品法》规定，“广告”是指以广播、电视、报纸、杂志、音频、音像、视频、网络、印刷物、发刊物、电子屏幕以及其他方法来显示或告知化妆品相关信息的行为。

2. 化妆品广告管理规定

韩国《化妆品法》规定了化妆品广告宣传的禁止事项：可能会被误认为是医药品的标识或广告；本身不是功能性化妆品，但可能会被误认为是功能性化妆品的标识或广告和与功能性化妆品的安全性、有效性审核结果内容不同的标识或广告；本身不是天然化妆品或有机化妆品，但可能会被误认为是天然化妆品或有机化妆品的标识或广告；其他欺骗或误导消费者的标识或广告。

《化妆品法》还规定了化妆品经营者及销售者应当对自己做广告的事项进行实证。《化妆品法施行规则》明确了广告实证的对象，即广告与事实不符，可能欺骗消费者或误导消费者，韩国食品医药品安全部认为需要进行实证的广告。实操层面上更为细节的事项通过韩国食品医药品安全部发布的《化妆品标识、广告实证相关规定》进行细化。

纵观全球，化妆品已经成为日常的重要消费品。化妆品作为消费者自由选购的产品，其销售受广告、推荐、体验等主观因素影响较大。对于国内外化妆品广告管理，尽管法规和条款各有不同，但其核心都是围绕化妆品的定义、宣称进行规定。研究欧盟、美国、日本、韩国等国家和地区的化妆品广告管理要求，找出中外化妆品广告合规要求的差异，准确把握中国化妆品广告合规要求的尺度，有助于促进中国化妆品行业注重广告创意的全面合规，并在合规的前提下有效推广产品、传播文化与美好。

第12章　中国化妆品系统化治理与产业发展方向

12.1　中国化妆品系统化治理简析

20世纪70年代末，中国确立以经济建设为中心、实施改革开放的政策，中国化妆品产业随之迎来了破茧的历史机遇。中国化妆品产业的真正发展始于20世纪80年代，成长于20世纪90年代，快速发展于21世纪。中国对化妆品的全面监管始于1989年的《化妆品卫生监督条例》，对全产业链系统化治理始于2021年的《化妆品监督管理条例》，监管水平也反映了产业发展水平。

12.1.1　中国化妆品产业现实概况

20世纪70年代末中国实行改革开放政策，化妆品行业作为国民经济的边缘产业，投资小、见效快，国家最先实施市场化。在改革开放的前20年内，化妆品需求远远大于供给，化妆品市场基本上由供给侧控制，消费者选择范围小，只要满足基本的安全性和功效需求即可。这一时期在中国化妆品产业发展史上无疑具有开疆拓土的重要意义：快速建立并发展了中国化妆品产业；颠覆性地改变了化妆品产业从计划、采购，到生产、销售全链条指令性体制，快速建立了市场竞争体制。

20世纪90年代，中国经济开始快速增长，消费者在温饱问题解决后开始追求美丽和时尚。随着人民生活水平快速提高，化妆品行业也进入了高速发展期，化妆品不再停留于清洁和保湿等基础护肤产品，而是将化妆视为美化生活、愉悦自己的一种选择。总体上，这一时期中国的化妆品消费量稳步增加，消费种类、消费层次也日趋丰富。一些走在前列的国产化妆品公司经历了市场经济初步洗礼后开始转换观念，越来越重视消费需求、资本引入、新技术新材料的应用以及先进的管理理念和手段的使用，在国内外的经济、产品、观念等冲击下站稳了脚跟。与此同时，当消费迭代、国家宏观经济政策以及监管法治环境发生变化时，不能顺应时代发展的企业迅速陷入衰败。

2010年以后，互联网科技的发展使整个市场模式发生了新一轮革命性变化，中国领先一步跨入互联网经济时代。网络模式不断冲击并打破了传统的思维和销售模式，不停改变人们的消费认知和消费模式，化妆品消费借助互联网经济的东风蓬勃发展。

12.1.2 中国化妆品的系统化治理

自2021年1月1日起实施的《化妆品监督管理条例》，标志着中国化妆品系统化治理的开启。在化妆品产业由高速增长阶段向高质量发展阶段的转变过程中，既要充分发挥市场在资源配置中的决定性作用，又要更好地发挥政府的作用。保障民众用妆安全与促进化妆品产业健康发展是相辅相成的。

1. 化妆品系统化治理的必要性

对化妆品实施系统化治理，总体来说，一是为了防止市场化对公共健康利益的损害，二是为了防止因市场化而导致的行业无序竞争和效率低下。具体而言，其主要包括以下几个方面。第一，保障用妆安全。化妆品是施用于人体表面的大众健康产品，存在一定的安全风险。人们使用化妆品的主要目的是追求美好、体现美丽，确保化妆品安全是“人民健康优先”的必然要求。第二，保护营商环境。化妆品具有功效性，而功效信息对于消费者和商家而言是严重不对称的，化妆品营销宣传中产品的功效、价格往往不能真实地反映产品的功能。为了促进市场经营的健康和有序竞争，从消费者和同行竞争者经济利益出发，也需要对化妆品进行监管。第三，引导产业发展。在市场经济的竞争环境下，单凭民事、刑事法律法规并不能完全解决为实现利益最大化各市场主体间的无序甚至恶意竞争，用监管的手段来解决化妆品产业发展中遇到的质量安全问题效率更高。通过制定和实施化妆品法律法规、强制性国家标准和技术规范，规范化妆品生产经营活动，能够更好地推动化妆品产业高质量发展。

化妆品监管制度的宽严程度是与经济发展水平和社会文明程度相适应而动态发展的。1989年颁布的《化妆品卫生监督条例》，是我国第一部专门对化妆品制定的行政法规，其目的是加强化妆品的卫生监督、保证化妆品的卫生质量和使用安全、保障消费者健康，实施30多年来发挥了重要的作用。随着化妆品产业发展、科学技术水平、监管形势和监管环境等变化，国务院制定了《化妆品监督管理条例》，自2021年1月1日起正式实施。《化妆品监督管理条例》明确了注册人和备案人责任、原料及产品的分类管理、质量安全负责人制度、安全与功效评价要求、风险监测评价制度、信用体系建设、标准管理、责任追究等一系列新制度，转变了监管方式、丰富了监管手段、加大了监管力度、减少了监管盲区，形成了化妆品全过程监管制度体系，为促进化妆品科学监管奠定了良好的法制基础。

2. 化妆品系统化治理的平衡点

化妆品监管是监管部门在公共利益驱动下对化妆品行业相关主体的一系列约束和规制行为，本质上是各不同利益方协调和平衡的产物。我国化妆品治理的理念是“人民健康优先”，在保障民众用妆安全的前提下，保障化妆品行业稳定和持续健康发展。

1）安全与发展的平衡

一方面，在有限监管力量的分配上，体现了风险管理理念。现阶段我国化妆品的风险可分为可预见风险和不可预见风险。所谓可预见风险，是指已纳入日常监管范围内的化妆品生产和经营的风险，即已注册或备案的化妆品在研发、生产、经营、使用等环节可能因虚假或不合规而引发的风险，如原料安全数据造假、产品安全风险评估数据造假、生产过程不符合生产质量管理规范等所导致的风险。所谓不可预见风险，是指市场上流通的化妆品尚未纳入监管范围内，为非法生产甚至恶意添加违禁成分等所致的风险。为有效使用监管资源，对于可预见风险，可采取有针对性地注册备案资料审查、生产经营现场检查、产品监督抽检等方式加以防控；对于不可预见风险，可采取不良反应监测、安全风险监测、案件稽查、补充检验项目和检验方法研究等方式加以防控。

另一方面，在推动产业创新发展上，体现了规范引导理念。改革开放以来，我国成为全球第二大化妆品消费市场，但人均消费量不到日本的三分之一，表明中国化妆品市场潜力巨大。为推动产业创新发展，我国鼓励和支持开展化妆品研究、创新，满足消费者需求，推进化妆品品牌建设，发挥品牌引领作用，保护单位和个人开展化妆品研究、创新的合法权益；鼓励和支持化妆品生产经营者采用先进技术和先进管理规范，提高化妆品质量安全水平；鼓励和支持运用现代科学技术，结合我国传统优势项目和特色植物资源研究开发化妆品。

2）监管与自律的融合

《化妆品监督管理条例》及其一系列配套新规体现了“放、管、服”的要求。在精简机构、简政放权的改革现实条件下，一方面，受监管人员数量、履职能力的制约，监管部门通过内部层层压实责任来达成监管目标；另一方面，监管部门及时制定法规规章的执行细则，明确审评、核查等监管标准，结合产品安全风险等级、企业信用分级等进行分级分类监管，加大“放”的力度和范围。通过鼓励企业自律，强化事后监管，让政府监管从日常琐碎事务向中宏观管理转移，更加精准防控风险，引导产业健康发展，提高监管长远效益。例如，依据新原料和产品的风险实施注册或备案管理，风险程度相对低的新原料和普通化妆品经备案即可上市；在行政许可工作中，特殊化妆品注册、化妆品生产许可的期满延续实施告知承诺制；彩妆系列产品功效评价资料借读等，都是为企业“松绑”、改善营商环境的措施。

随着经济的发展和生活水平的提高，民众对化妆品的使用体验要求也越来越高，“个性化定制”“DIY 体验”“全球首发”“展会经济”等化妆品新业态、新模式不断涌现，使化妆品同时作为时尚快速消费品与大众健康产品的监管理念会有差距。通过加强智能化监管、信用分级分类监管、实施企业告知承诺等措施，依据科学的风险研判，在风险“阈值”内充分考量化妆品的特殊属性，可让自律企业享有更多鼓励政策、拥有更加开放的自由，逐渐实现监管利益相关方效益的最大化。

3）教育与惩戒的同步

《化妆品监督管理条例》细化了处罚情形，强化了处罚到人的规定，加大了处罚幅度并覆盖全产业链，应该说对主观违规具有极大的威慑。但在《化妆品监督管理条例》及系列法规规章的贯彻落实中，执行的实效更多是由从业人员的守法意识和专业能力决定的，从业人员的守法意识和专业能力与监管要求契合度越高，监管的效率就越高。

截至 2021 年年底，我国化妆品生产企业约 5700 家，注册人和备案人近 10 万，经营企业约 1000 家，产品数量近 200 万个，市场规模迈向万亿元级。如此高速发展、快速扩容的公众健康产品行业，专业人才极其紧缺。只有注重对化妆品从业人员的职业培训教育，加大对化妆品相关专业人员的培育和导入，全面提升化妆品从业人员的专业素质及合规实务能力，从根本上促进从业人员专业素质与合规意识跟上产业发展的需求，并辅以惩罚和警示教育，才能达到对化妆品行业标本兼治的效果。从化妆品产业可持续高质量发展的长远计议，除有法必依、执法必严外，更加需要加强教育，包括对监管人员、化妆品从业人员及消费者的教育，让监管人员履职能力、从业人员合规能力和消费者维权能力形成合力，发挥协同作用，不断提升化妆品监管效益。

3. 化妆品系统化治理的着力点

《化妆品监督管理条例》施行后，国家药品监督管理局相继发布了多部配套法规，并分阶段逐步实施新的管理要求。我国化妆品监管政策“坚持人民利益至上、坚持最严的标准、坚持放管服结合、坚持改革创新”始终贯穿于监管实践的方方面面。

在中国化妆品监管实践中，进一步压实质量安全责任、落实分级分类监管、鼓励检测评价技术研究和标准制定、强化技术指导、引导产业高质量发展等，均是监管部门提升监管效率、实施科学监管的重要实践。

1）压实质量安全责任

化妆品作为一种快速消费品，市场化程度很高。《化妆品监督管理条例》首次提出化妆品注册人、备案人概念，设立了质量安全负责人制度，明确化妆品注册人、备案人对化妆品的质量安全和功效宣称负责。

《化妆品监督管理条例》规定，化妆品注册人、备案人应当具有与其注册、备案的产品相适应的质量管理体系，具有化妆品不良反应监测与评价能力；申请注册、备案化妆品，要保证产品配方合规，制定产品执行的标准，提交产品标签样稿和注册、备案检验合格的报告，还要自行或者委托专业机构开展产品安全和功效评价。化妆品注册人、备案人要对化妆品生产全过程实施管理。《化妆品监督管理条例》细化了处罚情形，强化了处罚到人的规定。

2）抓住产品安全源头

化妆品原料安全是产品安全的源头，《化妆品监督管理条例》强化了化妆品质量安全的源头治理，对风险程度较高的化妆品新原料实行注册管理，对其他化妆品新原料实行备案管理。根据原料的安全性，我国已出台《已使用化妆品原料目录（2021 年版）》《化妆品禁用原料目录》。监管部门在化妆品新原料申报注册、备案时严把安全关，强化对原料安全风险评估的真实性和科学性核查，在化妆品风险交流中，加强原料风险信息的交流与研判，压实化妆品原料企业的质量安全责任，从源头上防控化妆品风险，对产业链后端的监管起到了事半功倍的作用。

3）落实分级分类监管

《化妆品监督管理条例》明确规定，按照风险管理的原则，中国对化妆品原料、化妆品产品实施分类管理，将化妆品新原料分为具有较高风险的新原料和其他新原料，将化妆品分为特殊化妆品和普通化妆品，分别实行注册和备案管理。对于禁用原料、限用原料和准用原料实施目录清单管理。

国家对化妆品安全风险进行监测，监测计划应当明确重点监测的品种、项目和地域等，对有不良信用记录的化妆品生产经营者，增加监督检查频次；对有严重不良信用记录的化妆品生产经营者，按照规定实施联合惩戒。在分级分类管理中，综合化妆品注册和备案资料检查、生产体系核查、产品抽检、不良反应检查、广告宣传监督等，将企业按照综合诚信分级，增强监管的针对性，提升监管效率。

4）完善社会共治机制

拥有共同利益是实现社会共治的重要前提，化妆品安全拥有广泛的利益相关者，突破安全底线，企业甚至产业的根基就会动摇，所有相关方的利益都可能受损。推进社会共治是保障和发展共同利益的有效途径。经过多年的探索与实践，我国已逐步确立了企业主责、政府监管、行业自律、公众参与、媒体监督、社会协同、法治保障的化妆品安全社会共治格局。

化妆品注册人、备案人应当在国务院药品监督管理部门规定的专门网站公布功效宣称所依据的文献资料、研究数据或者产品功效评价资料的摘要，接受社会监督；化妆品行业协会当加强行业自律，督促引导化妆品生产经营者依法从事生产经营活动，推动行业诚信建设；消费者协会和其他消费者组织对违反《化妆品监督管理条例》规定，损害消费者合法权益的行为，依法进行社会监督；鼓励其他单位和个人向化妆品不良反应监测机构或者负责药品监督管理的部门报告可能与使用化妆品有关的不良反应等，均是化妆品社会共治的具体体现。我国化妆品监管实践中，社会共治理念和格局已形成，社会共治工作机制正日趋完善。

5）注重风险交流实效

《化妆品监督管理条例》明确规定，国务院药品监督管理部门建立化妆品质量安全风险信息交流机制，组织化妆品生产经营者、检验机构、行业协会、消费者协会以及新闻媒体等就化妆品质量安全风险信息进行交流沟通；国家建立化妆品安全风险监测和评价制度，对影响化妆品质量安全的风险因素进行监测和评价，为制定化妆品质量安全风险控制措施和标准、开展化妆品抽样检验提供科学依据；化妆品不良反应报告遵循可疑即报的原则，怀疑与使用化妆品有关的人体损害，均应当报告。

随着大数据时代的到来，化妆品监管拥有的各类数据日益丰富。有效地汇总数据并进行综合研判，让数据更好地为监管、产业和消费者服务，将是我国化妆品监管新的着力点。

6）规范技术评价机构

《化妆品监督管理条例》对化妆品检验检测、技术审评、安全及功效评价机构等的职责、罚则都作了规定。化妆品检验机构按照国家有关认证认可的规定取得资质认定后，方可从事化妆品检验活动。2022 年 8 月，国家药品监督管理局公开向社会征求《化妆品检验机构资质认定条件（征求意见稿）》的意见，对人员的学历、从业时长以及配套硬件等各方面提出了极高要求。其中对化妆品检验机构在组织机构、管理体系、检验能力、人员、设施和环境、仪器设备等方面应当达到的条件明确了要求，旨在保障化妆品检验活动的科学、独立、诚信和公正。

总而言之，化妆品作为一类特殊的公众健康产品，存在一定的安全风险，但并非无规律可循。在化妆品监管中既要体现“人民健康优先”的理念，又要遵循科学的监管要求。应当注重安全风险综合研判，充分调动社会各方面力量，形成社会共治的高效机制，切实提高化妆品安全风险研判和防控的能力，兼顾社会效益和经济效益，促进具有中国特色的化妆品监管科学的建立和发展，实现化妆品的科学监管。

12.2　中国化妆品产业高质量发展展望

中国化妆品产业经历了 40 年的高速发展，已成为全球第二大化妆品消费市场。随着中国经济由高速增长阶段转向高质量发展阶段，高质量发展也成为中国化妆品产业发展的必由之路。

12.2.1　中国化妆品产业发展方向

1. 高质量发展是中国化妆品产业可持续发展的客观要求

从国际化妆品产业发展形势来看，化妆品产品科技化、生产规范化、经营多样化、竞争高端化、产业链现代化是必然趋势。从中国化妆品产业发展形势来看，局部与整体、规模与速度、质量与效率、近期与长远等矛盾日益突出，化妆品领域人才吸纳能力、化妆品研发创新能力、化妆品产业竞争能力亟须提高，“大而不强”的问题亟须破解。

高质量发展既是一定历史时期发展模式的自然迭代，也是中国化妆品产业可持续发展的必然要求，中国化妆品产业发展到当今水平，必然要从规模效益型向质量效益型转变。

2. 高质量发展是解决中国化妆品产业瓶颈问题的现实选择

目前，中国化妆品产业瓶颈问题主要包括：化妆品研发、创新不足，具有功效的高端产品不多；生产技术和质量管理相对国际大品牌较为落后；自主创新少，品牌竞争力较弱；不少中小企业在安全评估和功效评价上投入不足，在市场营销中较多依赖广告宣传推广。

近年来，中国化妆品产业发展压力越来越大。从国内市场来看，目前呈现出双重态势：一方面，产业整体充满活力，蓬勃发展；另一方面，强者恒强，弱者举步维艰。国际大品牌的竞争优势非常明显，本土企业尤其是大量的中小企业面临创新不足、人才紧缺、市场萎缩甚至被淘汰的困境。要解决化妆品产业瓶颈问题，规范产业链的各个环节，提升品牌竞争力，向高质量发展转变是唯一出路。

12.2.2 中国化妆品产业高质量发展的突破口

在当今欧美主导、日韩紧随的国际化妆品产业格局中，中国化妆品产业要有所作为，既需要在基本面上夯实基础，又需要保持中国化妆品产业特色，必须认准方向，聚焦重点领域进行突破。

1. 加快化妆品管理的数字化转型

目前，世界正处于第四次工业革命的浪潮中，其标志就是数字化、智能化。只有抓住这次机遇，中国化妆品产业才会有飞跃式发展。数字化是化妆品产业高质量发展必须重点突破的领域，加快化妆品管理数字化转型已迫在眉睫。

化妆品生产经营各环节都可以进行数字化改造，其实质就是把原有的生产经营活动及其管理用智能化的方式实现。以对化妆品生产具有全局性影响的研发为例，通过数字化管理系统可以实行全过程管控，包括产品开发数据管理、过程控制、流程审批、权限控制和风险管理等，从而打通智能制造整条线路；通过数据接口与产品立项管理系统、质量标准管理系统、检测实验室信息管理系统（LIMS）、供应链企业资源计划（ERP）系统以及生产制造管理系统等，可以进行信息传输和数据调用，实现从新品创意到最终成品的全程可追溯。

化妆品研发数字化管理系统实施的基础是新建产品研发数据，其核心基础数据库是基于成分管理的原料数据库，并在此基础上搭建和关联配方数据库、安全性数据库、法规基础数据库等，然后在各类数据库的基础上，将相应功能的表单和流程数字化，建立数据库之间的逻辑关系，打通数据库和功能的信息通道，从而实现各系统功能。化妆品研发数字化管理系统的作用及意义在于，全面赋能新产品策划、原料开发与管理、配方工艺开发、安全评估、分析检测、产品法规和备案、实验室管理等方面；打通线下各功能模块的信息孤岛状况，从而形成合力，为全面提升产品研发体系的管理能力奠定基础，提高产品技术资料流转的准确性和效率，确保产品符合法规的要求；加快产品技术资料线上高效流转及提高其准确性和可追溯性，将产品数据贯通到生产技术、工艺及生产设备中，最终加快产品快速开发、试产量产及上市。

2. 发挥中国特色植物资源优势

中国特色植物资源化妆品是以中国传统护肤理论为指导，以化妆品已使用原料范围内的中国特色植物原料和原料间的优化组合为主要功效承载，结合中国传统优势项目和相关技术研究开发的具有中国特色的化妆品。在开发中国特色植物资源化妆品时应当注意：一是遵循传统护肤理论，守正创新；二是以特色植物资源原料为核心成分，既要符合法规要求，又要保证安全；三是以植物活性物为化妆品功效的主要载体，要真正实现消费者能明确感知的功效，而不能通过少量添加达到概念宣称的目的；四是体现中国特色文化，包括审美艺术、语言文字、哲学宗教、传统习俗等；五是把握药品和化妆品的界限，充分发挥化妆品功效、心理和时尚属性的特点，不明示、暗示产品的药学、医疗作用。

为实现“特色植物原料的实效承载”，中国特色植物资源化妆品，应以更严格的管理及更严谨的标准来保证品质，以特色植物资源和高新技术来实现功效，以丰富的皮肤研究经验和案例数据来验证产品。

3. 践行绿色发展理念

化妆品行业是市场充分竞争、产品极度丰富的消费品行业，受消费引导、贸易政策的影响较大。化妆品行业的竞争除了传统的功效与安全方面，多年来逐步走向社会责任、环境友好、动物福利等方面。我国的化妆品行业必须符合绿色发展理念，产品才会得到国际市场的认可和接纳，否则会受到一定的抵制甚至排斥，难以实现国际化。

目前，我国政府已将在化妆品原材料研发及生产阶段重视环境影响作为一条重要原则，如限制过度包装、着力推动可循环利用的绿色循环包装的开发等。化妆品生产企业也应当注重绿色循环，一方面通过优化工艺来减少污染物的产生，另一方面在企业内通过降级使用等方式，做到物尽其用，最终实现废物处理达标后排放。不少先进制造企业还提出了零排放的概念，即生产过程中产生的废水、废气、废物在本企业处理达标后循环使用。

4. 在供给侧和需求侧共同发力

虽然化妆品消费市场经过了数十年快速增长，但由于中国人口庞大，既有的发展尚不充分、不平衡，化妆品的人均消费还远落后于发达经济体。随着中国经济继续保持较高速度的增长和人们妆容品位的提升，化妆品的人均消费也将不断提高，这是化妆品产业发展的机遇，也是高质量发展的空间。

《中共中央关于制定国民经济和社会发展第十四个五年规划和二〇三五年远景目标的建议》提出，要加快构建以国内大循环为主体、国内国际双循环相互促进的新发展格局，这个规划目标对中国化妆品产业尤其重要。中国化妆品行业面临的矛盾主要在供给侧，具体是国产化妆品供给结构不能适应需求结构变化，产品和服务的品种、质量难以满足多层次、多样化市场需求的问题。目前，中国庞大的化妆品市场被进口产品占据，一些价格不菲的进口化妆品更受消费者的青睐，正是这一矛盾的明显表现。未来一段时间，中国化妆品产业一方面要进一步培育化妆品市场，另一方面要在国产化妆品供给侧发力。

12.2.3 推动中国化妆品产业高质量发展的举措

良好的政策环境、优秀的技术人才、完整的工业链条综合发挥作用，是化妆品产业高质量发展最基本的条件。中国化妆品产业向高质量发展转型可谓正当其时：已经形成的庞大市场、快速增长的国民经济和更为宽阔的发展空间，都为中国化妆品今后相当长时期的高速发展提供了得天独厚的优良条件。要切实推进化妆品产业高质量发展，在确定了发展目标后，还必须有强有力的举措和最有效的方式。全国各地竞相在创新政策环境、加快区域联动、注重科技支撑等方面不断推出新举措，希望占领高质量发展的制高点。

1. 创新政策环境，加大扶持力度

《化妆品监督管理条例》第一条规定："为了规范化妆品生产经营活动，加强化妆品监督管理，保证化妆品质量安全，保障消费者健康，促进化妆品产业健康发展，制定本条例。"这是第一次在国家化妆品法规中将"促进化妆品产业健康发展"作为立法目的提出来，表明了政府对化妆品产业发展的高度重视，也是高质量发展的政策保障。

全国各地充分认识到化妆品产业对地方经济发展的示范和引领作用，高度重视化妆品产业，纷纷出台支持引导政策，促进地方化妆品产业的发展。广东省作为化妆品产业大省，提出化妆品产业高质量发展是落实中央“六稳”“六保”工作部署、提升实体经济能级、培育经济发展新动能、优化市场供给、满足人民日益增长美好生活需要的重要举措。浙江省为进一步落实《浙江省人民政府关于加快发展时尚产业的指导意见》，由浙江省经济和信息化厅联合浙江省药品监督管理局发布了关于印发《浙江省化妆品产业高质量发展实施方案（2020—2025年）》的通知，希望集聚高端要素，完善产业链条，提升产业优势，推动化妆品产业高质量发展，打造千亿级浙江美妆产业，成为“时尚 e 都”建设中的核心美丽板块。针对上海化妆品产业的基础和特点，2021 年 7 月上海市经济和信息化委员会、上海市药品监督管理局印发的《上海市化妆品产业高质量发展行动计划》（2021—2023）明确指出，以推动高质量发展为主题，深化化妆品供给侧结构性改革为主线，引领创造新消费需求，联动长三角，着力营造“总部经济、科技创新、研发设计、智能制造、检验检测、展示体验、渠道服务、平台交易、资本融通”一体化的国内领先、国际一流化妆品产业发展生态。努力把上海打造成为聚合全球化妆品产业高端要素资源的高能级总部集聚地，国内一流、具有国际影响力的化妆品高品质制造地，引领国内化妆品产业链参与国际竞争的创新策源地，汇聚融合东西时尚和文化的化妆品品牌集萃地。自 2022 年 8 月 1 日起实施的《上海市浦东新区化妆品产业创新发展若干规定》，是一部专为上海市浦东新区化妆品领域制定的法规，该规定的实施有利于促进上海市浦东新区化妆品产业高质量发展，培育化妆品领域新模式新业态，助力上海国际消费中心城市建设，引领化妆品产业高质量发展。

2. 加快区域联动，形成规模效应

化妆品产业集中体现了一个地区一个时期的时尚文化、技术成果、工艺水平等社会经济发展的各个方面，涉及的领域多，贯穿的链条长。根据我国现阶段经济发展水平及化妆品产业特点，化妆品产业易成为区域发展的领头行业，全国不少地方出台了相关的发展规划和鼓励政策。上海市、广东省、浙江省是这方面的先行省（直辖市），其区域协同发展也初具模型。

按照上海市政府的意见及主管部门的行动计划，上海市积极推进“一核两片五联动”发展布局的形成。“一核”是指奉贤“东方美谷”；“两片”是指闵行和浦东张江；“五联动”是指静安、松江、青浦、嘉定、宝山，形成美丽健康全产业链的空间布局和融合联动发展态势，为入驻企业提供了良好发展条件和支撑环境，极大地促进了产业跨越式发展，推进增品种、提品质、创品牌，进一步增强吸引力、创造力和竞争力。

广东省开改革开放之先河，其化妆品生产企业和生产品种占据全国半壁江山，保持了持久的创新力，引领中国化妆品的潮流。经过数十年发展，其化妆品产业链完整，通过区域联动实现了内外循环相互促进。广东省政府统筹推进各地化妆品产业园区规范建设，协同招商引资、研发创新、设计制造、品牌打造、贸易展会、知识产权、人才培养等方面扶持政策在园区落地生效，打造化妆品产业链资源共享的美妆集群，创建化妆品产业高质量发展示范区。

在区域联动方面，浙江省的实施方案则立足于本省各地区发展现状，推进化妆品产业集群发展：以行业龙头企业为引领，引进中高端化妆品生产、研发设计项目及原料生产、文化创意、电子商务等配套项目，打造集研发设计、智能制造、检验检测、展示体验及交易功能为一体的标志性美妆产业链；推进杭州、湖州、金华、温州、台州等地化妆品企业集聚集群发展，实施一批强链延链、建链补链项目，打造特色鲜明、更具竞争力的化妆品产业集群。

按照党中央、国务院战略部署，各地也在更大范围内推动区域协同，如长三角、珠三角、京津冀、大湾区一体化协同发展都在积极规划，有些已经进入实质性实施阶段。化妆品产业也正以“乘长风破万里浪”的姿态，积极融入国家战略。例如，浙江省的实施方案明确指出，“立足浙江，联动长三角，融入‘一带一路’，打造国内领先、具有国际影响力的化妆品产业集群”。各地药品监管部门也在化妆品监管人员业务培训、基层监管等方面加强交流与合作，将对推进区域化妆品产业一体化发展发挥更加积极的作用。

3. 注重科技支撑，强化创新驱动

十多年来，国内较为知名的化妆品企业都在不断加大研发投入，也切实体会到了研发对企业发展的巨大推动作用。纵观化妆品产业，研发开展得好的企业也是规模效益增长较快的企业，不断加大科技投入、以创新为驱动的企业，能够不断拓展市场并稳步向高端市场发展，市场竞争力和国际化程度都不断提高。

目前，我国化妆品企业在研发方面与国际一流企业尚有差距，但都在积极赶超之中。不少企业已经建立了较为完整的化妆品研发体系，从产品创意、原料选择、配方优化，到功效评价、安全评估等方面都初具规模，有些在3D模型、动物替代安全评估、表观遗传研究等前沿领域达到国际先进水平。

12.2.4　中国化妆品产业高质量发展之路

化妆品产业高质量发展是国家高质量发展战略在化妆品领域的贯彻落实，也是化妆品产业持续发展的迫切需要。化妆品产业只有把准高质量发展的脉络，深刻理解高质量发展的内涵，认准前进的方向并抓住高质量发展的机遇，才能实现跨越式发展。

1. 以构建现代产业体系为基础，实现全产业链协调发展

化妆品产业高质量发展是指产业布局优化、结构合理，不断实现转型升级，并显著提升产业发展的质量效益。一是产业规模不断壮大。高质量发展意味着产业规模的不断扩大，尤其是生产规模。化妆品生产不但是化妆品产业的主体，还是技术创新的“主战场”，化妆品生产企业规模反映的是当前化妆品生产的基础实力。二是产业链的完整。目前，化妆品产业链，除了生产外，还有研发、设计、供应链、经营销售、会展、人才等。质量效益持续提升离不开产业环境的健全和优化。质量效益持续提升是产业转型的重点，是化妆品产业高质量发展的基本要求。

2. 以加强科技应用为支点，实现创新驱动型发展

实现化妆品产业高质量的创新发展，就是要在生产端、消费端、供应链、人才培育服务等领域发现和打造新的增长点，形成新动能，推动化妆品产业向结构更合理、附加值更高的新科技、新材料、新模式转换。创新能够提高产品和服务的附加值，降低资源消耗，提高产品创新能力是提高企业竞争力和产业竞争力的关键；创新还能有力驱动生产效率的提高和产品性能的提升，促进新科技、新模式、新产品、新业态的出现，不断推动化妆品产业向价值链的中高端迈进。化妆品企业应加强研发投入，用科技、创新引领发展；化妆品既要满足消费者对化妆品安全有效的需求，又要满足其消费、使用过程中的美好体验、心理满足和自我展示等个性化需求。因此，化妆品领域的创新研究应该是多维立体的，既要研究产品的功效和安全，又要研究地域文化、流行趋势、消费者心理，还要满足消费者在化妆品消费中前置的文化消费等。

3. 以提升高端竞争力为抓手，实现质量效益型发展

化妆品产业高质量发展包括高质量的产品、高质量的持续性、高质量的品牌影响力，以及先进的质量管理理念与方法等。企业应在规模实力、区域布局、品牌影响力等方面不断提升；参与和争取在行业标准、行业规则制定上的话语权；

注重企业管理水平和人才培育等方面的投入和提升；在技术创新、制度创新、商业模式创新、管理创新、人才培育创新等方面全面提升在行业中的竞争力。化妆品产业实现高质量发展，意味着企业品牌影响力不断增强，行业中具有世界影响力的品牌越来越多，消费者个性化、多样化需求不断得到满足。化妆品企业应以持续提升品牌影响力和品牌价值为战略目标，全面提升进入国际市场的竞争力。

4. 以保护生态为己任，实现环境可持续发展

生态和谐是全世界倡导和努力构建的人与自然的关系。化妆品产业是带给人们美丽体验和美好追求的产业，化妆品产业高质量发展要更加以生态和谐、绿色发展为前提，创造更多物质财富和精神财富，满足人民日益增长的对美好生活的追求。在产品研发、生产、销售、使用等环节中应以绿色生态、和谐发展为己任，以最少的资源要素投入，实现最大的质量效益产出，满足大众日益增长的对生态环境的要求，保障人与自然的生态平衡与和谐共生。

中国经济发展模式的转变已在路上，未来化妆品产业高质量发展的蓝图也已绘就，国家战略将引领各行各业向高质量发展推进。高速增长的国民经济、不断提高的生活水平，时代为我国化妆品产业提供了广阔的舞台，加之一系列新法规规章的保驾护航，我国的化妆品产业一定能勇立新一轮发展的潮头，谱写出美丽健康产业的绚丽篇章。

参考文献

[1] 李岚，孔繁瑶，朱盈，沈璐. 我国化妆品不良反应监测工作发展现状及思考［J］. 中国药物警戒，2021，18（9）：850－854.

[2] 张兆伦，唐颖，赵华. 新《条例》和法规背景下的化妆品安全与风险评估［J］. 日用化学品科学，2020，43（9）：11－16.

[3] 张茜，曹力化，赵华，等. 新法规下化妆品安全与功效宣称评价［J］. 日用化学品科学，2021，44（7）：1－4.

[4] 佟文鑫，何一凡.《化妆品注册备案管理办法》的认知与思考［J］. 中国食品药品监管，2021（10）：26－34.

[5] 黄湘鹭，刘敏，邢书霞，等. 2020 年欧盟化妆品法规修订及启示［J］. 环境卫生学杂志，2021，11（6）：555－559.

[6] 吴莹，延在昊，吴冯丹，等. 韩国化妆品法规现状及动态分析［J］. 日用化学品科学，2016，39（7）：1－5.

[7] 金强. 浅析化妆品 GMP 管理［C］//中国香料香精化妆品工业协会，第九届中国化妆品学术研讨会论文集（下），2012：257－261.

[8] 缑奕显，缑卫军. 国外护肤品发展现状与趋势分析（一）［J］. 精细与专用化学品，2021，29（7）：9－12.

[9] 曹爔，陈坚生，刘佐仁，等. 国际化妆品监管模式对比分析与启示［J］. 日用化学工业，2022，52（2）：190－198.

[10] 吕智，程康. 中国特色植物原料的创新开发与挑战［J］. 日用化学品科学，2021，44（6）：10－12.

[11] 王敏，张晓娜，徐鹤然，等.《化妆品监督管理条例》对化妆品原料行业发展的影响［J］. 轻工学报，2021，36（5）：92－101.

[12] 董银卯，武悦. 化妆品植物组方功效原料的研发思路［J］. 日用化学品科学，2017，40（9）：1－3，12.

[13] 苏烁然. 化妆品行业要以高标准来珍惜对待中国特色植物资源 [J]. 中国化妆品，2020 (12)：52－55.

[14] 邢书霞，苏哲，左甜甜，等. 欧盟化妆品法规最新修订内容及其启示 [J]. 中国卫生检验杂志，2015，25 (18)：3214－3216.

[15] 李能. 美国、加拿大、欧盟和韩国 2017 年化妆品监管动态回顾 [J]. 日用化学品科学，2018，41 (4)：44－52.

[16] 李芹，宋华琳. 欧盟化妆品监管法律体系评介及启示 [J]. 中国食品药品监管，2020 (2)：74－89.

[17] 相建强，郭强，徐春生. 规范中实现稳步增长——中国牙膏行业的发展现状与趋势 [J]. 口腔护理用品工业，2021，31 (4)：58－60.

[18] 吕冰峰，张凤兰，孟丽萱，等. 浅谈化妆品监管信息化建设和智慧审评展望 [J]. 香料香精化妆品，2021 (2)：109－114.

[19] 李琼，李能，陈博. 欧美化妆品法规要求概况 [J]. 日用化学品科学，2020，43 (1)：58－60，64.

[20] 黄湘鹭，刘敏，邢书霞，等. 全球化妆品法规中祛斑美白类产品的相关规定 [J]. 香料香精化妆品，2020 (6)：91－96.

[21] 沈俊. 探讨跨境电商零售进口商品的监管 [J]. 质量与标准化，2020 (10)：37－39.

[22] 张颖. 化妆品监管新规出台 美丽行业迎来新变化 [J]. 中国化妆品，2020 (8)：22－25.

[23] 朱盈，沈璐，李岚，等. 美国化妆品不良反应监测制度研究及启示 [J]. 中国药物警戒，2021，18 (12)：1148－1149，1158.

[24] 来吉祥，何聪芬，赵进，等. 银耳多糖工业化提取工艺优化及稳定性研究 [J]. 日用化学工业，2010 (4)：259－262.

[25] 李亚男，蒋丽刚. 国内外化妆品功效宣称法规的最新格局和进展 [J]. 日用化学品科学，2021，44 (7)：5－10.

[26] 罗飞亚，苏哲，黄湘鹭，等. 国内外化妆品功效宣称管理要求 [J]. 环境卫生学杂志，2022，12 (2)：75－79，101.